D1725346

新汉语水平考试
全真模拟试题集
（HSK 六级）

汉语水平考试研究中心　编

宝马哥：

这本书送给你，希望你能好好学中文，有一天
可以非常流利地用中文跟我聊天。^^

小象猪^^

北京理工大学出版社

图书在版编目（CIP）数据

　　新汉语水平考试全真模拟试题集. HSK 六级／汉语水平考试研究中心编. —北京：北京理工大学出版社，2013.1

　　ISBN 978-7-5640-7366-4

　　Ⅰ. ①新… 　Ⅱ. ①汉… 　Ⅲ. ①汉语—对外汉语教学—水平考试—习题集 　Ⅳ. ①H195-44

　　中国版本图书馆 CIP 数据核字（2013）第 019036 号

出版发行／北京理工大学出版社

社　　　址／北京市海淀区中关村南大街 5 号

邮　　　编／100081

电　　　话／(010)68914775（办公室）　68944990（批销中心）　68911084（读者服务部）

网　　　址／http://www.bitpress.com.cn

经　　　销／全国各地新华书店

印　　　刷／北京市通州鑫欣印刷厂

开　　　本／787 毫米 × 1092 毫米　1/16

印　　　张／21

字　　　数／410 千字

版　　　次／2013 年 1 月第 1 版　2013 年 1 月第 1 次印刷　　　　责任校对／陈玉梅

定　　　价／59.00 元　　　　　　　　　　　　　　　　　　　　责任印制／边心超

汉语水平考试研究中心

目　录

新汉语水平考试（HSK）介绍

为使汉语水平考试（HSK）更好地服务于汉语学习者，中国国家汉办组织中外汉语教学、语言学、心理学和教育测量学等领域的专家，在充分调查、了解海外汉语教学实际情况的基础上，吸收原有 HSK 的优点，借鉴近年来国际语言测试研究最新成果，推出新汉语水平考试（HSK）。

一、考试结构

新 HSK 是一项国际汉语能力标准化考试，重点考查汉语非第一语言的考生在生活、学习和工作中运用汉语进行交际的能力。新 HSK 分笔试和口试两部分，笔试和口试是相互独立的。笔试包括 HSK（一级）、HSK（二级）、HSK（三级）、HSK（四级）、HSK（五级）和 HSK（六级）；口试包括 HSK（初级）、HSK（中级）和 HSK（高级），口试采用录音形式。

笔试	口试
HSK（六级）	HSK（高级）
HSK（五级）	
HSK（四级）	HSK（中级）
HSK（三级）	
HSK（二级）	HSK（初级）
HSK（一级）	

二、考试等级

新 HSK 各等级与《国际汉语能力标准》《欧洲语言共同参考框架（CEF）》的对应关系如下表所示：

新 HSK	词汇量	国际汉语能力标准	欧洲语言框架（CEF）
HSK（六级）	5000 及以上	五级	C2
HSK（五级）	2500		C1
HSK（四级）	1200	四级	B2
HSK（三级）	600	三级	B1
HSK（二级）	300	二级	A2
HSK（一级）	150	一级	A1

通过 HSK（一级）的考生可以理解并使用一些非常简单的汉语词语和句子，满足具体的交际需求，具备进一步学习汉语的能力。

通过 BSK（二级）的考生可以用汉语就熟悉的日常话题进行简单而直接的交流，达到初级汉语优等水平。

通过 HSK（三级）的考生可以用汉语完成生活、学习、工作等方面的基本交际任务，在中国旅游时，可应对遇到的大部分交际任务。

通过 HSK（四级）的考生可以用汉语就较广泛领域的话题进行谈论，比较流利地与汉语为母语者进行交流。

通过 HSK（五级）的考生可以阅读汉语报刊杂志，欣赏汉语影视节目，用汉语进行较为完整的演讲。

通过 HSK（六级）的考生可以轻松地理解听到或读到的汉语信息，以口头或书面的形式用汉语流利地表达自己的见解。

三、考试原则

新 HSK 遵循"考教结合"的原则，考试设计与目前国际汉语教学现状、使用教材紧密结合，目的是"以考促教""以考促学"。

新 HSK 关注评价的客观、准确，更重视发展考生汉语应用能力。

新 HSK 制定明确的考试目标，便于考生有计划、有成效地提高汉语应用能力。

四、考试用途

新 HSK 延续原有 HSK 一般（或通用）汉语能力考试的定位，面向成人汉语学习者。其成绩可以满足多元需求：

1. 为院校招生、分班授课、课程免修、学分授予提供参考依据。
2. 为用人机构录用、培训、晋升工作人员提供参考依据。
3. 为汉语学习者了解、提高自己的汉语应用能力提供参考依据。
4. 为相关汉语教学单位、培训机构评价教学或培训成效提供参考依据。

五、成绩报告

考试结束后 3 周内，考生将获得由国家汉办颁发的新 HSK 成绩报告。

HSK（六级）介绍

HSK（六级）考查考生的汉语应用能力，它对应于《国际汉语能力标准》五级、《欧洲语言共同参考框架（CEF）》C2 级。通过 HSK（六级）的考生可以轻松地理解听到或读到的汉语信息，以口头或书面的形式用汉语流利地表达自己的见解。

一、考试对象

HSK（六级）主要面向掌握 5000 及 5000 以上常用词语的考生。

二、考试内容

HSK（六级）共 101 题，分听力、阅读、书写三部分。

考试内容		试题数量（个）		考试时间（分钟）
一、听力	第一部分	15		
	第二部分	15	50	约 35
	第三部分	20		
填写答题卡				5
二、阅读	第一部分	10		
	第二部分	10	50	50
	第三部分	10		
	第四部分	20		
三、书写	作文	1		45
共计	/	101		约 135

全部考试约 140 分钟（含考生填写个人信息时间 5 分钟）。

1. 听力

第一部分，共 15 题。每题听一次。每题播放一小段话，试卷上提供 4 个选项，考生根据听到的内容选出与其一致的一项。

第二部分，共 15 题。每题听一次。播放三段采访，每段采访后带 5 个试题，试卷上每题提供 4 个选项，考生根据听到的内容选出答案。

第三部分，共 20 题。每题听一次。播放若干段话，每段话后带几个问题，试卷上每题提供 4 个选项，考生根据听到的内容选出答案。

2. 阅读

第一部分，共 10 题。每题提供 4 个句子，要求考生选出有语病的一句。

第二部分，共 10 题。每题提供一小段文字，其中有 3 到 5 个空格，考生要结合语境，从 4 个选项中选出最恰当的答案。

第三部分，共 10 题。提供两篇文字，每篇文字有 5 个空格，考生要结合语境，从提供的 5 个句子选项中选出答案。

第四部分，共 20 题。提供若干篇文字，每篇文字带几个问题，考生要从 4 个选项中选出答案。

3. 书写

考生先要阅读一篇 1000 字左右的叙事文章，时间为 10 分钟；然后将这篇文章缩写为一篇 400 字左右的短文，时间为 35 分钟。标题自拟。只需复述文章内容，不需加入自己的观点。

三、成绩报告

HSK（六级）成绩报告提供听力、阅读、书写和总分四个分数。总分 180 分为合格。

	满分	你的分数
听力	100	
阅读	100	
书写	100	
总分	300	

HSK 成绩长期有效。作为外国留学生进入中国院校学习的汉语能力的证明，HSK 成绩有效期为两年（从考试当日算起）。

HSK（六级）考试要求及过程

一、HSK（六级）考试要求

1. 考试前，考生要通过《新汉语水平考试大纲 HSK 六级》等材料，了解考试形式，熟悉答题方式。
2. 参加考试时，考生需要带：身份证件、准考证、2B 铅笔、橡皮。

二、HSK（六级）考试过程

1. 考试开始时，主考宣布：

> 大家好！欢迎参加 HSK（六级）考试。

2. 主考提醒考生：
（1）关闭手机。
（2）把准考证和身份证件放在桌子的右上方。

3. 之后，主考宣布：

> 现在请大家填写答题卡。

主考示意考生参考准考证，用铅笔填写答题卡上的姓名、国籍、序号、性别、考点、年龄、你是华裔吗、学习汉语的时间等信息。

关于华裔考生的概念，可解释为：父母双方或一方是中国人的考生。

4. 之后，主考请监考发试卷。

5. 试卷发完后，主考向考生解释试卷封面上的注意内容。

6. 之后，主考宣布：

请打开试卷，现在开始听力考试。

主考示意考生把试卷上的密封条打开。

7. 主考播放听力录音。

8. 听力播放结束后，主考宣布：

现在请把第1到50题的答案写在答题卡上，时间为5分钟。

9. 5分钟后，主考宣布：

现在开始阅读考试。考试时间为50分钟。

10. 阅读考试还剩5分钟时，主考宣布：

阅读考试时间还有5分钟。

11. 阅读考试结束后，主考宣布：

现在请监考分发书写材料。

12. 之后，主考宣布：

现在开始书写考试。请先阅读书写材料，时间为 10 分钟，阅读时不能抄写、记录。

13. 10 分钟后，主考宣布：

现在请监考收回书写材料。

14. 之后，主考宣布：

现在请将阅读材料缩写为一篇 400 字左右的短文，时间为 35 分钟。标题自拟。只需复述文章内容，不需加入自己的观点。请用铅笔直接把作文写在答题卡上。

15. 书写考试还剩 5 分钟时，主考宣布：

书写考试时间还有 5 分钟。

16. 书写考试结束后，主考宣布：

现在请监考收回试卷和答题卡。

17. 主考清点试卷和答题卡后宣布：

考试现在结束。谢谢大家！再见。

国家汉办/孔子学院总部
Hanban/Confucius Institute Headquarters

新 汉 语 水 平 考 试
Chinese Proficiency Test

HSK（六级）成绩报告
HSK (Level 5) Examination Score Report

姓名：＿＿＿＿＿＿＿＿＿＿＿＿＿＿＿＿＿＿＿＿
Name

性别：＿＿＿＿＿＿ 国籍：＿＿＿＿＿＿＿＿＿＿＿＿
Gender　　　　　Nationality

考试时间：＿＿＿＿＿＿＿ 年＿＿＿＿ 月＿＿＿＿ 日
Examination Date　　　　Year　　Month　　Day

编号：＿＿＿＿＿＿＿＿＿＿＿＿＿＿＿＿＿＿＿＿＿＿
No.

	满分（Full Score）	你的分数（Your Score）
听力（Listening）	100	
阅读（Reading）	100	
书写（Writing）	100	
总分（Total Score）	300	

总分180分为合格（Passing Score：180）

主 任
Director ＿＿＿＿＿＿＿＿＿＿＿＿＿＿

国家汉办
Hanban
HANBAN

中国 · 北京
Beijing · China

新汉语水平考试
HSK（六级）

试 卷 一

注 意

一、HSK（六级）分三部分：

    1. 听力（50 题，约 35 分钟）

    2. 阅读（50 题，50 分钟）

    3. 书写（1 题，45 分钟）

二、听力结束后，有 **5 分钟**填写答题卡。

三、全部考试约 140 分钟（含考生填写个人信息时间 5 分钟）。

中国　北京

一、听　力

第一部分

第 1-15 题：请选出与所听内容一致的一项。

1. A 妈妈今天打扮了
   B 妈妈从来不生气
   C 今天妈妈生气了
   D 不生气的妈妈很漂亮

2. A 豆汁价格昂贵
   B 豆汁历史悠久
   C 豆汁味道比较苦
   D 豆汁用黄豆制成

3. A 秘书把会议弄错了
   B 经理的记忆力不好
   C 经理没有参加会议
   D 秘书没有提醒经理

4. A 爸爸不喜欢学习
   B 爸爸喜欢去游戏厅
   C 儿子去过 9 次游戏厅
   D 爸爸很生气

5. A 青藏高原动植物资源有限
   B 青藏高原有 400 多种植物
   C 青海出产的冬虫夏草非常有名
   D 青海不出产中药材

6. A 朋友的态度很好
   B 朋友的态度不好
   C 卖报人的态度很好
   D 卖报人是朋友的亲戚

7. A 孟子很有礼貌
   B 孟子很聪明
   C 学习环境很重要
   D 学习环境不太重要

8. A 中山装是最近流行起来的
   B 中山装的四个口袋都没有袋盖
   C 中山装综合了东西方服饰的特点
   D 中山装是在西方专家指导下设计的

9. A 桶里有啤酒
   B 桶里是广告
   C 桶里写着四个字
   D 门口有很多啤酒瓶

10. A 苏州经济十分发达
    B 苏州园林有着悠久的历史
    C 只有中国人才知道苏州园林
    D 苏州园林的价值没受到重视

11. A 我们相信所说的话
    B 语言没有作用
    C 肢体语言不重要
    D 肢体语言很真实

12. A 夏季的火灾最多
    B 火灾和气候没有关系
    C 冬季不会发生火灾
    D 水灾是由气候引发的

13. **A** 温室气体不利于经济发展
    B 低碳经济有助于环境保护
    C 低碳经济使得全球变暖
    D 低碳经济会降低生活质量

14. **A** 这部电影的男主角是陈凯歌
    B 这部电影的改编者是李碧华
    C 这部电影曾获国际电影节大奖
    D 这部电影不太受老百姓欢迎

15. **A** 有得必有失
    B 坚持就是胜利
    C 出了错要及早补救
    D 做事情前要制定详细计划

第二部分

第 16 - 30 题：请选出正确答案。

16. A 戒烟
    B 社会学
    C 医学
    D 心理学

17. A 50%
    B 20%
    C 30%
    D 10%

18. A 300 万
    B 600 万
    C 1000 万
    D 2000 万

19. A 引起火灾
    B 心血管
    C 骨折
    D 丧失劳动能力

20. A 30% ~ 60%
    B 50% ~ 60%
    C 70% ~ 90%
    D 40% ~ 60%

21. A 4 到 5 个
    B 8 个
    C 10 个
    D 12 个

22. A 充实生活
    B 工作需要
    C 增加收入
    D 提高知名度

23. A 人们不爱思考
    B 人们更喜欢悲剧
    C 读者的需求在提高
    D 受到其他媒介的冲击

24. A 历史文化
    B 文学创作
    C 娱乐方式
    D 工作方法

25. A 灵感
    B 交际能力
    C 个人生活体验
    D 对社会的认识与判断

26. A 仅限于墨西哥和美国
    B 疫情发病快且传播广
    C 疫情致死率相对较高
    D 疫情已经蔓延到全球

27. A 是一种呼吸道传染病
    B 已有 700 多年的历史
    C 缺乏对其的应对经验
    D 早期病死率相对较高

28. A 人群普遍易感，传染性较强
    B 疫情突如其来，预防不足
    C 是一种新发的传染病
    D 出现了重症和死亡病例

29. A 提高公共卫生意识
    B 宣传自我保护措施
    C 治愈已感人群
    D 积极研制疫苗

30. A 医院病房
    B 校园讲座
    C 疾病研讨会
    D 新闻发布会

第 31－50 题：请选出正确答案。

31. **A** 瓦匠

    B 木匠

    C 油漆工匠

    D 铁匠

32. **A** 他自己改了姓

    B 鲁国人不让他姓"输"

    C 他是鲁国人

    D 人们不喜欢输

33. **A** 草叶

    B 树枝

    C 工具

    D 蝗虫

34. **A** 锻炼自己的意志

    B 观察蝗虫的牙齿

    C 经常被草划破手

    D 善于观察和发现

35. **A** 实事求是

    B 始终如一

    C 老生常谈

    D 带有建议

36. **A** 要少批评人

    B 称赞应注意客观

    C 要学会自我称赞

    D 称赞别人会使自己快乐

37. **A** 称赞的价值

    B 称赞与自信的关系

    C 应该怎么称赞别人

    D 人们为什么喜欢被称赞

38. **A** 生活的感觉

    B 赚钱的感觉

    C 幸福的感觉

    D 乡村的感觉

39. **A** 和村民聊天

    B 找停车地点

    C 买一张手绘地图

    D 找一个舒适的农家

40. **A** 红豆腐

    B 金华酥饼

    C 乌木制品

    D 手编草鞋

41. **A** 蔬菜肉类

    B 快餐食品

    C 面包点心

    D 茶水饮料

42. **A** 能节省家庭开支

    B 能增进夫妻情感

    C 有利于孩子大脑发育

    D 能提高妻子的烹调手艺

43. A 寻找有高超烹调技术的厨师
    B 学习各国传统的烹调技能
    C 教授各国人民如何制作慢餐
    D 收集各国营养合理的传统饮食

44. A 试题太难了
    B 他们做题的速度太快了
    C 他们没做题
    D 自己做得太慢了

45. A 做题速度很慢
    B 很多内容都没有学会
    C 没按照试卷要求答题
    D 没有得第一名

46. A 要学会尊重他人
    B 不要太自以为是
    C 聪明人也会犯错
    D 周聪智商有问题

47. A 包装食品
    B 游艺摊位
    C 饮食摊位
    D 百货摊位

48. A 100 人
    B 300 人
    C 500 人
    D 1500 人

49. A 没带身份证
    B 没交保证金
    C 没打电话预约
    D 没有经营权

50. A 体育
    B 娱乐
    C 经济
    D 生活

二、阅　读

第　一　部　分

第 51－60 题：请选出有语病的一项。

51. A 要学会快乐，必须始终保持一颗童心。
　　B 不到 10 分钟，黑板上的大字就被擦得非常干干净净。
　　C 阿里山上的红桧有 3000 多年的历史，但还算不上世界第一。
　　D 桥下的流水在"哗哗"地作响，一艘艘搭着花棚的竹竿木船穿洞而过。

52. A 光线太强或太弱，都容易使眼睛感到疲劳。
　　B 这是一个专门教你怎么制作网页的免费网站。
　　C 一般情况下，敬酒一定要充分考虑好敬酒的顺序，分明主次。
　　D 世界上没有完全相同的两片树叶，更没有完全相同的两个人。

53. A 实话实说，金融媒体行业其中实并不怎么富裕。
　　B 当初这位数学家嫁女儿，追他女儿的人大都是数学界的。
　　C 与其说是我们在进行检查，还不如说是我们在向你们学习。
　　D 在探索太空方面，动物们曾替我们走了第一步，有的甚至付出了生命。

54. A 何教授的调查经媒体报道后，引起了社会的广泛关注。
　　B 他这个人除了有点固执之外，还有不少让人值得佩服。
　　C 医院坐落在小山之上，是一座典型的中国古代园林式建筑。
　　D 那里是休闲度假的好地方，更是难得的天然浴场，吸引着大量游客。

55. A 她当然很想学好数学，但无奈天生对数字感到恐惧。
　　B 从那件事之后，柴可夫斯基和这位年轻人就成了忘年之交。
　　C 只有这样，别人在和你交往的时候，才能感到自己受到了尊重。
　　D 在参观这家工厂的过程中，我们看到了很多好玩儿的、好奇的东西。

56. A 家长得到班主任老师通知后，随即将孩子送进医院。
　　B 本想等戏播出的时候请他出来一块聊聊，但是因为各种原因耽误。
　　C 还有 6 天就到圣诞节了，晚上灯光将这里点缀成了一个童话世界。
　　D 我们不会让在座的企业家失望，也不会让我们的人民乃至世界人民失望。

57. A 来这儿以前，他曾在非洲的一家贸易公司当过会计师一阵。
　　B 不要想着别人能为你做些什么，而要想着怎么去帮助别人。
　　C 不管世界如何变化，人的优秀品质却是永恒的：正直、勇敢、独立。
　　D 当今世界进行过的记忆移植大体上分两种类型：直接移植和间接移植。

58. **A** 她在训练中常常进入忘我境界，往往训练已经结束了，她还在水中继续练着。

　　B 将一大盘热气腾腾的食物直接放进冰箱会导致冷却不均匀，甚至会造成食物中毒。

　　C 《青年周刊》曾做过一个调查，参与投票的五千人多中，70%的都烦透了自己的工作。

　　D 据电视台报道，从9月底回到北京以后，3名航天员就开始进行一系列身体检查与康复训练。

59. **A** 书画鉴定是一门综合学科，要求鉴定家有非常全面的学识和很高的艺术造诣。

　　B 面对逆境，是随波逐流，还是奋起抗争？强者懂得支配环境，而弱者往往受制于环境。

　　C 有的花在春天盛开，有的花在夏天怒放，只有梅花在寒冬中绽放，凌霜傲雪，香气袭人。

　　D 实践表明，一个国家森林的覆盖率达到全国总面积30%以上，或者分布均匀时，就不会发生较大的风沙旱涝等自然灾害。

60. **A** 上大学时我旅游过很多地方，但除了九寨沟，没有一个地方让我流连忘返，那里简直是人间仙境。

　　B 目前在文化市场上，音像制品、文化娱乐等中充斥着大量的封建迷信、凶杀暴力、淫秽色情等内容。

　　C 从近几年的作文答卷看，学生作文存在文章中心部分笔墨不集中、基本观点不明朗、有头无尾的现象。

　　D 为实现教育资源的优化配置，改善办学效益，进行高等教育管理体制改革和高校布局调整是非常必要的。

第 二 部 分

第61-70题：选词填空。

61. 毕业前就业培训制度是_____当前大学生就业问题而采取的一项实质性措施，可以_____社会就业压力，也为毕业生的就业提供了实际的工作_____，一举两得。

A 面向	解决	过程		B 对面	摆脱	经过
C 针对	缓解	经验		D 应对	减缓	历程

62. 有些人喜欢用看喜剧片的方式_____压力，一旦笑神经被调动了，压力会有所_____，这种笑声解压法特别_____当今的白领人群。

A 解除	解放	合适		B 排解	释放	适合
C 缓解	放松	适当		D 解决	轻松	适用

63. 九寨沟是水的天地。九寨沟的水是人间最_____的水，无论是宁静的湖泊，还是飞泻的瀑布，都是那么神奇迷人，令人_____。水构成了九寨沟最富魅力的景色，是九寨沟的_____。

A 清洁	络绎不绝	精神		B 清晰	川流不息	灵感
C 透明	锲而不舍	心灵		D 清澈	流连忘返	灵魂

64. _____不良的坐姿或长久停留在电脑前，最_____造成颈项肌的疲劳，引起颈肩痛、颈肌痉挛，甚至_____头晕；久而久之，_____在成年之后过早地出现颈椎间盘退行性变，_____颈椎病。

A 经常	易于	体现	不必	出现
B 长久	可能	呈现	一定	引起
C 长期	容易	出现	势必	导致
D 常常	方便	可能	未必	以致

65. 父亲生前很_____晚辈，但对晚辈的要求十分严格，他时常教育孩子不得_____，自己也_____，吃、用都十分朴素、节俭，一套生活用品用了很长时间都不让更换。他对自己及家人的要求到了几近苛刻的程度，但对支援、兴办学校，千百万钱财也不_____。

A 心疼	大手大脚	以身示范	小气
B 关爱	浪费钱财	遵纪守法	心疼
C 疼爱	铺张浪费	以身作则	吝惜
D 关心	大吃大喝	安分守己	珍惜

66. 古钟楼是这座城市的象征，古钟楼的存在给这座城市增添了几分神秘的_____，而这座经历了800年风雨_____的古钟楼，究竟还能保存多久，实在让人难以_____，为此，科学家们进行了实地_____。

    A 味道　　损害　　了解　　考证　　B 气息　　侵蚀　　把握　　考察
    C 感觉　　吹打　　理解　　调查　　D 气氛　　腐蚀　　判断　　检查

67. "咬文嚼字"有时是一个坏习惯，所以这个成语的含义_____不是很好。但是在阅读和写作时，我们必须要有一字不肯_____的严谨。文学_____借文字表达思想情感，文字上面有_____，就显得思想还不透彻，情感还不凝练。

    A 通常　　放松　　作品　　含糊　　B 尤其　　饶恕　　著作　　分歧
    C 偶然　　放弃　　理论　　矛盾　　D 经常　　忽略　　题材　　错误

68. 众所周知，海洋中有丰富的生物和矿产_____，殊不知海水本身也是宝藏之一。海洋学家在长期的研究中发现，深层海水是海洋的_____，富含大量微量_____，营养十分丰富。若能_____利用深层海水，将会使人类受益无穷。

    A 资本　　核心　　因素　　充足　　B 资源　　精华　　元素　　充分
    C 物资　　奇迹　　物质　　彻底　　D 能源　　重心　　成分　　深刻

69. 不尊重艺术的特质，也就不可能达到艺术效果，_____了艺术规律就会受到惩罚。这原是文艺学的基本_____，而我们是_____了一段相当长的时期，而且付出了_____的代价以后，对这些基本原理才有了_____的体会的。

    A 违反　　原理　　通过　　沉重　　深切
    B 违背　　道理　　走过　　郑重　　深刻
    C 违犯　　定理　　经过　　严重　　深浅
    D 违抗　　条理　　越过　　庄重　　深远

70. 人们要想有健康的体魄，一个重要的方面就是要_____良好的个人卫生习惯，另外还要_____正常体重，一定不能沾染吸烟、饮酒等不良_____，这样才能对_____自身免疫力有帮助。

    A 成为　　保留　　爱好　　增加　　B 养成　　保持　　习惯　　增强
    C 适应　　保证　　兴趣　　强化　　D 培养　　维持　　性格　　加强

第三部分

第71-80题：选句填空。

71-75.

豆腐从古至今，一直扮演着平民化价格、贵族般享受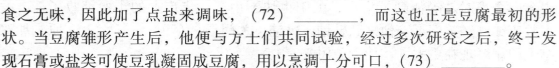
的盘中餐角色，是所有中国人都熟悉的一种食品。

（71）_____，很多人认为是从汉朝的刘安开始的。
刘安的母亲喜欢食用黄豆。有一天母亲卧病在床，刘安便
命人将黄豆磨成粉，加水熬成汤以便让母亲食用，但又怕
食之无味，因此加了点盐来调味，（72）_____，而这也正是豆腐最初的形
状。当豆腐雏形产生后，他便与方士们共同试验，经过多次研究之后，终于发
现石膏或盐类可使豆乳凝固成豆腐，用以烹调十分可口，（73）_____。

豆腐作为食药兼备的食品，具有益气、补虚等多方面的功能。据测定，一
般100克豆腐含钙量为140毫克到160毫克，豆腐又是植物食品中含蛋白质比较
高的。因此，常吃豆腐可以保护肝脏，（74）_____，增强免疫力并且有解毒
作用。

豆腐以及其他大豆制品，营养丰富，价格便宜，能补充人体需要的优质蛋白
质、维生素等。但是经常吃豆腐者，应该适当增加碘的摄入。（75）_____，
将豆腐配上海带一起吃，是十分合理的搭配。

A 豆腐的起源

B 而海带含碘丰富

C 促进机体代谢

D 没想到居然结成了块

E 从此豆腐在民间开始流传

　　郑国有一个人，看着自己脚上的鞋子从鞋帮到鞋底都已破旧，于是准备到集市上去买一双新的。这个人去集市之前，（76）_____，随手将小绳放在座位上，起身就出门了。他走了一二十里地才来到集市。集市上热闹极了，人群熙熙攘攘，各种各样的小商品摆满了柜台。这个郑国人径直走进鞋铺，看到里面有各式各样的鞋子。郑国人让掌柜的拿了鞋，（77）_____。他正准备掏出小绳，用事先量好的尺码来比一比新鞋的大小，忽然想起小绳被搁在家里忘记带了。（78）_____。他急急忙忙地返回家中，拿了小绳又急急忙忙赶往集市。尽管他紧赶慢赶，还是花了差不多四个小时。等他到了集市，太阳也快下山了，集市上的小贩都收了摊，大多数店铺已经关门了。他来到鞋铺，鞋铺也关门了。（79）_____，原先那双鞋上的窟窿现在更大了。他十分沮丧。

　　有几个人围过来，知道情况后问他："买鞋时为什么不用你的脚去穿一下，试试鞋的大小呢？"他回答说："那可不成，量的尺码才可靠，我的脚是不可靠的。（80）_____。"这个人的脑袋真像木头一样死板。而那些不尊重客观实际，自以为是的人不也像这个揣着鞋尺码去替自己买鞋的人一样愚蠢可笑吗？

A　他鞋没买成，低头瞧瞧自己的脚

B　在家先用一根小绳量好了自己脚的尺寸

C　于是他放下鞋子赶紧回家去

D　我宁可相信尺码，也不相信自己的脚

E　他左挑右选，最后选中了一双自己觉得满意的鞋子

第 四 部 分

第 81 – 100 题：请选出正确答案。

81 – 84.

　　可再生能源是取之不尽的自然资源，是最近几年世界关注的热点。太阳能也和水能、风能一样，是可再生资源的一种。目前，与国内太阳能市场繁荣的情况相比，北京太阳能热水器的发展却有些缓慢。北京太阳能研究所研究员日前对记者表示，北京丰富的太阳能资源应该有更多的发展空间。

　　北京发展太阳能热水器有三个有利条件：一是太阳能资源多，全年日照时间达 2700 小时以上；二是技术和产业基础较好，最早研发太阳能热水器的北京太阳能研究所就在北京，排在全国前 10 名的太阳能热水器企业有三家在北京；三是信息渠道、国际交流渠道多。

　　虽然有这些条件，但北京在全国太阳能热水器市场份额中只占 5%。"这是让北京的太阳能热水器行业不满意的地方。"研究员说。山东占全国太阳能热水器市场份额的 15%，江浙加在一起也有 30%。全国目前有 3000 多个太阳能热水器生产厂家，而北京只有几十家。

　　不少居民对太阳能热水器的认识也停留在原始阶段。据有关人士介绍，国内的太阳能热水器已经有了很大的发展，在功能方面与电热水器不分上下。而生产厂家在做宣传时，只注重行业内部的竞争，却忽略了太阳能热水器自身的节能、环保优势，这些都是造成太阳能热水器市场占有率不高的原因。

81. 根据文章判断，下面哪个不是可再生资源？
　　A 水资源　　　　　B 风资源　　　　　C 地热资源　　　　　D 石油资源

82. 北京发展太阳能热水器的有利条件不包括哪一个？
　　A 资源丰富　　　B 生产企业多　　　C 产业基础好　　　D 信息交流方便

83. 北京太阳能热水器企业令人不满意的地方是什么？
　　A 生产数量不能满足市场需要　　　B 产品质量不如其他地区的企业
　　C 在全国市场份额中所占比例太小　　D 对太阳能热水器的宣传不够

84. 下面哪个是太阳能热水器在国内市场占有率不高的原因？
　　A 产品技术含量不高　　　　　　　B 厂家不重视产品自身特点的宣传
　　C 居民认为它污染环境　　　　　　D 居民觉得使用它费钱

你有没有见过努力破茧的蝴蝶？正是这种挣扎的过程，才让蝴蝶的翅膀强壮，最终可以飞向天空。如果蝴蝶很容易就从茧中爬了出来，那它的身体就会很臃肿，翅膀小得可怜，不管它怎么努力，也无法让自己像其他蝴蝶那样飞舞。适当的压力水平，让美丽的蝴蝶在破茧而出以后可以自由飞舞。

同样，对于人类而言，<u>压力也有最佳水平</u>。适度的压力不仅能成为我们前进的动力，还会促使我们在工作中发挥出最佳水平。过高或过低的压力则会对人的健康与发展不利。过高的心理压力是非常令人不悦的，它不仅会带来令人不愉快的情绪反应，还可能进一步带来经济损失和严重的社会影响。那么，是不是存在没有压力的极乐世界呢？事实上，完全没有心理压力的情况是不存在的。我们假定存在这样的情形，那一定比有巨大心理压力的情景更可怕。因为，没有压力本身就是一种压力，它的名字叫做"空虚"。历史上，曾有无数文学艺术作品描述过这种空虚感，那是一种比死亡更没有生气的状况，一种活着却感觉不到自己存在的巨大悲哀。

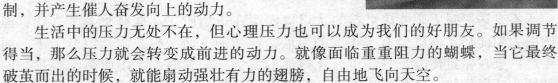

心理学研究表明，一个人的动机强度与活动绩效的关系呈倒 U 字型，即中等强度动机的活动绩效最高，而动机水平过低与过高，都会导致活动绩效水平下降。当压力与你的生活相协调，它可以让人保持警醒、敬畏的心态，形成自我保护机制，并产生催人奋发向上的动力。

生活中的压力无处不在，但心理压力也可以成为我们的好朋友。如果调节得当，那么压力就会转变成前进的动力。就像面临重重阻力的蝴蝶，当它最终破茧而出的时候，就能扇动强壮有力的翅膀，自由地飞向天空。

85. 第 2 段中画线句子的主要意思是：
    A 压力要适度   **B** 压力对人的健康有利
    C 只有人类会调节压力   **D** 压力有助于将工作做得更好

86. 作者认为，没有压力的极乐世界：
    A 不存在   **B** 缺少生机
    C 存在于文学作品中   **D** 存在于每个人的心中

87. 根据上文，下列哪项正确？
    A 压力即动力   **B** 压力随处可见
    C 压力会带来空虚感   **D** 动机越高活动绩效越高

88. 最适合做上文标题的是：
    A 有力的翅膀   **B** 破茧方可成蝴蝶
    C 什么比压力更可怕   **D** 有一种压力叫"空虚"

89 – 92.

中国画在古代没有确定的名称，一般称之为"丹青"，主要指的是画在绢、宣纸、帛上并加以装裱的卷轴画。近现代以来为区别外国绘画而称之为"中国画"，简称"国画"。它是用中国所独有的毛笔、水墨和颜料，依照长期形成的表现形式及艺术法则而创作出的绘画。

中国画历史悠久，远在 2000 多年前的战国时期就出现了画在丝织品上的绘画——帛画，这之前又有原始岩画和彩陶画。

两汉和魏晋南北朝时期，社会由稳定统一到分裂的大变化，域外文化的输入与本土文化所产生的撞击及融合，使这时的绘画形成以宗教绘画为主的局面，描绘本土历史人物、取材文学作品的绘画亦占一定比例，山水画、花鸟画在此时萌芽，同时人们对绘画自觉地进行理论上的把握，并提出品评标准。

隋唐时期社会经济、文化高度繁荣，绘画也随之呈现出全面繁荣的局面。山水画、花鸟画已发展成熟，宗教画达到了顶峰，并出现了世俗化倾向；人物画以表现贵族生活为主，并出现了具有时代特征的人物造型。

五代两宋，人物画已转入描绘世俗生活，宗教画渐趋衰退，山水画、花鸟画跃居画坛主流。而文人画的出现及其在后世的发展，极大地丰富了中国画的创作观念和表现方法。

元、明、清三代，水墨山水和写意花鸟得到突出发展，文人画成为中国画的主流。

89. 丹青一般是指画在什么上的画？
    A 绢   B 帛
    C 宣纸   D 以上三项

90. 魏晋南北朝时期在绘画上有什么成就？
    A 以宗教绘画为主   B 提出绘画理论和品评标准
    C 出现山水画和花鸟画   D 描绘历史人物

91. 唐朝时期的宗教画有什么变化？
    A 发展成熟   B 有世俗化倾向
    C 以表现贵族生活为主   D 开始塑造典型人物

92. 文人画成为中国画的主流，是在：
    A 两汉时期   B 元代之后
    C 隋唐时期   D 清代末期

93 – 96.

据统计，近年来世界范围内每年都会发生 20 多起因为使用手机而引起的飞行事故，因此世界上许多航空公司规定，飞机飞行时禁止使用移动电话。

为什么要在飞机上禁止使用移动电话呢？原来，飞机在高空中是沿着规定的航向飞行的，整个飞行过程都要受到地面航空管理人员的指挥。在高空中，飞行员一边驾驶飞机，一边用飞机上的通信导航设备与地面进行联络。飞机上的导航设备是利用无线电波来监测导航的，它接收到地面导航站不断发射出的电磁波后，就能测出飞机的准确位置。如果发现飞机偏离了航向，自动驾驶仪就会立即自动"纠正"错误，使飞机正常飞行。在能见度低的情况下，需要启用仪表着陆系统进行降落，也就是利用跑道上的盲降台向飞机发射电磁波信号，以确定跑道位置。所以手机发出的电磁波就会对飞机的导航系统造成干扰。当移动电话工作时，它会辐射出电磁波，干扰飞机上的导航设备和操纵系统，使飞机自动操纵设备接收到错误的信息，从而引发险情。

除移动电话外，使用寻呼机、笔记本电脑、游戏机时也会辐射电磁波，因此这些设备也不能在飞机上使用。在飞机上，使用中的这些电子装置会干扰飞机的通信、导航、操纵系统，会干扰飞机与地面的无线信号联系，尤其在飞机起飞和降落时干扰更大，即使只造成很小角度的航向偏离，也可能导致机毁人亡的后果。以移动电话为例，移动电话不仅在拨打或接听过程中会发射电磁波信号，在待机状态下也在不停地和地面基站联系，虽然每次发射信号的时间很短，但具有很强的连续性。

93. 飞行员在高空除了驾驶飞机以外，还要做什么？
   A 利用无线电波控制飞行　　　　B 指挥飞行的整个过程
   C 和导航站联络　　　　　　　　D 检查乘客是否使用移动电话

94. 飞机的导航设备是利用什么测出飞机的准确位置的？
   A 地面发出的电磁波　　　　　　B 自动驾驶仪
   C 仪表　　　　　　　　　　　　D 雷达

95. 飞机在光线很暗的情况下着陆，需要：
   A 飞行员的准确驾驶　　　　　　B 自动驾驶仪确定跑道
   C 电磁波信号的帮助　　　　　　D 调整飞机的飞行路线

96. 上文主要是谈什么？
   A 飞机的安全性问题　　　　　　B 为何飞机上禁用电子产品
   C 不要使用移动电话　　　　　　D 移动电话的辐射很大

97 – 100.

两天前，住在胜泰路的邵先生在楼下人行道上偶然发现，地上有很多蚂蚁，黑压压地聚集在一起，"会不会是蚂蚁开会啊？"好奇的邵先生俯身观察。"我看了才知道，蚂蚁是在'打仗'，那架势我从来没有见过！"邵先生是昆虫爱好者，马上回家拿来了摄像机拍摄。过了一天，他再次经过，蚁群之战仍在继续，而人行道的勾缝里已经

填满了蚂蚁尸体，足有近20米长，数量惊人！只见人行道上、绿化带边，到处是黑压压的蚂蚁，凑近观察，就可以看到一只只蚂蚁舞动着爪子，在蚁群之中相互撕咬，有头咬头的，有从后面咬住肚子、直至将对方肚子撕开的，有被残忍地分成几段横尸疆场的，看起来很血腥。"别看乱哄哄的，蚂蚁们可是对垒分明！"邵先生说，蚁群内部可是高度团结的，发生对抗的是一种黑头蚂蚁和一种黄头蚂蚁，"你看，这只黑头蚂蚁咬死一只黄头蚂蚁后，立即又加入另一场战斗，两只黑头攻击一只黄头！"邵先生用草去拨一对厮打的蚂蚁，竟然无法拨开，两方死死咬在一起。此情此景使人想起电影中的机器人大战，被输入指令的机器人义无反顾地反复攻击对方阵营。被打死的蚂蚁立即被其他蚂蚁拖到了地砖的缝隙中，20米长的勾缝里堆满了蚂蚁尸体，还有蚂蚁在尸堆里面爬来爬去，邵先生说："这是蚂蚁在检查有没有没死掉的，这叫清理战场！""已经持续两天了，现在还打得难分难解呢！"对此，邵先生啧啧称奇。

专家认为，蚂蚁也是分族群的，这应该是两个族群之间为了争地盘和食物而发生的战争。虽然经过战争后，蚂蚁族群会损失惨重，但是蚁后的繁殖能力很强，很快就会使其族群重新壮大起来。另外，发现这种普通蚂蚁的地方，有一个好处就是不会有白蚁，因为白蚁也会被这些蚂蚁所消灭。

97. 下面哪种说法正确？
    A 邵先生是昆虫学专家   **B** 邵先生是昆虫爱好者
    C 蚂蚁开会非常常见   **D** 蚂蚁打仗非常血腥

98. "对垒分明"在文中的意思是：
    A 蚂蚁在土堆上打仗   **B** 蚁群内部分工明确
    C 蚁群双方明显敌对   **D** 蚂蚁打仗残酷血腥

99. 本文没有提到蚂蚁打仗的哪个方面？
    A 打仗原因   **B** 打仗形式
    C 战斗结果   **D** 持续时间

100. 为什么蚂蚁之间会发生战争？
    A 为了获得更有利的生存条件   **B** 为了争夺蚁后繁衍更多蚂蚁
    C 为了争夺水、面包等食物   **D** 为了证明自己的种群更强

三、书　写

第 101 题：缩写。

(1) 仔细阅读下面的这篇文章，时间为 10 分钟，阅读时不能抄写、记录。

(2) 10 分钟后，监考收回阅读材料，请你将这篇文章缩写成一篇短文，时间为 35 分钟。

(3) 标题自拟。只需复述文章内容，不需加入自己的观点。

(4) 字数为 400 左右。

(5) 请把作文直接写在答题卡上。

　　小时候我很喜欢做的一件事，就是帮妈妈检查买回来的蛤蜊里有没有坏的。蛤蜊的外壳看起来都差不多，但是如果一不小心让一个臭掉的蛤蜊混在新鲜的蛤蜊中，那整锅汤就都糟蹋了。所以虽是"小事件"，我可一点也不敢掉以轻心，并将此神圣的使命视为庄严仪式，用虔诚又恭敬的心情做这件事。

　　检查的方法是用左手先拿住一个蛤蜊，再用右手捡起其他蛤蜊，一个一个地敲敲看，如果蛤蜊敲出的声音是结实的，就是新鲜的蛤蜊；如果敲的声音是虚的，有点沙哑，不管它的口闭得多紧，还是臭的蛤蜊。

　　有一天，母亲又买回来一包蛤蜊，我熟练地拿出一个大碗，开始我的鉴定工作。出乎意料之外的是居然"所有的"蛤蜊都是坏掉的！我简直不敢相信我的耳朵，一个一个再敲过一遍，竟仍然"没有一个"蛤蜊是好的！那种感觉很像一位警察到一辆公共汽车上去抓扒手，结果发现一车的人都是扒手！

　　我捧着那一大碗被判刑的蛤蜊去禀告母亲，母亲很是惊讶："怎么会这样呢？这个卖蛤蜊的从来不会骗我的呀！"

　　于是母亲大人亲自动手检验，这才发现原来我抓在左手中的那个蛤蜊是坏的：难怪敲起来声音全部不对劲！

　　这种"原来如此"的恍然大悟的经验，往往在孩子心中烙下深刻的沟痕，然后进入记忆的深处，等候生命的唱盘再度转到那个相似的部位。

　　大学毕业后我开始工作，我非常的努力，对自己有些期许，也有些要求。但是有一段时间我对周围的人都看不顺眼，在我眼中，"每一个人"都有令我难以忍受的缺点，我很想改造他们，而改造不了时，我又想躲避他们。我觉得自己很倒霉，很不幸，怎么"总"遇到不好的人！

　　正当我沉醉于自怨自艾时，心中忽然响起"蛤蜊之歌"，难道我就是那个坏掉的蛤蜊？我听到那么多"别人的"沙哑之声竟可能是我本身造成的？按照常理，一个人不会只遇到坏人，周围有些人对你友善，有些人对你不友善，这样的几率最大。那我？那我可能就是那个不友善的人，我用自己的高标准去检验我周围的人，看起来我对大家都不满意，其实我最不满意的人是我自己！

我忘了我震惊于这个内心的自我发现有多久，只记得当时很难过，原来我并没有我装出来的那么好，别人也没有我看到的那么差。我有两个抉择的方向：一个是把自己装得更好，免得让别人看起来更差！另一个选择则是开始学着去欣赏别人，因为只有在看到别人的好时，我才会发现自己的好，也才能真正欣赏自己。

　　这是一段漫长的历程，一开始甚至要"强迫"自己，很像"视力矫正"，要把不顺眼的看到顺眼。每当我想放弃时，就想起那个差点害我将整碗新鲜蛤蜊倒掉的臭蛤蜊。

　　几年下来，我也体验到原来这项能力不仅改善了我的人际关系，对于我的职业生涯也产生了重要影响。

　　没想到吧？这么一件小小的家事训练，竟也可以影响我如此巨大！即使你没有成就伟人的抱负，至少也可以像我敲敲蛤蜊，学会做个友善的人吧！

新汉语水平考试
HSK（六级）

试 卷 二

注　　意

一、HSK（六级）分三部分：

    1．听力（50 题，约 35 分钟）

    2．阅读（50 题，50 分钟）

    3．书写（1 题，45 分钟）

二、听力结束后，有 **5 分钟填写答题卡**。

三、全部考试约 140 分钟（含考生填写个人信息时间 5 分钟）。

中国　北京

一、听力

第一部分

第1-15题：请选出与所听内容一致的一项。

1. A 教师待遇很高
   B 老师的工作压力很大
   C 教师是个神圣的职业
   D 老师最重要的职责是传授知识

2. A 入座时间随意
   B 入座时可背对让座者
   C 看电影要注意礼貌
   D 入座时应面对屏幕

3. A 富人往往很乐观
   B 微笑可以带来财富
   C 穷人也可能很开心
   D 人们不需要时刻微笑

4. A 污染的空气通过呼吸排出体外
   B 大气污染对身体有危害
   C 大气污染对身体没影响
   D 污染物使我们不能呼吸

5. A 酸奶比鲜牛奶受欢迎
   B 加工过程导致营养流失
   C 酸奶比鲜牛奶好喝
   D 酸奶有利于营养吸收

6. A 不要劝别人戒酒
   B 外婆讨厌酗酒的人
   C 外婆善于与人相处
   D 孤独让外婆变得忧郁

7. A 京剧演员不用化妆
   B 净行就是人们常说的"花脸"
   C 京剧演员分为十大行当
   D 京剧演员的化妆没有什么讲究

8. A 处理问题要在它发生之后
   B 成功是逐渐积累起来的
   C 南辕北辙
   D 滥竽充数

9. A 人们喜欢养鸟
   B 鸟的巢缺少美感
   C 鸟的种类非常多
   D 鸟巢对建筑设计有启发性

10. A 桂花节十月下旬结束
    B 人们很喜欢桂花节
    C 杭州的市花是桂花
    D 桂花节期间会举行庙会

11. A 这种人的记忆力不好
    B 没有事先准备肯定会失败
    C 准备好了做事就有条理
    D 坏习惯是很难改掉的

12. A 植物要学走路
    B 这种植物是圆的
    C 这种植物一直随风走
    D 这种植物根据需要随风走

13. A 《西游记》想象力丰富

    B 《西游记》是短篇小说

    C 《西游记》是一部历史小说

    D 《西游记》不受老年人的欢迎

14. A 我想和老人聊天

    B 老人觉得和朋友聊天是快乐的

    C 老人有午睡的习惯

    D 我想教老人一道题

15. A 低碳需要消耗大量能源

    B 低碳经济很难真正达到

    C 低碳经济能够保护环境

    D 低碳不用排放温室气体

第 二 部 分

第 16—30 题：请选出正确答案。

16. **A** 故乡
    B 民间文化
    C 文人文化
    D 在北京、天津的经历

17. **A** 让作品继承传统
    B 让作品更贴近现实
    C 激发作家的想象力
    D 让作家具有不同的风格

18. **A** 网络文学读者众多
    B 出现了许多年轻作者
    C 那些年轻作者很有才华
    D 网络文学的语言具有跳跃性

19. **A** 是网络作家
    B 认同网络文学
    C 创作数量很少
    D 在出版社工作

20. **A** 没有生命力
    B 只适合青少年
    C 影响了自己的创作
    D 和自己风格完全不同

21. **A** 普通农民
    B 中国工程院院长
    C 科学家
    D 国家公务员

22. **A** 800 公斤
    B 850 公斤
    C 900 公斤
    D 1500 公斤

23. **A** 自己的工作对国家和人民意义重大
    B 工作很轻松
    C 想成为全国劳模
    D 想成为决策者

24. **A** 多运动
    B 睡眠充足
    C 做工作狂
    D 少上网

25. **A** 男的是杂交水稻专家
    B 男的在农村长大
    C 男的鼓励农民们利用网络
    D 男的心态很好

26. **A** 带给学生痛苦
    B 取代了应试教育
    C 有了一定发展
    D 令人满意

27. **A** 1949 年以前是素质教育
    B 考试和录取都很自由
    C 不需要考试
    D 不等于减负

28. **A** 避免犯罪

　　B 孩子放学太晚

　　C 孩子负担太重

　　D 孩子们没时间玩

29. **A** 打破科举制度

　　B 培养社会精英

　　C 提高国民综合素质

　　D 培养综合工匠

30. **A** 不能完全否定

　　B 是应试教育的专利

　　C 老百姓最喜欢

　　D 学校不应有招生自主权

第三部分

第31—50题：请选出正确答案。

31. A 扁鹊自己
    B 父亲
    C 二哥
    D 大哥

32. A 病情痊愈时
    B 病情严重时
    C 病情发作前
    D 病情初起时

33. A 扁鹊的大哥不懂医术
    B 扁鹊的名气只有街坊邻居才知道
    C 扁鹊不能治小病
    D 扁鹊的名气最大

34. A 因为被欺负
    B 因为太普通
    C 因为很孤单
    D 因为没实现自己的价值

35. A 地方偏僻
    B 没人喜欢它
    C 被人踩在脚下
    D 大石头挡住它

36. A 消失了
    B 继续发出亮光
    C 被人们发现了
    D 被掩盖在泥沙之中

37. A 敬业
    B 交际范围广
    C 有创新意识
    D 专业知识丰富

38. A 运气好
    B 变得随和
    C 认识新朋友
    D 素质得到提高

39. A 什么是友谊
    B 如何结交朋友
    C 结交朋友的好处
    D 朋友要互相帮助

40. A 充分利用时间
    B 心情愉快
    C 注重效率
    D 培养兴趣

41. A 影响学习成绩
    B 很容易提高
    C 成绩好未必效率高
    D 受学习方法的制约

42. A 提高学习效率
    B 养成好的学习习惯
    C 改进学习方法
    D 培养好的素质

43. A 别人的经验没用
    B 要抓紧时间
    C 很难短时间内提高
    D 上课认真听讲

44. A 宣纸
    B 水印纸
    C 稿纸
    D 画纸

45. A 耐酸、耐碱
    B 安全线
    C 蓝纤维
    D 水印图案

46. A 纸张的厚度
    B 纸张的大小
    C 水印的深浅
    D 水印的方向

47. A 美观的需要
    B 防伪的需要
    C 印刷的需要
    D 雕刻的需要

48. A 愉快
    B 悲伤
    C 紧张
    D 丑陋

49. A 每天睡前让儿童听音乐
    B 实验很快有了结果
    C 孩子们表情更活泼
    D 孩子们的眼神很奇怪

50. A 常听音乐让孩子变漂亮
    B 喜怒哀乐对表情的影响
    C 如何让孩子健康成长
    D 表情是怎么改变的

二、阅　读

第 一 部 分

第 51－60 题：请选出有语病的一项。

51. **A** 他是个公子哥，花钱大手大脚，但人很温和。

　　B 从某些角度来讲，健身锻炼可以弥补先天不足。

　　C 我们会在收到汇款后第一时间回复您款是否收到，收到货款立即发货。

　　D 米糕店老板手艺特好，尽管超市嫌他们的价格高，要求做些便宜的产品。

52. **A** 权力没有制约，必然会产生腐败。

　　B 不是每一次努力都会有收获，但是每一次收获都需要努力。

　　C 两个人在一起，遇到事至少可以商量商量一下，总比一个人好。

　　D 我是电影评论专业的一名研究生，去年一年我一共看了 206 部电影。

53. **A** 我常常跟艺术家在一起，尽力倾听他们的心声。

　　B 高尔夫球作为一种室外运动，并没有被广泛接受。

　　C 王羲之被世人称"书圣"，他的作品几乎都是珍品。

　　D 长期而稳定的买方市场的形成，使企业面临严峻的挑战。

54. **A** 比起其他猴类来，金丝猴的确是非常漂亮。

　　B 她透露，《记忆之花》是一部与她以往作品不同的小说。

　　C 对于善意的批评应采取接受的态度，而不应采取消极的反应。

　　D 尽管是有钱人还是穷人，有病的时候都是我的患者，我当然应该一视同仁。

55. **A** 在怎样获得快乐这个问题上，孩子有时是我们的老师。

　　B 书中的经验和知识对我们来说取之不尽、用之不竭的源泉。

　　C 我祖籍江苏无锡，再上两代是江苏武进，就是今天的常州。

　　D 生活中没有"删除"键，好的、坏的都是你人生的一部分，要学会珍惜。

56. **A** 我一个人不愿意喝闷酒，所以想让他陪我，当然是由我请客。

　　B 凡日降雨量在 10 毫米以下的称为小雨，10—25 毫米则为中雨。

　　C 减肥最为有效的办法就是要吃多一些含水量大的食物，如水果和蔬菜。

　　D 那个滑冰场可能是你在哈尔滨唯一能找到冰的地方，至少夏天是如此。

57. **A** 近年来，许多地理学家发现，人类活动对气候变化引起很大影响。

　　B 这种青春气息仿佛昨日时光中似曾相识的再现，但是他不敢奢望。

　　C 它们有令人惊异的记忆力，无论飞了多远，每年都能返回自己的故居。

　　D 初春早上的风却像冬日寒风一样向我迎面扑来，让我不由得打了个寒颤。

58. **A** 中国象棋、国际象棋、桥牌、围棋、国际跳棋，全是智力的较量，来不得半点虚的。

B 房子给人一种稳定的感觉，有了自己的房子，才感觉在社会上真正有了一个属于自己的家。

C 手机买来时，包装盒里可能会带有一包干燥剂，以避免运送和储存的过程中手机电路受潮。

D 眼药水开启后，一般三个月就应丢弃，特别是不含防腐剂或特殊成分的眼药，一般应在一个月内使用完毕了。

59. **A** 地球上的生命有 30 多亿年的发展史，其中 85% 以上的时间是在海洋中度过的。

B 经过长期的实践，中国建筑在运用色彩方面积累了丰富的经验，并形成了南北不同的地域色彩风格。

C 人的精力是有限的，我们不可能一个人做所有的事，所以作为一个企业领导，必须学会把权力授予适当的人。

D 南京，古称金陵，已有近 2500 年的历史。她既有自然山水之胜，又有历史文物之雅，兼具古今文明的园林化城市。

60. **A** 中国煤炭的储量非常丰富，分布也十分广泛，其开采和利用有着非常悠久的历史。

B《西厢记》是中国古典戏剧的现实主义杰作。元明以来，它一直是最受群众欢迎、流传最广的剧本之一。

C 现代社会，我们拥有了更多的发展机会，但随着生活节奏的加快和工作压力的增大，我们享受天伦之乐的机会也越来越减少。

D 早在几千年前，中国人就提出了"天人合一"的思想，强调人与自然和谐共处，几千年来，这种思想在中国人心中根深蒂固。

第 二 部 分

第61～70题：选词填空。

61. 快乐这东西煞是奇怪，你招它引它求它，它_____不来。你摆出满不_____的样子，它却来依你偎你就你。和快乐交手，要_____欲擒故纵的策略。

A 明明　　　喜欢　　　采用　　　　B 渐渐　　　愿意　　　采纳

C 时时　　　介意　　　采集　　　　D 偏偏　　　在乎　　　采取

62. 挺起胸可以使肺活量增加20%左右，从而有利于促进_____。肺活量增加了，身体各_____获得的氧气便也增加了，这样人就不容易_____。

A 欣欣向荣　　　部门　　　疲倦　　　　B 新陈代谢　　　部位　　　疲劳

C 循序渐进　　　位置　　　镇静　　　　D 安居乐业　　　部分　　　压抑

63. 有的人喜欢把自己的希望_____在别人身上，要求别人能_____自己。这既不_____又不合理，结果是自寻烦恼。

A 存放　　　承认　　　切实　　　　B 依赖　　　奉承　　　理想

C 寄托　　　迎合　　　现实　　　　D 依靠　　　接纳　　　事实

64. _____重要的是，大学的教师们已经部分实现了远程教学的_____，例如俄克拉荷马大学利用网络让学生到东海岸和欧洲_____实地旅行，_____博物馆，观看航天飞机发射。

A 尤其　　　设计　　　虚构　　　拜访

B 特别　　　设施　　　虚荣　　　访问

C 更加　　　设想　　　虚拟　　　参观

D 特殊　　　设置　　　虚设　　　参与

65. 不管怎么样，北京人时时_____在一种幸福的_____之中——作为天子脚下臣民的自豪与骄傲。北京人认为，作为"首都人"，关心政治是_____的，从中不难看出北京人身上那可爱的理想主义_____。

A 沉浸　　　体会　　　无可厚非　　　颜色

B 沉溺　　　经验　　　理所当然　　　色调

C 沉迷　　　幻想　　　在所难免　　　色泽

D 沉醉　　　体验　　　天经地义　　　色彩

66. 秦始皇在他 39 岁完成统一中国的大业后，_____全国统一和简化文字，这一_____对我国古代文字发展、_____做了一次总结，也是一次大的文字_____，对我国文化的发展起了重大作用。

    A 命令   政策   演变   改革
    B 任命   策略   变化   改进
    C 指令   对策   演示   改变
    D 下令   决策   演绎   革命

67. 佛教的系统传入，对中国哲学_____整个中国文化都起到了巨大的启迪作用。佛教哲学本身_____着极深的智慧，它对宇宙人生的_____、对人类理性的反省、对各种概念的分析都有其_____之处。

    A 以至   体现   思考   特殊
    B 以致   拥有   看法   独特
    C 乃至   蕴藏   洞察   独到
    D 甚至   埋藏   考虑   格外

68. 随着科学技术的进步，人们可以应用现代科学技术_____生产条件，提高资源的利用_____，还可以_____扩大资源利用的范围，使资源_____更大的作用。

    A 改革   化   持续   发生
    B 改善   率   不断   发挥
    C 改良   性   反复   发动
    D 改进   度   逐渐   发扬

69. _____在金融危机中失去工作的投行职员来说，如果是中层，到相关企业找个副总、总监_____的职位比较容易。_____刚入职的新人。他们到其他行业_____从头干起，很难适应薪酬待遇和职业成就感上的_____。

    A 在于   等等   笑的是   之于   差距
    B 对于   什么   苦的是   等于   落差
    C 关于   这样   累的是   等到   差额
    D 对此   一样   好的是   相当   下落

70. 唐代出现了一种供人消暑的"凉屋"。"凉屋"通常_____水而建，_____类似水车的方式推动扇轮摇转，将凉气徐徐送入屋中，或者利用_____将水送至屋顶，然后沿檐而下，制成"人工水帘"，屋子里_____会凉快起来。

    A 按   采纳   工程   一定
    B 傍   采用   机械   自然
    C 临   依照   工具   经常
    D 依   依据   设备   时常

第 三 部 分

第 71 – 80 题：选句填空。

71 – 75.

　　齐宣王喜欢听吹竽，手下有 300 个善于吹竽的乐师。齐宣王爱摆排场，所以每次听吹竽的时候，总是叫这 300 个人一起合奏给他听。

　　有个南郭先生听说了齐宣王的这个癖好，（71）_____，就跑到齐宣王那里去，自我吹嘘了一番。齐宣王听得很是高兴，不加考察就把他也编进那支 300 人的吹竽队中。这以后，南郭先生就随那 300 人一块儿合奏给齐宣王听，（72）_____，心里得意极了。

　　其实南郭先生撒了个弥天大谎，（73）_____。每逢演奏的时候，南郭先生就捧着竽混在队伍中，人家摇晃身体他也摇晃身体，人家摆头他也摆头，脸上装出一副动情忘我的样子，（74）_____，还真瞧不出什么破绽来。南郭先生就这样靠着蒙骗混过了几年好日子。

　　可是好景不长，过了几年，爱听合奏的齐宣王死了，他的儿子齐湣王继承了王位。齐湣王也爱听吹竽，但认为 300 人一块儿吹实在太吵，不如独奏来得悠扬逍遥。于是齐湣王发布了一道命令，要这 300 个人好好儿练习，（75）_____。乐师们知道后都积极练习，想一展身手，只有那个滥竽充数的南郭先生急得像热锅上的蚂蚁，惶惶不可终日。他想来想走，觉得这次再也混不过去了，只好连夜收拾行李逃走了。

A 以后轮流来吹竽给他欣赏

B 他压根儿就不会吹竽

C 觉得有机可乘

D 拿着丰厚的薪水和赏赐

E 看上去和别人一样吹奏得挺投入

气象台预报 10 次暴雨，9 次报对了，人们都带雨具做了预防，印象不一定深刻；(76)＿＿＿＿＿＿＿，许多人挨了浇，很难忘掉，可能怨声载道。

其实，天气预报准确与否是一个相对的概念，它既体现了公众对预报的理解和认知程度，(77)＿＿＿＿＿＿＿。

首先，天气预报还很年轻。虽然古人在观察天象过程中积累了很多预测经验，但是气象卫星、气象雷达等先进探测仪器和计算机的应用时间并不长，(78)＿＿＿＿＿＿＿，人类对于很多天气现象的发生、演变及其内在规律并未完全掌握。这些因素会直接影响到预报的准确率。

其次，天气本身变化无常。(79)＿＿＿＿＿＿＿，也就是说，大气时时刻刻在流动着，完全摸清它的规律，似乎是不可能的事。

第三，大气中各种天气系统的空间范围是不同的，有的天气系统具有很强的地域性。以北京为例，这么大一个城市，今天如果报了"有雨"，实际可能是东城有雨，西城没雨（80）＿＿＿＿＿＿＿，感受大不相同，有的人会说准，有人就会说不准。

A 可是有一次暴雨没报出来

B 基于现代科学基础上的天气预报历史相对较短

C 这对身处不同地区的人们来说

D 围绕地球的这层厚厚的大气是个流体

E 也与现有技术水平能够达到什么程度密切相关

第 四 部 分

第81-100题：请选出正确答案。

81-84.

　　研究发现，吵闹的铃声现在已经成为最烦人的噪音。调查显示，人们主要对下列移动电话的使用行为不满意：打手机时声音过大；在餐馆使用手机；在其他不合时宜的时候使用手机；在谈话中接听手机。这项研究的对象既有手机使用者，又有非手机使用者，62%的被调查者认为在过去的几年中，顾及社交礼仪的手机使用者越来越少了。

　　调查还发现，在一些场合，发送短信息往往比打手机更合适一些。95%接受调查的人认为，在看电影时或在剧院打手机是极其不合适的。另外，83%接受调查的手机用户反对在诸如婚礼等这样的场合使用手机，而只有50%的用户认为发送短消息同样是无礼的，这些被调查者都使用短消息服务。

　　在一些国家的公交车里可以很明显的在车厢中看到许多标记，除了"禁烟"标记外，还能看到"请大家不要使用手机"的警讯。在英国一位名叫约翰的艺术家就建立了一个网站，在网上宣传以反对手机吼叫为主题的内容，提倡文明使用手机。他认为有很多人喜欢对着手机大声讲话，而且声音大得完全没有必要，不知不觉地把周围的陌生人都卷进了自己的私事之中。业内人士把这种现象称为"手机吼叫"。

　　这就要求我们在使用手机时要注意礼仪，就是要尊重人，爱护人，关心人，体谅人。比如公众场合要养成手机改成振动或者静音甚至关机的习惯。不要让手机在大庭广众频频地响起，更不要在人多之处接听电话。

81. 有多少被调查者认为手机使用者越来越不讲礼貌了？
　　A 超过一半　　　　　**B** 95%　　　　　**C** 将近80%　　　　　**D** 50%

82. 关于发短信，下面哪项正确？
　　A 比打手机方便　　　　　　　　**B** 也得注意场合
　　C 比打手机文明　　　　　　　　**D** 比打手机更受欢迎

83. 约翰建立网站，反对：
　　A 在公交车上使用手机　　　　　**B** 在公开场合使用手机
　　C 让陌生人知道自己的私事　　　**D** 使用手机时声音太大

84. 上文主要是谈什么？
　　A 手机很普及　　　　　　　　　**B** 怎样安全使用手机
　　C 文明使用手机　　　　　　　　**D** 手机的利与弊

你注意到了吗？向日葵的花盘总是跟着太阳转，好像对阳光有特别的感情似的。过去人们一直认为这是植物生长素在起作用，因为生长素分布在花盘和茎部的背阳部分，促进那里的细胞分裂增长，而向阳面的生长相应地慢了，于是植物就弯曲起来，葵花的花盘就这样朝着太阳打转了。

然而，近年来植物生理学家发现，在葵花的花盘基部，向阳和背阳处的生长素分布基本相等。显而易见，葵花向阳就不是植物生长素的作用了。

那么，是什么原因使葵花向阳呢？有人做了实验，在温室里，用冷光（就是日光灯）代替太阳光模拟阳光方向对葵花花盘进行照射。尽管早晨从东方照来，傍晚从西方照来，葵花始终没转动。然而，用火盆代替太阳，并把火光遮挡起来，花盘却会一反常态，不分白天黑夜，也不管东西南北，一个劲儿朝着火盆转动。

由此可见，向日葵花盘的转动并不是由于光线的直接影响，而是由于阳光把向日葵花盘中的管状小花晒热了，基部的纤维会发生收缩，这一收缩就使花盘能主动转换方向来接受阳光。

所以，向日葵还可以称做"向热葵"。

85. 植物学家的发现，说明葵花向阳：
    A 受时间的影响   B 与生长素无关
    C 能促进细胞分裂   D 可以放慢生长速度

86. 实验表明，向日葵花盘转动主要与什么有关？
    A 热量   B 阳光
    C 形状   D 天气

87. 关于向日葵，下列哪项正确？
    A 是一种耐寒植物   B 花盘中有管状小花
    C 生长素分布不均匀   D 花盘转动不受阳光的影响

88. 最适合做上文标题的是：
    A 日光灯的秘密   B 神奇的生长素
    C 生命在于运动   D 向日葵？向热葵

89－92.

　　提起泡沫塑料，我们大概都不陌生，它有些像我们常说的海绵，但比海绵结实多了，可以用它搓澡、擦地板，特别耐用。

　　泡沫塑料有很多种，有一种泡沫塑料可以用来做衣服。用于衣着的主要是聚氨基甲酸一类，它是好几种化学原料通过化学反应生成的。它相当于软木的十分之一那样轻，又像海绵那样软。它的弹性很大，一块跟普通桌子差不多大的泡沫塑料就能承受 40 吨的压力。40 吨有多重呢？假如一个学生体重 40 公斤，它就能承受 1000 个同学的重量。去掉压力后，泡沫塑料又能很快恢复原有的厚度。

　　泡沫塑料内部充满了气孔，所以透气性好，又耐洗易干，即使气温升到 200℃，或是降低到 -32℃ 时，它也不会变，还是保持着良好的柔软性。

　　泡沫塑料最大的特点就是保暖。50 克泡沫塑料相当于 550 克羊毛的保暖效果，这是因为泡沫塑料内的无数气孔能容纳大量的空气，而空气是不易导热的。织物纤维中的空气越多，导热性就越差。空气是热胀冷缩的，用泡沫塑料做衣服的里层，只要人体有一点儿热量，泡沫塑料内的空气就会膨胀；空气的压力使泡沫塑料伸展开来，挤住了透气孔，空气对流量减少，增强了衣服的保暖能力。所以用它做飞行服、航海服或冬装是再合适不过了。同时，它还可以取代棉、麻、毛、丝等天然纤维，材料来源广泛，成本低廉，又好洗又好干。到时候，服装家庭就又添一个新成员了。

89. 关于泡沫塑料的优点，哪一项是错误的？

　　A 结实　　　　　　　　　　　　　**B** 耐用性差

　　C 柔软性好　　　　　　　　　　　**D** 弹性大

90. 泡沫塑料能承受多重的压力？

　　A 40 公斤　　　　　　　　　　　　**B** 1000 公斤

　　C 400 公斤　　　　　　　　　　　**D** 40000 公斤

91. 与海绵相比，泡沫塑料有哪特点？

　　A 没有海绵软　　　　　　　　　　**B** 比海绵结实

　　C 保暖效果差不多　　　　　　　　**D** 弹性没有海绵好

92. 关于泡沫塑料做的衣服，哪一项是正确的？

　　A 像海绵一样柔软，能经受任何温度的变化

　　B 和羊毛的保暖效果一样好

　　C 材料是从天然物质中提取出来的

　　D 保暖性能好，成本低廉，好洗好干

一位著名诗人认为，当牛顿用三棱镜把白色光分解成七色光谱时，彩虹那诗歌般的美也就永远一去不复返了。科学居然是如此的冷酷吗？

千百年来，人类超然于自然而存在，我们拥有那么多美丽的传说，拥有那么深刻的对生命的敬畏与神秘感。然而似乎仅仅在一夜之间，我们的遗传秘密大白于天下，你我都成了生物学家眼里"透明的人"。

其实，我们大可不必为自然奥秘的暂时丧失而忧心忡忡。当你看清了挡在眼前的一片叶子，一棵未知的大树将会占据你的视野，而当你了解了这棵大树，眼前出现的又将是一片未知的莽莽丛林。人类对世界的认识就像一个半径不断延伸的圆，随着我们科学知识之圆的拓疆辟壤，我们所接触的未知世界也在不断拓展，它们无疑会激发我们更加丰富的诗意体验和神秘想象！当阿姆斯特朗走出登月舱，迈出他那"个人一小步，人类一大步"的时候，当他怀着满腔喜悦极目远眺，或者以一个全新的视角回望我们的蓝色家园时，那种视觉和心灵的冲击该是何等强烈。

人类应该坚信，当科学家测定了人类基因组的所有序列后，我们对生命的敬畏和神秘感丝毫不会减退。相反，如果虚无的信仰和蒙昧的神秘感可以让我们在无知和麻木中碌碌无为地消磨时光的话，这种虚幻的美丽不要也罢。有些后现代主义者打着人文精神的旗帜反对科学，其实科学精神与人文精神并不矛盾。科学的发展产生过核弹威胁、生态问题，而今又产生了基因恐惧和基因绝望，但这些并不是科学本身造成的，其根源，恰恰是人文精神的匮乏。

93. 作者为什么说你我都成了"透明人"？
    A 人类基因序列被发现   B 牛顿发现了七色光谱
    C 人类交往变得更密切了   D 科学研究获得了人们的认同

94. 关于未知世界，下列哪项正确？
    A 秘密越来越少   B 是一种虚幻的美丽
    C 会持续激发人类探索精神   D 会给人类带来虚无和蒙昧

95. 作者认为科学：
    A 冷酷无情   B 有诗歌般的美
    C 是在不断扩展的   D 让生命失去神秘感

96. 上文主要谈的是：
    A 自然的奥秘   B 对科学的认识
    C 人类基因的秘密   D 生物学的发展过程

97 – 100.

一位朋友，从蜘蛛网里看到了自己一路走来的历程。

十多岁时，偶尔看到蜘蛛网，他会不假思索地在地上捡起树枝，一挑一转，一张蜘蛛网就转眼没了；再看到受惊的蜘蛛慌乱地逃窜，便会有一种痛快的刺激感传遍全身。在这个对什么事都好奇的年龄里，别人的伤痛，是掠过身旁的一股无关痛痒的轻风。

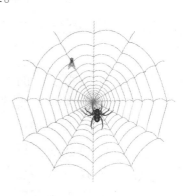

到了二十多岁，走在小路上无意间碰触到那扰人的蜘蛛网，看到洁白的上衣或干净的裤子这里那里沾着灰黑的蜘蛛网丝，觉得脏，很生气。这个年龄，正值人生美丽的起点，眼里看到的，只有远方那发光发亮的大目标；别人的不幸，他没想去注意；他最大的期盼是能胜利地向上攀爬，他最大的忌讳是被路上不明不白的石头绊住脚步。

到了30岁，匆匆赶路而踏烂一张或多张蜘蛛网，他只风轻云淡地随手挥挥、拍拍，蜘蛛网丝就消失了。在顺风顺水的旺盛中年，他什么都不怕，反正条条大路通罗马，完成一件事可以有多种途径；就算得罪了人，心中也无须负疚，反正柳暗花明又一村；他心里只想着把天空开拓得更广阔一点，把生活搞得更精彩一点。

到了40岁，不小心撞坏了一张织得像八卦阵一样的蜘蛛网，看到蜘蛛四处逃窜，心中会有不安。难道这是不祥之兆吗？这个年龄，大局已定，人也开始相信命运了。

年过半百，心境却又豁然开朗了。那是完完全全不同的一个境界。在路上不紧不慢地走着时，如果大意地弄坏了一张蜘蛛网，会心怀歉意向蜘蛛道歉。这是一种美丽的觉悟，但是，为什么这种觉悟来得这么迟呢？

现在的他六十多岁，每天牵着小孙子的手，到附近的公园去散步。看到蜘蛛网，便和孙子一起蹲下来，细细地看，看蜘蛛如何吐丝结网。

97. 十多岁的孩子正处于什么样的年龄段中？

    A 爱空想　　　　　**B** 爱打架　　　　　**C** 爱学习　　　　　**D** 凡事都好奇

98. 只看到前方的目标，期盼一帆风顺是在什么时候？

    A 小时候　　　　　**B** 二十多岁　　　　**C** 而立之年　　　　**D** 不惑之年

99. 第三段"条条大路通罗马"是指：

    A 罗马的路很多　　　　　　　　　**B** 罗马连接着各个地方

    C 心胸开阔够大胆就能成功　　　　**D** 做一件事的方法不只一种

100. 这篇文章主要写了人生各个阶段的心态，作者是通过什么表现的？

    A 对孩子的心情　　　　　　　　　**B** 对蜘蛛网的态度

    C 对成绩的态度　　　　　　　　　**D** 对自己的要求

三、书　写

第101题：缩写。

(1) 仔细阅读下面的这篇文章，时间为10分钟，阅读时不能抄写、记录。
(2) 10分钟后，监考收回阅读材料，请你将这篇文章缩写成一篇短文，时间为35分钟。
(3) 标题自拟。只需复述文章内容，不需加入自己的观点。
(4) 字数为400左右。
(5) 请把作文直接写在答题卡上。

第一只毛毛虫

话说第一只毛毛虫，有一天爬呀爬爬过了山河，终于来到一棵苹果树下。他并不知道这是一棵苹果树，也不知树上长满了红红的苹果。当他看到同伴们往上爬时，不知所以的就跟着往上爬。没有目的，不知终点，更不知生为何求、死为何所。他的最后结局呢？也许找到了一颗大苹果，幸福的过了一生；也可能在树叶中迷了路，颠沛流离糊涂一生。不过可以确定的是，大部分的虫都是这样活着的，也不去烦恼什么是生命意义，倒也轻松许多。

第二只毛毛虫

有一天，第二只毛毛虫也爬到了苹果树下。他知道这是一棵苹果树，也确定他的"虫生目标"就是找到一颗大苹果。问题是——他并不知道大苹果会长在什么地方？但他猜想：大苹果应该长在大枝叶上吧！于是他就慢慢地往上爬，遇到分支的时候，就选择较粗的树枝继续爬。当然在这个毛虫社会中，也存在考试制度，如果有许多虫同时选择同一个分支，可是要举行考试来决定谁才有资格通过大树枝。幸运的，这只毛毛虫一路过关斩将，每次都能第一志愿的选上最好的树枝，最后他从一枝名为"大学"的树枝上，找到了一颗大苹果。不过他发现这颗大苹果并不是全树上最大的，顶多只能称是局部最大。因为在它的上面还有一颗更大的苹果，号称"老板"，是由另一只毛毛虫爬过一个名为"创业"的树枝才找到的。令他泄气的是，这个创业分支是他当年不屑于爬的一棵细小的树枝。

第三只毛毛虫

接着，第三只毛毛虫也来到了树下。这只毛毛虫相当难得，小小年纪，却自己研制了一副望远镜。在还未开始爬时，就先利用望远镜搜寻一番，找到了一颗超大苹果。同时，他发觉当从下往上找路时，会遇到很多分支，有各种不同的爬法；但若从上往下找路时，却只有一种爬法。他很细心的从苹果的位置，由上往下反推至目前所处的位置，记下这条确定的路径。于是，他开始往上爬了，当遇到分支时，他一点也不慌张，因为他知道该往哪条路走，不必跟着一大堆虫去挤破头。譬如说，如果他的目标是一颗名叫"教授"的苹果，那应该爬"升学"这条路；如果目标是"老板"，那应该爬"创业"这分支；若目标是"政客"，也许早就该爬"厚黑之道"这条路了。最后，这只毛毛虫"应该"会有一个很好的结局，因为他已具备了"先觉"的条件了。但也许会有一些意外的结局出现，因为毛毛虫的爬行相当缓慢，从预定苹果到抵达时，需要一段时间。当他抵达时，也许苹果已被别的虫捷足先登，也许苹果已熟透而烂掉了……

第四只毛毛虫

第四只毛毛虫可不是一只普通的虫，同时具有先知先觉的能力。他不仅先觉知道自己要何种苹果，更先知——知道未来苹果将如何成长。因此当他带着那"先觉"的望远镜时，他的目标并不是一颗大苹果，而是一芽含苞待放的苹果花。他计算着自己的时程，并估计当他抵达时，这朵花正好长成一颗成熟的大苹果，而且他将是第一个钻入大快朵颐的虫。果不其然，他获得所应得的，从此过着幸福快乐的日子。

第五只毛毛虫

毛毛虫的故事本来应该到此结束了。因为所有故事的结局都必须是正面的且富有教育意义。但仍有不少读者好奇：第五只毛毛虫到底怎么了……？其实他什么也没做，就在树下躺着纳凉，而一颗颗大苹果就从天而降在他的身边。因为树上某一大片树枝早就被他的家族占领了。他的爷爷、爸爸、哥哥们盘踞在某一树干上，禁止他虫进入。然后苹果成熟时，就一颗颗的丢给底下的子孙们捡食。奉劝诸位，如果你不是含着金汤匙出生的，可不要妄想捡到大苹果，因为反而会被砸死的。

新汉语水平考试
HSK（六级）

试 卷 三

注 意

一、HSK（六级）分三部分：

    1. 听力（50题，约35分钟）

    2. 阅读（50题，50分钟）

    3. 书写（1题，45分钟）

二、听力结束后，有**5分钟**填写答题卡。

三、全部考试约140分钟（含考生填写个人信息时间5分钟）。

中国 北京

一、听　力

第　一　部　分

第 1 ~ 15 题：请选出与所听内容一致的一项。

1. A 压力增强记忆力
   B 记忆力持续 3 到 5 年
   C 压力对记忆力不好
   D 过多记忆损害健康

2. A 宠物的速度很快
   B 人们对宠物没有感情
   C 养宠物的人不是很多
   D 宠物逐渐影响人们的生活

3. A 要培养孩子的耐心
   B 沟通是教育的第一步
   C 沟通是为了给孩子信心
   D 要加强家长与学校的沟通

4. A 这种青蛙能够与人们交流
   B 这种青蛙听不到超声波
   C 这种青蛙的耳朵很特殊
   D 这种青蛙有助于环保

5. A 珠宝就是指首饰
   B 金银比珠宝价值大
   C 珠宝和宝石不一样
   D 珠宝由天然材料制成

6. A 倾听很重要
   B 倾听有很多种方式
   C 与人交流要主动一些
   D 不要随便给别人提建议

7. A 奶奶的记忆力不好
   B 奶奶弄丢了雨伞
   C 爷爷没有忘记雨伞
   D 爷爷拿回了别人的雨伞

8. A 天鹅保护区面积很小
   B 天鹅得到了保护
   C 人类破坏了环境
   D 天鹅大部分都老了

9. A 美丽是天生的
   B 美丽的女人最可爱
   C 女人喜欢可爱的东西
   D 女人因为可爱而美丽

10. A 第一印象很重要
    B 很多事是解释不清的
    C 误解是可以消除的
    D 奶奶经常误解我

11. A 不应存在侥幸心理
    B 凭经验办事都不对
    C 守株待兔的人很聪明
    D 偶然和必然可以改变

12. A 云南的夏天不太热
    B 昆明冬季温暖夏天凉爽
    C 昆明位于一个高山下面
    D 昆明一年四季温度很低

13. **A** 其他茶叶不含维生素 C
    B 维生素 C 有助于治疗感冒
    C 加热会损失维生素 C
    D 红茶不能发酵

14. **A** 基础教育很重要
    B 要多带孩子去旅游
    C 游戏有助于培养创造力
    D 要让孩子自己克服困难

15. **A** 习惯和成功没关系
    B 好习惯有助于成功
    C 失败者只有坏习惯
    D 成功者没有坏习惯

第 16—30 题：请选出正确答案。

16. A 童话作家
    B 电影导演
    C 经济学家
    D 网络编辑

17. A 多读书
    B 帮助别人
    C 事业上成功
    D 获得别人的肯定

18. A 用自己的钱
    B 呼吁更多人捐款
    C 同时做两种基金会
    D 充分利用自己的知名度

19. A 名声
    B 股票和基金
    C 稿费和作品
    D 经典的影视作品

20. A 从事金融行业
    B 经济状况不太好
    C 有自己的出版社
    D 想办封闭式基金会

21. A 明星
    B 公务员
    C 农民工
    D 品牌代言人

22. A 高兴
    B 生气
    C 嫉妒
    D 讽刺

23. A 工作地点
    B 工作条件
    C 居住环境
    D 人情方面

24. A 希望多些保障
    B 希望提高工资
    C 希望多些技术培训
    D 希望大家看得起他们

25. A 觉得非常骄傲
    B 觉得生活改变了
    C 觉得可以赚钱了
    D 感觉担子更重了

26. A 中国工会
    B 瑞典工会
    C 吉利汽车集团董事会
    D 沃尔沃集团董事会

27. A 沃尔沃和吉利合资
    B 新创造一个品牌
    C 吉利和沃尔沃分别生产
    D 还没决定

28. A 持乐观态度
   B 不置可否
   C 有点担忧
   D 不抱信心

29. A 技术
   B 资金
   C 品牌
   D 服务

30. A 瑞典工会在吉利收购沃尔沃前
     后的态度有所转变
   B 中国企业在国际谈判中很有经验
   C 吉利集团将利用沃尔沃来提高
     管理、研发等能力
   D 吉利收购沃尔沃被认为是短时
     间内拉近与跨国企业竞争距离
     的有效途径

第 三 部 分

第31—50：请选出正答案。

31. A 油价太高
    B 油被订完了
    C 带的钱不够
    D 油还没榨出来

32. A 别的油商
    B 当地农民
    C 买油的顾客
    D 卖油桶的小贩

33. A 货源很重要
    B 做事情要果断
    C 商人的聪明才智
    D 过去四川的油贸易

34. A 不甘平凡
    B 想要锻炼
    C 拥有地位
    D 变得强壮

35. A 兴奋
    B 坚决
    C 迷惑
    D 轻松

36. A 要勇于挑战高目标
    B 要拥有自己的优势
    C 做一件事要坚持不懈
    D 成功的标准不能降低

37. A 消除疲劳
    B 增强言语表达能力
    C 减少自身的压力
    D 使人变得很聪明

38. A 会让朋友觉得你不正常
    B 比找朋友倾诉更好
    C 自言自语者容易钻牛角尖
    D 对身心健康有益

39. A 自言自语的好处
    B 自言自语是一种病
    C 人为什么会自言自语
    D 人怎样才能不自言自语

40. A 李涛失败了
    B 李涛生病了
    C 李涛很紧张
    D 李涛参加了演讲比赛

41. A 怕丢面子
    B 不想讲真话
    C 怕失去朋友
    D 不希望比别人突出

42. A 要关心别人
    B 要有责任心
    C 不要急于求成
    D 别太在意别人的看法

43. A 邻居间只是点点头
    B 没时间与邻居交流
    C 迁移新居且独门独户
    D 邻里之间容易产生矛盾

44. A 与老朋友交往
    B 与远方朋友联系
    C 与同事来往
    D 让自己完全封闭

45. A 离得越近关系越好
    B 距离太远无法交往
    C 保持距离反而使关系融洽
    D 远亲不如近邻

46. A 不相信对方
    B 忙于工作无暇交往
    C 怕产生矛盾不来往
    D 互不相识

47. A 装饰精美
    B 服务一般
    C 非常简陋
    D 非常舒适

48. A 没有服务员
    B 服务员不认真
    C 坐了很久没人招呼
    D 老板娘对客人冷淡

49. A 店里不提供茶水
    B 店里的东西非常贵
    C 在店里坐坐不用付钱
    D 店里的东西全部免费

50. A 被赶走
    B 特殊的服务
    C 时光补偿费
    D 精美的礼物

二、阅　读

第　一　部　分

第 51 – 60 题：请选出有语病的一项。

51. A 在家人的照顾下，他很快恢复了健康。

   B 保持好的心情，关键是要有一个好的心态。

   C 商业广告显然不同于公益广告，因为它带有明显的功利色彩。

   D 为了防止今后不再发生类似的事件，有关部门及时完善了管理措施。

52. A 北京奥运会把世界进一步了解了中国。

   B 父母在教育子女时应当把握住度，该放手时就放手。

   C 鱼、肉和奶含有一种重要的维生素，有助增强老年人记忆力。

   D 他一直想要挽回他们的感情，但她这段时间完全不理他，态度很强硬。

53. A 这项工程至少需要 10 年才能完工。

   B 在年降雨量少于 500 毫升的地区不能种树，但只能种草。

   C 经验多固然是好事，但如果一个人只靠经验工作，也是不行的。

   D 世界各国的人口寿命数据表明，女性的平均寿命要比男性长 7 年。

54. A 心就是一个人的翅膀，心有多大，世界就有多大。

   B 本场比赛的悬念不大，双方不仅仅是相差一个档次。

   C 据初步估计，此次大地震将为海地带来多达 300 万的难民。

   D 我曾在一所美术学院两年学过，所以我对广告设计很熟悉。

55. A 我们应尽量避免不犯错误或少犯错误。

   B 生活中，每张照片都有美丽的故事、美好的回忆。

   C 企业道德和责任感的丧失，必然导致商业上的失败。

   D 不能让一个孩子因贫穷而失学，为此，学校成立了"爱心助学小组"。

56. A 拥有资源的人不一定能成功，善用资源的人才会成功。

   B 晚唐诗人中，诗歌成就最高的，是擅长写爱情诗的李商隐。

   C 有些植物的花朵因吸收金属元素而改变颜色，这也能成为找到地下矿藏。

   D 今天是上海世博会开园后的第三个周六，参观人数达到开园以来最高峰。

57. A 看着孩子们快快乐乐地走出来家门，她觉得又高兴又满足。

   B 据说，股市的逆转往往会出现在人们对它都丧失信心的时候。

   C 肥胖症的"副产品"——高血压、心脏病正在步步向人类逼近。

   D 大学时他经常逃课睡到下午，然后去操场踢球，半夜才回宿舍。

58. A 一些长期从事婚姻家庭研究的人士相当看好婚姻家庭指导师的发展前景。

B 一位司机把汽车没有停在停车场，他十分钟后回来，发现车窗上贴了一张罚款单。

C 两种选择，要么改变自己，去适应现在的工作；要么改变现状，找适合自己的工作。

D 对刚刚富裕起来的中国市民而言，黄金周给了他们集中休闲的时间和外出旅游的机会。

59. A 善于从灾难中总结经验和教训、吸取智慧和力量的民族，肯定会变得更加坚强。

B 我到现场拍摄动作戏，起来看很轻松，但其实要记对白节奏，总令我变得紧张。

C 我独自一人在西柏林火车站等候换乘的火车，寂静的站台上只有寥落的几个乘客。

D 现在的中介简直太厉害了！我在网上刚发布了出售房子的信息，就有电话打进来了。

60. A 由于钱三强卓有成效的工作，他刚去法国居里实验室一年多，便为华夏学子争得了荣誉。

B 为了上艺术培训班，刘露只能挤出休息时间完成学校作业，周末两天有时要写作业至深夜 12 点。

C 大人的一言一行、一举一动，都在给孩子树立样板，都在孩子的精神世界烙上了永远的印记和影响。

D 如果一位教师不会利用电脑扩充知识、信息和自己的难题，过不了多久他可能会发现自己已落后于时代的发展。

第二部分

第61-70题：选词填空。

61. 抑郁症又_____忧郁症，是精神病之一，是以_____低落为主要_____的一类心理疾病。

    A 叫　　　心情　　　特点　　　　　**B** 称　　　情绪　　　特征
    C 名　　　心理　　　症状　　　　　**D** 为　　　精神　　　表现

62. 客厅是_____客人的地方，因此装修的时候要特别用心，_____是色彩搭配方面，更要慎之又慎。因为客厅的颜色不但影响观感，也能影响_____。

    A 招待　　　哪怕　　　心情　　　　**B** 欢迎　　　比如　　　情感
    C 接待　　　尤其　　　情绪　　　　**D** 迎接　　　尽管　　　思绪

63. 完美主义有益也有害。它可以_____我们对成功的渴望，使我们表现得更加完美；也可能让我们更加_____、害怕失败，甚至小小的不完美也会成为我们无法承受的_____。

    A 推动　　　得意　　　奇迹　　　　**B** 导致　　　恐惧　　　痛苦
    C 激发　　　焦虑　　　挫折　　　　**D** 传播　　　疑惑　　　刺激

64. 立秋_____，天气渐渐变得凉爽_____，人的食欲大开，夜间的休息也舒服多了，_____时间疲惫的身体更愿意安静地休息，而不愿意参加有体力_____的活动。

    A 以后　　以来　　空闲　　浪费　　　**B** 之后　　起来　　闲暇　　消耗
    C 而后　　下来　　休闲　　耗费　　　**D** 然后　　开来　　闲置　　消费

65. 李时珍在读了很多医药书，并研究了一系列的"本草"以后，一方面_____佩服前代大师们的辉煌业绩，另一方面也发现他们在观察上和理论上的错误，是需要加以_____、订正的。因而他就将这个责任_____起来。从1552年开始，直到1578年，经过整整27年_____和编书的生活，他的《本草纲目》巨著才告完成。

    A 毅然　　挖掘　　负责　　咨询　　　**B** 果然　　解释　　承受　　访问
    C 自然　　整顿　　承担　　采集　　　**D** 固然　　整理　　担负　　采访

66. 过去穿着T恤和运动裤_____登山的游客，如今以_____的"造型"出现。而且，并非只是穿着_____的登山服，大多数登山客都穿着贴有著名商标的_____登山服。

    A 随便　　美丽　　简单　　专门　　　**B** 方便　　魅力　　简易　　职业
    C 轻易　　华美　　简便　　正规　　　**D** 轻便　　华丽　　简练　　专业

67. 没有人喜欢和不快乐的人在一起，这主要是因为在这样一个_____，每个人都_____着一堆大大小小的问题，他没有时间更没有精力来_____你的烦恼。你逗一时之快，希望他变成你_____垃圾的接收站，你轻松了，但久而久之，只能让他对你敬而远之。

A 朝代　　面对　　承受　　感情　　　B 时代　　面临　　倾听　　情绪
C 时机　　掌握　　宣传　　精神　　　D 当代　　控制　　处理　　思维

68. 1996 年 11 月大地震过后一年半，我到神户访问时，_____于生活如此迅速地恢复正常，神户居民从容_____了最艰难的时刻。日本的确是个_____的民族。他们_____进行足够的改变，以便融入由许多不同文化背景的人组成的世界。

A 吃惊　　过去　　各有特色　　不能不
B 惊讶　　度过　　与众不同　　不得不
C 诧异　　发生　　各有千秋　　不要不
D 担心　　熬过　　千差万别　　只好不

69. _____的志向与_____的信念就好比是一个人走向成功道路的_____。不论是谁，只要你自身_____这两个有利条件，只要你有信心，哪怕你没有文凭，或者没有_____的身世，没有出众的外貌，甚至你是一名残疾人，都有可能成功！

A 远大　　坚定　　基石　　具备　　高贵
B 长远　　坚强　　基础　　具有　　贵重
C 深远　　坚持　　根基　　拥有　　珍贵
D 悠远　　坚韧　　根本　　享有　　宝贵

70. 喜鹊登梅是中国画中非常常见的_____，它还经常出现在中国传统诗歌、对联中。此外，喜鹊还在中国的民间_____中，每年的七夕，人间所有的喜鹊会飞上天河，_____起一座鹊桥，让分离的牛郎和织女相会，_____在中华文化中鹊桥常常成为男女情缘的象征。

A 作品　　节目　　架　　因此　　　B 主题　　故事　　连　　总之
C 题材　　传说　　搭　　因而　　　D 材料　　风俗　　组　　于是

第 三 部 分

第71－80题：选句填空。

71－75.

　　1911年4月，利比里亚商人哈桑在挪威买了12000吨鲜鱼，运回利比里亚首府后，一过秤，鱼竟一下子少了47吨。哈桑回想购鱼时他是亲眼看着过秤的，一点儿也没少啊，（71）_____，无人动过鱼。那么这47吨鱼上哪儿去了呢？哈桑百思不得其解。

　　后来，这桩奇案终于大白于天下，（72）_____。地球重力是指地球引力与地球离心力的合力。地球的重力值会随地球纬度的增加而增加，赤道处最小两极最大。同一个物体若在两极重190公斤，拿到赤道，就会减少1公斤。挪威所处纬度高，靠近北极；利比里亚的纬度低，靠近亦道，（73）_____。哈桑的鱼丢失了分量，就是因为不同地区的重力差异造成的。

　　（74）_____，也为1980年墨西哥奥运会连破多项世界纪录这一奇迹找到了答案。墨西哥城在北纬不到20度、海拔2240米处，（75）_____，正因为地心引力相对较小，运动健儿们奇迹般地一举打破了男子100米、200米、400米、4×400接力赛、男子跳远和三级跳远等多项世界纪录，1980年也因此成为奥运会历史上最辉煌的年代之一。

A 地球重力的地区差异

B 比一般城市远离地心1500米

C 原来是地球的重力"偷"走了鱼

D 归途中平平安安

E 地球的重力值也随之减少

三国时期，曹操率大军想要征服东吴，孙权、刘备联合抗曹。

孙权手下有位大将叫周瑜，智勇双全，可是心胸狭窄，很妒忌诸葛亮（字孔明）的才干。因水中交战需要箭，周瑜要诸葛亮在十天内负责赶造十万支箭，哪知诸葛亮只要三天，还愿立下军令状，（76）＿＿＿＿＿＿＿。周瑜想，三天不可能造出十万支箭，正好利用这个机会来除掉诸葛亮。于是他一方面叫军匠们不要把造箭的材料准备齐全，另一方面叫大臣鲁肃去探听诸葛亮的虚实。

鲁肃见了诸葛亮。诸葛亮说："这件事要请你帮我的忙。希望你能借给我20只船，每只船上30个军士，船要用青布幔子遮起来，还要一千多个草把子，排在船两边。不过，（77）＿＿＿＿＿＿＿"鲁肃答应了，并按诸葛亮的要求把东西准备齐全。

两天过去了，不见诸葛亮有一点儿动静。到第三天四更的时候，诸葛亮秘密地请鲁肃一起到船上去，说是一起去取箭。鲁肃很纳闷儿。（78）＿＿＿＿＿＿＿。那天江上大雾迷漫，对面都看不见人。当船靠近曹军水寨时，诸葛亮命船"一"字摆开，（79）＿＿＿＿＿＿＿。曹操以为对方来进攻，又因雾大怕中埋伏，就派六千名弓箭手朝江中放箭，雨点般的箭纷纷射在草把子上。过了一会儿，诸葛亮又命船掉过头来，让另一面受箭。太阳出来了，雾要散了，（80）＿＿＿＿＿＿＿。这时船两边的草把子上密密麻麻地插满了箭，每只船上至少五六千支，总共超过了十万支。

鲁肃把借箭的经过告诉周瑜时，周瑜感叹地说："诸葛亮神机妙算，我不如他啊！"

A 叫士兵擂鼓呐喊

B 完不成任务甘受处罚

C 诸葛亮令船赶紧往回开

D 这事千万不能让周瑜知道

E 诸葛亮吩咐士兵把船用绳索连起来向对岸开去

第 四 部 分

第 81－100 题：请选出正确答案。

81－84.

　　每次坐长途汽车，我总是希望和美女同座，但是，每次都会失望，这次也一样，一个提着大包小包的老太太坐在了我的旁边。

　　她要去上海，儿子请她过去帮忙做饭。她不会讲普通话，可十分<u>健谈</u>，不断地问我"十万个为什么"，我也尽可能陪她聊天。

　　快到上海了，老太太不安地问我："我在北站下车，你到哪个站？"我安慰她，我跟她在同一站下车，我会带她下车的。我突然想，下车后，她怎么与她儿子联系？我再次关切地问她："您有您儿子的电话吗？"

　　她赶紧拿出她儿子的手机号码，我拨通了他儿子的电话。让我惊奇的是，我手机上马上显示出一个前几天刚加上的名字：某工程的项目经理。这真是太奇妙了，老太太的儿子居然就是我要找的人，而且是我需要他帮忙的人！下车的时候，老太太拖住我，一定要她儿子感谢我这个好心人。

　　几天后，我去找这个项目经理。在他办公室，他抬头一看是我，愣了一下，发现我就是一路照顾他妈妈的"好心人"。在感慨"世界真小"之后，他爽快地在工程合作单子上签了字。

　　原来，我的运气一点也不坏。这个老太太虽然不是美人，但却是我的"幸运女神"。

81.　根据第 1 段，我经常失望是因为：
　　　A 车里太挤　　　　　　　　　　**B** 车上没有美女
　　　C 不想坐长途汽车　　　　　　　**D** 没有和美女坐一起

82.　第 2 段中，画线词语"健谈"的意思最可能是：
　　　A 有趣　　　　　　　　　　　　**B** 礼貌
　　　C 喜欢说话　　　　　　　　　　**D** 喜欢帮助别人

83.　在车上，我对什么感到惊奇？
　　　A 老太太找到了她的儿子　　　　**B** 老太太有我的手机号码
　　　C 我和老太太在同一个站下车　　**D** 老太太的儿子是我要找的人

84.　我得到了那个工程，主要是因为：
　　　A 项目经理认识我　　　　　　　**B** 项目经理是个好心人
　　　C 我多次向项目经理咨询　　　　**D** 我帮助了项目经理的妈妈

85 – 88.

联合国食品委员会花了七年的时间终于把西红柿
分出了"三六九等"。西红柿按"长相"被划为四大
类：圆形西红柿、带棱西红柿、椭圆形西红柿、樱桃
西红柿。按照品质，它们又分为特等、一等、二等三
个等级。特等西红柿"长相"必须绝对优秀，颜色成
熟，"脸上"没有明显瑕疵，大小一致。一等西红柿，
在"长相"方面可以有点儿缺陷，比如颜色差一点儿，表面有轻微擦痕等。

虽然说二等西红柿在等级里面最低，但质量也必须满足最基本的要求：外
形完整、外观完好、表面清沽，还要新鲜，即无多余水分，无残留农药，无异
味。就成熟度而言，西红柿应达到充分的自然成熟状态。

看了这个国际标准，可别因为西红柿的外貌而影响了你的挑选。我们都知
道，西红柿能生吃也能熟吃，夏天天气炎热时，胃口不好，那就饭前生吃一个
西红柿，还有开胃的作用。对于糖尿病患者来说，西红柿也是热量不高、可以
当作水果吃的蔬菜。而且，大家还需要知道的是，不管是什么等级的西红柿，
想靠吃西红柿补充维生素 C，那就尽量生吃；想要吸收西红柿中的番茄红素，那
就一定要炒着吃，因为番茄红素只有和油一起才能促进吸收。

85. 下面哪个不是特等西红柿特点？
    A 颜色成熟   B 重量相同
    C 大小一致   D 表面没有擦痕

86. 自然成熟、表面有一点儿擦痕的是哪类西红柿？
    A 圆形西红柿   B 樱桃西红柿
    C 一等西红柿   D 二等西红柿

87. 新鲜的西红柿是什么样子的？
    A 没有多余的水分   B 没有残留农药
    C 没有特别的味道   D 包括以上三项

88. 生吃西红柿有什么作用？
    A 补充维生素 C   B 降温解暑
    C 提供番茄红素   D 可作药物

蜜蜂是过群体生活的。在一个蜂群中有三种蜂：一只蜂王，少数雄蜂和几千到几万只工蜂。

蜂王的身体最大，几乎丧失了飞行能力。不过这没有关系，它有千千万万个儿女，它们可以供养它。在蜜蜂的家族中，只有蜂王可以产卵，它一昼夜能为蜂群生下 1.5 到 2 万个兄弟。蜂王的寿命大约是三年到五年，在蜜蜂的家庭中它算得上是寿星了。

雄蜂和普通的蜜蜂大不相同，它"人高马大"，身体粗壮，翅也长。它的责任就是和蜂王交尾。交尾之后，它也就一命呜呼了。

工蜂在蜜蜂家族中数量最多、职责最大，它们是蜂群的主要成员，工作也最忙：采集花粉、花蜜，配制它们的"口粮"，哺育它们的弟弟们，喂养它们的母亲，修造它们的房子，保护家园，调节室内温度和湿度……别看这样，它们的身体是非常弱小的，寿命也只有 6 个月，就像天空的流星一样，仅有一点儿时间去闪耀自己的光辉。

蜜蜂是自然界里最勤劳的昆虫。开花时节，它们忙得忘记早晚，有时还趁着月色采花酿蜜。要酿一公斤蜜，必须在 100 万朵花上采集原料。虽然它们采蜜难，但每年一窝蜂都能割几十斤蜜。如果动物世界也有组织的话，那么蜜蜂一定能获得"最热爱劳动奖章"。

89. 一般蜜蜂的生活方式是：
    A 独立生活   **B** 两两生活
    C 群体生活   **D** 分居生活

90. 在一个蜂群中，其主要成员是：
    A 蜂王   **B** 工蜂
    C 雄蜂   **D** 雌蜂

91. 在一个蜂群中，寿命最长的是：
    A 蜂王   **B** 雄蜂
    C 工蜂   **D** 雌蜂

92. 雄蜂的主要责任是：
    A 照看家园   **B** 与蜂王交尾
    C 照看幼蜂   **D** 采集花粉、花蜜

　　电脑业几乎没有人不认识比尔·盖茨，他被认为是电脑天才，同时在他身上我们也印证了那句话——"英雄出少年"。他非常年轻的时候就涉足电脑软件行业，而且很快就已经小有名气了。他是第一个提醒人们重视软件非法复制的程序员，他希望电脑软件能够广泛地被使用，形成统一的标准。另一方面，他又不希望自己的软件成为免费的午餐，他很想在软件开发这一领域有所作为，最后我们就看到了"微软帝国"的建立。

　　工业社会在其商业发展阶段，只要控制了产品，就可以拥有财富；在工业资本发展阶段，只有控制了资本才可以拥有财富；而在信息资本发展阶段，只有具有掌握人才的能力，才能拥有财富。实际上，盖茨最让人佩服的地方既不在于他的技术，也不在于他的市场运作能力，更不在于他逐渐积累的雄厚的资金基础，而是他善于吸引和凝聚众多人才的能力，就连盖茨本人也常常感慨："和一群天才们一起工作是多么有趣的一件事啊！"

　　盖茨对企业的管理理念是"让员工和公司一起致富"。微软公司的工资水平其实并不是很高，但他会给员工丰厚的本公司的股票收益，这样，员工就能够把自己和公司连为一体，能动性和主动性自然而然就发挥出来了。世界富翁排行榜上总是以微软人最为耀眼，微软也以百万富翁多而闻名。微软吸引、使用、培养和保留人才的做法值得认真研究，盖茨的企业管理方法也值得学习。

93. 电脑业几乎没有人不认识比尔·盖茨不是因为下列哪一项？
　　A 他是个电脑天才
　　B 他创建了"微软帝国"
　　C 因为他当时年龄小，所以在电脑业有名气
　　D 他是第一个提醒人们重视软件非法复制的程序员

94. 在信息资本发展阶段，拥有财富的关键是什么？
　　A 控制产品　　　　　　　　　　**B** 控制资本
　　C 掌握人才　　　　　　　　　　**D** 控制信息

95. 盖茨最让人佩服的地方在哪里？
　　A 他的技术　　　　　　　　　　**B** 他善于吸引人才的能力
　　C 他雄厚的资金基础　　　　　　**D** 他的市场运作能力

96. 盖茨对企业的管理理念是什么？
　　A 给员工发更多的工资　　　　　**B** 让员工和公司一起致富
　　C 鼓励员工炒股以获得收益　　　**D** 雇佣富翁作为企业员工

每一个中华老字号都是一个品牌奇迹,"同仁堂"有300多年的历史,京城最老的老字号"鹤年堂"的历史超过600年。今天它们不仅仅是品牌,更是一种文化,当我们提起这些品牌,最津津乐道的还是那些被人熟知的动人故事。

少年康熙曾得过一场怪病,全身红疹,奇痒无比,宫中御医束手无策。康熙心情抑郁,微服出宫散心,信步走进一家小药铺,药铺郎中只开了便宜的大黄,嘱咐泡水沐浴。康熙遵其嘱咐沐浴,迅速好转,不过三日便痊愈了。为了感谢郎中,康熙写下"同修仁德,济世养生",并送给他一座大药堂,起名同仁堂。

这就是家喻户晓的中华老字号品牌——同仁堂诞生的故事。1669年,同仁堂药铺落成。时过341年,这间百年老店深深影响着几个世纪的中国人,首先影响到的便是听到同仁堂诞生故事的人们,一家平民小店与皇室的故事,一个小郎中打败宫中御医的故事,故事中的高超医术夹杂着传奇色彩,看病的或听故事的人纷至沓来。

康熙的故事给了同仁堂强大的生命力,但每一个生命都有尽头。为了延续生命,同仁堂还需要更多的传奇故事来提醒消费者感知它的存在。

在其后的发展中,同仁堂几乎和清朝的每一代皇帝都有故事。雍正元年,皇帝亲自授命同仁堂专办御药供奉,之后皇帝、后妃吃的药都是同仁堂制作的。慈禧"垂帘听政"时特别青睐同仁堂的养生保健配方,如珍珠粉、益母草膏,还特准跨过御药房直接供药。

一个传统的商业品牌不能长久地依靠一个故事传递的精神来谋取利益,无论品牌故事多么动听,传统的商业品牌贩卖的始终都是有形的产品和可感知的服务。产品的更新换代,替代品的出现,与竞争对手同质化现象的出现,都决定了这样的品牌不可能因为一个故事,而延续几百年的生命。同仁堂也不行。

97. 同仁堂诞生之前是:
   A 一家商铺　　　 B 一个小药铺　　　　 C 宫中御药房　 D 京城知名大药店

98. 授命同仁堂专办御药供奉的是:
   A 康熙　　　　　 B 雍正　　　　　　　 C 后妃　　　　　 D 慈禧太后

99. 作者认为,同仁堂延续几百年生命靠的是:
   A 与清朝皇帝的关系　　　　　　 B 与竞争对手的同质化
   C 动听和传奇的品牌故事　　　　 D 有形的产品和可感知的服务

100. 最适合做上文标题的是:
   A 百年老店的传统　　　　　　　 B 中华老字号的历史
   C 同仁堂的传奇故事　　　　　　 D 传统商业品牌的创新与发展

三、书　写

第 101 题：缩写。

  （1）仔细阅读下面的这篇文章，时间为 10 分钟，阅读时不能抄写、记录。

  （2）10 分钟后，监考收回阅读材料，请你将这篇文章缩写成一篇短文，时间为 35 分钟。

  （3）标题自拟。只需复述文章内容，不需加入自己的观点。

  （4）字数为 400 左右。

  （5）请把作文直接写在答题卡上。

  1920 年，美国田纳西州一个小镇上，有个小姑娘出生了。她的妈妈只给她取了个小名，叫丹妮。丹妮渐渐懂事后，发现自己与其他的孩子不一样：她没有爸爸，她是私生子。人们明显的歧视她，小伙伴们都不跟她玩。她不知道为什么。她虽然是无辜的，但世俗确实严酷。我们每一个人，一生可以作出多种选择，但不能选择自己的父母。而丹妮甚至不知道自己的爸爸是谁。她跟妈妈一起生活。

  上学后，歧视并未减少，老师和同学仍以那种冰冷、鄙夷的眼光看她：这是一个没有父亲的孩子，没有教养的孩子，一个不好的家庭的孽种。于是，她变得越来越懦弱，开始封闭自我，逃避现实，不与人接触。丹妮最害怕的事情就是与妈妈一起到镇上的集市。她总能感到人们在背后指指戳戳，窃窃私语："就是她，那个没有父亲，没有教养的孩子！"

  丹妮 13 岁那年，镇上来了一个牧师，从此她的一生便改变了。丹妮听大人说，这个牧师非常好。她非常羡慕别的孩子一到礼拜天，便跟着自己的父母，手牵手地走进教堂。她曾经多少次躲在远处，看着镇上的人们兴高采烈地从教堂里出来。她只能通过教堂庄严神圣的钟声和人们面部的神情，想象教堂里是什么样子，以及里面发生的一切。

  有一天，她终于鼓起勇气，待人们走进教堂后，偷偷溜进去，躲在后排倾听——牧师正在演讲：

  "过去不等于未来。过去成功了，并不代表未来还会成功；过去失败了，也不代表未来就要失败。因为过去的成功和失败，只是代表过去，未来是靠现在决定的。现在干什么，选择什么，就决定了未来是什么！失败的人不要气馁，成功的人不要骄傲。成功失败都不是最终的结果，它只是人生过程的一个事件。因此，这个世界上不会有永恒成功的人，也不会有永远失败的人！"

  丹妮被深深地震动了，她感到一股暖流冲击着她冷漠、孤寂的心灵。但她马上提醒自己：得赶快离开了，趁同学们、大人们未发现自己，马上离开。

  第一次听过后，就有了第二次、第三次、第四次、第五次冒险……但每次都是偷听几句话就快速消失掉。因为她懦弱、胆怯、自卑，她认为自己没有资格进教堂。她和常人不一样。

终于有一次，丹妮听得入迷了，忘记了时间，直到教堂的钟声敲响才猛然惊醒，但已经来不及了。率先离开的人们堵住了她迅速出逃的去路。她只得低头尾随人群，慢慢移动。突然，一只手搭在她的肩上，她惊慌地顺着这只手臂望上去，正是牧师。

"你是谁家的孩子？"牧师温和地问道。

这句话是她十多年来，最最害怕听到的。它仿佛是一只通红的烙铁，直刺丹妮的心上。

人们停止了走动，几百双惊愕的眼睛一齐注视着丹妮。教堂里静得连根针掉在地上都听得见。

丹妮完全惊呆了，她不知所措，眼里含着泪水。

这个时候，牧师脸上浮现出慈祥的笑容，说：

"噢……知道了，我知道你是谁家的孩子……你是上帝的孩子。"

然后，抚摸着丹妮的头发说：

"这里所有的人和你一样，都是上帝的孩子！过去不等于未来——不论你过去怎样不幸，这都不重要。重要的是你对未来必须充满希望。现在就做决定，做你想做的人。孩子，人生最重要的不是你从哪里来，而是你要到哪里去，只要你对未来保持希望，你现在就会充满力量。不论你过去怎样，那都已经过去了。只要你调整自己的心态，明确目标，乐观积极地去行动，那么成功就是你的！"

牧师话音刚落，教堂里顿时爆出热烈的掌声——没有人说一句话，掌声就是理解，是歉意，是承认，是欢迎！整整13年了，压抑心灵的陈年冰封，被"博爱"瞬间溶化了……丹妮终于抑制不住，眼泪夺眶而出。

从此，丹妮变了……在40岁那年，丹妮荣获了田纳西州州长，之后，弃政从商，成为世界500家最大企业之一的公司总裁，成为全球赫赫有名的成功人物。67岁时，她出版了自己的回忆录《攀越巅峰》。在书的扉页上，她写下了这句话：过去不等于未来！

新汉语水平考试
HSK（六级）

试卷四

注　　意

一、HSK（六级）分三部分：

1. 听力（50 题，约 35 分钟）

2. 阅读（50 题，50 分钟）

3. 书写（1 题，45 分钟）

二、听力结束后，有 **5 分钟**填写答题卡。

三、全部考试约 140 分钟（含考生填写个人信息时间 5 分钟）。

中国　北京

一、听　力

第 一 部 分

第 1 - 15 题：请选出与所听内容一致的一项。

1. A 大雾影响了交通
   B 大雾有利于农业
   C 大雾使温度降低
   D 所有航班都停飞了

2. A 小强已经复习好了
   B 小强不想参加考试
   C 小强喜欢看电视
   D 小强成绩不好

3. A 好心态带给人幸福
   B 人们的生活状态决定幸福
   C 自我满足是一种骄傲
   D 人们不应自我满足

4. A 人才需要领导能力
   B 团队内部要保持竞争
   C 团队成员允许各有特点
   D 团队中需要放弃个人兴趣

5. A 盐对健康没有好处
   B 应该多吃盐
   C 只能吃 6 克盐
   D 不能吃太多的盐

6. A 6 月有玫瑰节
   B 玫瑰节为期一周
   C 只有 6 月能采玫瑰
   D 每个星期天举办玫瑰节

7. A 早睡早起精神好
   B 睡眠太多对孩子不好
   C 老年人睡眠时间较长
   D 年龄变化会改变睡眠需求

8. A 元宵节不玩灯
   B 中秋节有大型灯会
   C 苹果代表幸福
   D 赏月的时候要吃月饼

9. A 兔子善于奔跑
   B 兔子很喜欢游泳
   C 兔子学游泳不努力
   D 兔子终于学会了游泳

10. A 北方的房屋比较高
    B 气候对我们的生活影响不大
    C 衣食住行与气候的关系密切
    D 建造房屋不用考虑气候

11. A 西安的建筑就好像一本书
    B 西安在中国历史上很重要
    C 古丝绸之路的终点是西安
    D 西安的历史遗迹被震坏了

12. A 北极熊很胆小
    B 北极熊力气很大
    C 白鲸是北极熊的天敌
    D 北极熊对人类很友好

13. **A** 解决问题要灵活
    B 要根据条件做事情
    C 地点总是不断变化
    D 事物都是永远不变的

14. **A** 演员只能生活在别人的世界中
    B 演员也可以表现自己的个性
    C 演员没有自己的私生活
    D 演员需要丰富人生经历

15. **A** 蛇身上的虫卵不多
    B 吃火锅会感染疾病
    C 吃蛇有很大的危害
    D 没人真的喜欢吃蛇

第 二 部 分

第 16－30 题：请选出正确答案。

16. A 16 岁时
    B 四五岁时
    C 会写字时
    D 高中毕业

17. A 常惹爸妈生气
    B 不听妈妈的话
    C 学习成绩不太好
    D 没走爸妈希望的路

18. A 不太帅
    B 很绅士
    C 很没礼貌
    D 非常沉默

19. A 古典音乐
    B 摇滚音乐
    C 流行音乐
    D 嘻哈音乐

20. A 多赚钱
    B 引人注意
    C 宣扬和平
    D 提高知名度

21. A 门槛很高
    B 已经产业化
    C 人人都可以有创意
    D 不是很随意的事情

22. A 引起不满
    B 导致分歧严重
    C 大家都不发言
    D 延长会议时间

23. A 要放松
    B 增加阅读量
    C 学习新理论知识
    D 多思考、观察和交流

24. A 美食
    B 编辑
    C 教育
    D 市场

25. A 动手能力强
    B 对生活要求高
    C 获取信息能力强
    D 不喜欢动手做吃的

26. A 营销商
    B 经济学家
    C 奥委会官员
    D 参加过长征的人

27. A 整整七年
    B 十三天
    C 十六天
    D 十几个小时

28. A 奥运会共拥有62个合作伙伴

B 赞助商得到了使用五环的权利

C 得到了中国所有顶级企业的赞助

D 奥运会是最有影响力的品牌

29. A 10亿美元

B 12亿美元

C 26亿美元

D 46亿美元

30. A 国际奥委会

B 当地的组织者

C 各个国家的奥委会

D 电视转播的组织者

第 三 部 分

第 31－50 题：请选出正确答案。

31. **A** 恐惧
    B 满意
    C 担心
    D 乐观

32. **A** 二十到三十岁
    B 三十到六十岁
    C 五十到七十岁
    D 六十岁以上

33. **A** 第一位
    B 第二位
    C 第三位
    D 第四位

34. **A** 只有一棵树结果
    B 两棵树被砍掉了
    C 两棵树都伤痕累累
    D 农人又种了一棵树

35. **A** 卖掉苹果
    B 提高苹果价格
    C 不准孩子摘苹果
    D 砍掉不结果的树

36. **A** 付出才有回报
    B 要有合作精神
    C 要及时改正错误
    D 应多听别人的意见

37. **A** 云冈石窟
    B 悬空寺
    C 北岳恒山
    D 灵丘曲回寺

38. **A** 逛胡同看民居
    B 矿山生活游
    C 寻根探游
    D 参观白求恩医院

39. **A** 是古代重要的商贸中心
    B 是中国主要的粮食产区之一
    C 汉族和北方少数民族的融合之地
    D 是中国古代各民族聚居区

40. **A** 土壤
    B 吸收水分
    C 争取更多阳光
    D 传播种子或果实

41. **A** 给种子提供营养
    B 防止被海水腐蚀
    C 使椰子能浮在水面上
    D 使椰子能从树上掉下来

42. **A** 1
    B 2
    C 3
    D 4

43. **A** 会错失良机
    B 选择需要胆识
    C 不知道怎样去选择
    D 选择就意味着放弃

44. **A** 人们很少做出正确选择
    B 选择决定本质
    C 选择跟努力同样重要
    D 选择无处不在

45. **A** 单一性
    B 灵活性
    C 预知性
    D 可逆性

46. **A** 犹豫不决
    B 当机立断
    C 多比较
    D 三思而后行

47. **A** 怎样去找份好工作
    B 签合同的注意事项
    C 应征时的注意事项
    D 怎样做个自信的人

48. **A** 五点
    B 六点
    C 七点
    D 八点

49. **A** 简洁的简历
    B 整洁的外表
    C 提合适的问题
    D 提前十分钟到

50. **A** 尽可能少说话
    B 尽量不要紧张
    C 不要主动问工资
    D 适当了解具体情况

二、阅 读

第 一 部 分

第51－60题：请选出有语病的一项。

51. A 我曾经在一家很大的公司待了5年。
    B 小王每个月都会来五道口的一家理发店一次理发。
    C 导游，再没有哪一种职业能让人有如此丰富的旅行经历了。
    D 他一生共导演了31部电影，此外，他编写的剧本被拍成了68部电影。

52. A 妈妈把茶几擦得一尘不染得干净。
    B 笔画多的字写起来麻烦，可是认起来未必难。
    C 锻炼的时候运动量要适当，以免对身体造成伤害。
    D 陶渊明流传下来的诗歌大约有120首，另外还有散文、辞赋多篇。

53. A 医院稍微人性化点，病人何来这些折磨。
    B 公车的数量越来越多，车子的档次也越来越高。
    C 因为工作忙，来到研究院，自从小于一直都没有休过假期。
    D 母亲平日与孩子谈话时，只要稍微用点心，便能使孩子变得聪明。

54. A 通过这次活动，使我们开阔了眼界，增长了见识。
    B 一提起健身，很多人马上就会想到设施齐全的健身房。
    C 避讳是中国古代社会的一种习俗，也是一种特有的文化现象。
    D 在危险情况下人的嗅觉会变灵敏，并向大脑发出避开危险的"警报"。

55. A 我和他聊得没那么开心，不过和他姐姐倒是聊得很愉快。
    B 为了享受日后成功的甜蜜，我们必须忍受今日失败的苦涩。
    C 春节到了，给孩子送点什么礼物，是不少家长都在琢磨的事儿。
    D 龙井茶是茶中上品，比较碧螺春来，人们大多认为龙井茶是要略胜一筹的。

56. A 对于MC公司，我方不否认他们近期之内没有破产的可能性。
    B 他会习惯性地使用当年自己父亲对付自己的法子来对待孩子。
    C 为了减轻子女的生活压力，父母会为子女创业或结婚买房筹备资金。
    D 赵本山的出现，带给东北人内心的温暖与慰藉，是外地人所不能了解的。

57. A 他一个劲儿向我保证，以后一定好好保护我，不再让我受欺负。
    B 既然是亲生兄弟，为什么其中一个锦衣玉食却另一个自甘贫贱呢？
    C 从此，惭愧的蝙蝠便躲在山洞或角落里，只在傍晚或深夜才敢露面。
    D 凭着自己出色的智慧和独特的推销策略，他迅速成长为保险业内的巨头。

58. **A** 一口整洁的牙齿，不仅是身体健康的标志，还能使人在社交场合充满自信。

B 你努力了，不见得能得到你想要的成功。但在努力的过程中，你一定会有所获得。

C 胶片的发明催生了另外一个改变人类记录方式的事物的产生带来很大影响，那就是电影。

D 节日期间，各星级饭店纷纷推出特色餐饮和特惠措施，吸引大量市民走进饭店欢度佳节。

59. **A** 她突然地发现，原来写东西也可能挣钱，于是也试着写写看。

B 有一对志同道合的年轻夫妻，从结婚起就开始了敦煌壁画的复原工作，至今已经10年了多。

C 那段时间我情绪特别不好，工作受挫，感情不如意，我不知道这个世上还有什么有意思的事。

D 此次调价一个星期前，两大集团与相关部门进行沟通，希望进一步完善和修改上述《办法》。

60. **A** 我看起来李庆是真的打算和慧兰结婚生孩子，否则他就不会如此郑重地对待这场恋爱。

B 尼尼近乎杂技表演般完美的冲浪动作，获得了沙滩上的满堂喝彩，数万观众和游客掌声雷动。

C 放弃想要控制别人的念头，在这个念头摧毁您之前先摧毁它，把您的精力转而用来控制您自己。

D 业委会在签订合同、分配收益时，需要全体委员的签名，从而防止个人利用集体的名义做出不负责任的行为。

第二部分

第 61－70 题：选词填空。

61. 香菜是人们最_____不过的提味蔬菜。香菜属耐寒性蔬菜，_____冷凉湿润的环境条件，不易在高温干旱条件下生长。香菜_____低温、长日照植物。

    A 了解   喜欢   是   **B** 熟悉   要求   属于

    C 知道   希望   为   **D** 明白   需要   作为

62. 一项新的研究_____，连续几个晚上睡眠不足，即每天睡眠不足 6 小时，就会_____两晚不睡觉一样，_____人的精神造成伤害。

    A 表示   同   给   **B** 指出   和   与

    C 显示   像   对   **D** 指示   跟   给

63. 电影最大的乐趣，在于营造出一个独具_____的光影世界，在这个世界里，不仅可以使人得到_____和娱乐，更可以有所感悟和回味，充分_____到"电影是浓缩的人生"这一特点。

    A 魅力   放松   体会   **B** 力量   轻松   理解

    C 特色   趣味   意识   **D** 见解   休息   反应

64. 卢沟桥位于北京郊区的永定河上。它_____于公元 1189 年到 1192 _____。卢沟桥设计科学、_____美观，它全长 266.5 米，由 11 个半圆形的石拱_____。

    A 建设   期间   外形   构成

    B 建筑   年代   外貌   形成

    C 建造   时代   外在   组合

    D 修建   年间   造型   组成

65. 她是位_____的画家，广东南海人。1903 年出生于艺术世家。她的父母都_____纺织行业，常常为棉布设计图案，只生了这样一个宝贝女儿，甚是疼爱，从小让她受到良好的教育。_____受到家庭环境的影响，她对美术表现出异常的兴趣，父母见了心里暗喜，就_____地往这方面培养。

    A 美轮美奂   打理   因为   潜意识

    B 才貌双全   从事   由于   有意识

    C 妖艳无比   加入   于是   下意识

    D 艰苦朴素   经营   因此   有意思

66. _____千余名朝气_____、渴望求知的北大学生，陆登庭发表了约一个小时演讲。他说，尽管中美文化背景不同，但_____、尊重教育，则是两国人民共同的_____。

    A 面向   洋溢   崇拜   希望

    B 朝着   四溢   尊崇   愿望

    C 对着   充满   羡慕   渴望

    D 面对   蓬勃   崇尚   信念

67. 元宵节是中国的传统节日，大部分地区的_____是差不多的。在古代，"元宵灯会"给未婚男女相互认识_____了一个机会。那时候，年轻女孩不允许出外_____活动，但是过节却可以结伴出来游玩。元宵节赏花灯间，就是男女青年与心爱的人约会的_____。

    A 习俗   提供   自由   时机

    B 风俗   制造   自愿   借口

    C 规矩   创造   痛快   机遇

    D 兴趣   挽回   单独   距离

68. 秋天的主要气候_____是干燥。人体和空气一样_____水分，为此，我们_____经常给自己补充水分，_____缓解干燥气候对我们人体的伤害。

    A 特征   缺乏   应该   使

    B 特色   欠缺   必要   好

    C 特点   缺少   必须   以

    D 特性   缺损   必然   来

69. 花样游泳是女子体育项目，原为游泳比赛间歇时的水中_____项目，是游泳、舞蹈和音乐的完美_____，有"水中芭蕾"之称。它是一项艺术性很强的_____的体育运动，但也需要力量和_____，需要多年的_____。

    A 竞赛   配合   优美   速度   培养

    B 表演   结合   优雅   技巧   训练

    C 演出   联合   精致   技能   培训

    D 娱乐   组合   华丽   才干   锻炼

70. 宜兴紫砂陶有悠久的历史和很高的艺术_____，并以其_____的原料材质，精湛的_____技艺，古朴的自然色泽和_____的造型艺术，在工艺美术苑林中独树一帜，经久不衰。

    A 成果   罕见   人工   物美价廉

    B 财富   坚固   制作   喜闻乐见

    C 风格   特殊   操作   朝气蓬勃

    D 成就   独特   手工   千姿百态

第 三 部 分

第 71 – 80 题：选句填空。

71 – 75.

　　(71) _____。造纸术，为文明传承带来了新的载体；印刷术，造就了文明传播的新媒介。它们对人类政治、经济、文化等诸多方面产生了重要影响，为世界文明的传播与发展做出巨大贡献。

　　中国发明印刷术有着得天独厚的物质基础与技术条件。纸和墨的应用是印刷术发明的基本前提。(72) _____。秦晚期已有调制成型的墨丸；汉代已使用松烟中的炭黑制墨；南北朝时期，中国已掌握了成熟的制墨技术。作为纸的发明国，早在印刷术发明以前，中国的造纸术就经历了辉煌的发展历程。西汉时期，中国已发明了纸。公元 105 年，东汉蔡伦总结前人经验，(73) _____，使用废旧麻料、树皮等作为造纸原料，开辟了后代皮纸制造技术的先河，实现了造纸技术史上的重要突破。随着造纸技术的发展，纸逐渐普及到人类生活中。魏晋南北朝时期，中国纸张的使用进入转折时期。公元 404 年，东晋豪族桓玄颁布"以纸代简"令，终止了简牍书写的历史，(74) _____。人们选用麻、藤、树皮、竹等作为造纸原料，并运用施胶、涂布、染包等造纸加工技术，使纸张变得物美价廉。造纸术的发明 (75) _____，更为印刷术的发明提供了重要的承印材料。

A 造纸术和印刷术是中国古代的两项重要发明

B 改进造纸工艺

C 纸终于成为主要的书写材料

D 中国很早就已发现并使用墨

E 带来了书写材料的根本性变革

有一年夏天的下午，我在山上一连割了几小时柴草，最后决定坐下来吃点东西。我坐在一根圆木上，拿出一块儿三明治，一边吃一边眺望那美丽的山野和清澈的湖水。(76) _____，我的闲暇心情是不会被打扰的。那是一只普普通通的、却能使用餐者感到厌烦的蜜蜂。不用说，我立刻将它赶走了。蜜蜂一点儿也没有被吓住，(77) _____。这下我可失去了耐心。我一下将它拍打在地，随后一脚踩入沙土里。没过多久，那一堆沙土鼓了起来。我不由得吃了一惊，这个受到我报复的小东西顽强地抖着翅膀出现了。我毫不犹豫地站立起来，又一次把它踩入沙土中。

我再一次坐下来用餐。几分钟以后，(78) _____。一只受了伤但还没有死去的蜜蜂艰难地从沙土里钻了出来。重新出现的蜜蜂使我感到很内疚。(79) _____：它右翅还比较完整，但左翅却皱折得像一团纸。可它仍然慢慢地一上一下抖动着翅膀，仿佛在估量自己的伤势。它也开始梳理那沾满沙土的胸部和腹部。这只蜜蜂很快把挣扎的力量集中在皱折的左翅上。它伸出腿来，飞快地捋着翅膀，(80) _____，似乎在估量自己的飞翔能力。哦，这可怜的小东西以为自己还能飞得起来。

A 要不是一只围着我嗡嗡转的蜜蜂

B 我发现脚边的那堆沙土又动了起来

C 每捋一次，它就拍打几下翅膀

D 它很快飞了回来，又围着我嗡嗡直叫

E 我弯下身去察看它的伤势

第 四 部 分

第 81 – 100 题：请选出正确答案。

81 – 84.

2010 年元旦期间，市民将看到皎洁的明月被"咬掉"一小块。新年第一天发生月偏食，这在近千年来可是头一回。

2009 – 2010 年，月亮、地球、太阳三个天体刚好运行到容易发生天象的位置，因此这两年天文奇观多发。

此次月偏食将从 1 月 2 日凌晨 2 时 51 分开始，3 时 22 分达到月食的最大值，3 时 54 分结束，整个过程将持续一个小时。

观看月食无须采取减光措施，只要天气晴好，直接用肉眼观看即可。需要提醒的是，在月食开始前一个小时，因为地球影子的覆盖，月亮处在半影里，月色会黯淡下来，不如往常明亮。月食结束之后的一个多小时，同样也会出现这样的情况。若是摄影爱好者，在这段时间，要适当增加曝光时间。

欣赏完"天狗食月"，紧接着市民又可以欣赏一个古老星座的流星雨了。象限仪座，与天龙星座毗邻，平时很少被提及。3 日晚八时至十二时，预计该星座有一个短暂且强烈的流星雨爆发时段。这段时间，每小时流量在 120 颗左右。

在 1 月 15 日傍晚，还有一场日环食。这是中国 22 年以来的首次日环食，也是全球未来 1000 年持续时间最长的日环食。我国最早看到日环食的是云南省，然后经贵州、四川、重庆、湖南、陕西、湖北、河南、安徽、江苏，最后是在山东半岛太阳落山，一共经过 11 个省市。因为环带特别宽，持续时间也特别长，非常罕见。

81. 这段话总共谈到了几种天文现象？

   A 2 种 　　　　　　B 3 种 　　　　　　C 4 种 　　　　　　D 5 种

82. "天狗食月"的最大值是什么时候？

   A 2 时 50 分 　　　　　　　　　　　B 3 时 22 分
   C 3 时 54 分 　　　　　　　　　　　D 20∶00—24∶00

83. 日环食观测点不包括：

   A 陕西 　　　　　　B 湖南 　　　　　　C 河北 　　　　　　D 山东

84. 以下说法哪一项是正确的？

   A 这次月偏食是中国千年以来第一次月偏食
   B 本次日环食是至今 1000 年中持续时间最长的
   C 象限仪座是一个古老的很少被人知道的星座
   D 2009 – 2010 年太阳、月亮和地球连成一线

开渔节是中国沿海地区为了节约渔业资源，同时也为了促进当地旅游业的发展而诞生的一种文化搭台、经济唱戏的节日庆典活动。

中国多个地区有类似的节日，比如象山开渔节、舟山开渔节、江川开渔节等。较为著名的是象山开渔节，也称中国开渔节、石浦开渔节。

象山石浦渔港是中国四大群众渔港之一，又是国家和浙江省对台湾进行交流的重要口岸，近年又建有国内最大的水产品交易市场——中国水产城。石浦渔民素来有"三月三，踏沙滩"、"祭海"等习俗，其中"祭海"是渔民出海捕鱼时，为求平安、丰收的一种仪式。现在国家实行"休渔期"，"休渔期"结束称为"开渔"。当地政府和旅游部门将原来民间的"祭海"活动组织成节庆活动，称之为"开渔节"。自1998年首办开渔节以来，名声日长，开渔节已成该县一靓丽名片，现为全国著名节庆之一。

开渔节时，原本帆樯林立、千舸锚泊的静态海面，瞬间成为机器轰鸣、汽笛长鸣、百舸齐发的活跃场景。送别的码头人海涌动，鼓乐喧天，爆竹齐鸣，焰花怒放，一派壮观景象。开渔节的主要内容有千家万户挂渔灯、千舟竞发仪式、文艺晚会专场、海岛旅游、特色产品展销、地方民间文艺演出等活动。

85. 关于开渔节，以下哪项没有提到？
    A 为了节约渔业资源   B 为了促进当地旅游业的发展
    C 由民间"祭海"活动发展而来   D 由当地渔民倡导举办

86. 关于象山石浦渔港，以下哪项没提到？
    A 中国四大群众渔港之一
    B 浙江省对台湾进行交流的重要口岸
    C 建有国内最大的水产品交易市场
    D 旅游业非常发达

87. 文中划线句子是什么意思？
    A 开渔节的宣传手册制作精美
    B 开渔节是宣传该县形象的重要代表
    C 开渔节促进了该县经济的发展
    D 开渔节因为该县的名气大而为人所知

88. 开渔节的主要活动不包括以下哪项？
    A 千舟竞发仪式   B 文艺晚会
    C 焰火爆竹晚会   D 特产展销

龙是非常神奇的动物，是中华民族的象征。数千年来，龙的影响延伸到中国文化的多个领域，深深融入中国人的生活之中。

龙的形象起源于中国原始社会的新石器时代。内蒙古、河南、山西、辽宁、陕西、甘肃等地原始社会晚期遗址中都曾出土过一些与龙有关的文物，诸如龙纹彩陶罐、彩绘龙纹陶盘等。不过，当时龙的形象同秦汉以后龙的形象相距甚远。在龙的发展历程中，这时的龙属于"前龙"阶段，也就是说龙的形象正处于起源时期。不同地区之间，甚至同一地区内龙的形象都有较大差异。距今 3000 多年的商代，龙的形象得到初步规范，被人们称为"真龙"。

通过龙的形象的变化，可以看出龙的起源与农业生产有关。中国是世界重要的农业起源地之一，早在 1 万年前，中国就有了原始农业。大家知道，水是农业的命脉。原始农业时期没有灌溉工程，必须依赖雨水，又怕河水泛滥，于是中国的先民渴望有一种控制水的能力。但当时，他们实在难以具有这种能力，便将希望寄托于他们所创造的龙这种神话形象上。前龙阶段的蛇、鳄、蜥蜴等爬行动物均与水有关，甚至有的就生活在水中。进入真龙时期，人们干脆给龙在水中"安了家"。人们让龙生活在水中，为的是使其统领水域，以便在农业上需要水时，敬请龙王兴云降雨。

在先民的心目中，龙既然是神物，当然也就在观念上将龙同祥瑞联系到了一起。人们用龙比喻美好的事物，龙的形象深入到社会生活的方方面面。在各种艺术作品中，在语言文字中，在各类物品上，都不乏龙的形象。

89. 龙的形象起源于什么时候？
   A 中国原始社会的石器时代　　　　　B 中国原始社会的新石器时代
   C 秦汉时期　　　　　　　　　　　　D 文中没提到

90. 下列哪个地方的原始社会晚期遗址出土过与龙有关的文物？
   A 内蒙古　　　　　B 西藏　　　　　C 新疆　　　　　D 广东

91. 龙的起源与什么有关？
   A 时间、空间　　　B 商业活动　　　C 农业生产　　　D 宗教迷信

92. 从什么时候开始，人们给龙在水中"安了家"？
   A 1 万年前　　　　B 原始农业时期　　C 前龙阶段　　　D 真龙时期

茅台有着神秘悠远的历史，茅台酒也是中国国酒。建国以来，无数次重大活动，茅台酒都被当作国礼，赠送给外国领导人。自古而今，向往茅台、赞美茅台的文人墨客不计其数。毫不夸张地说，茅台酒的每一个细小的"侧面"都有着丰富的人文历史故事，有着深厚的文化积淀与人文价值。犹如中国发茅台酒标志给世界的一张飘香的名片，具象的茅台酒和抽象的"人文"，在以醉人的芳香让世界了解自己的同时，也将中华酒文化的魅力和韵味淋漓尽致地展示给了世界，让其了解了中国、中国文化。

茅台所产的酒质量特别好，从古至今早有定论。

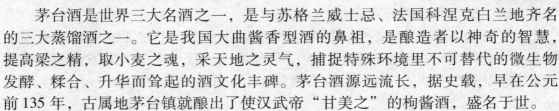

汉高祖刘邦饮过枸酱酒后赞不绝口。后来汉武帝刘彻饮之盛赞"甘美之"。曾写下"杨柳春风一杯酒，江湖夜雨十年灯"佳词名句的北宋大诗人黄庭坚，饮之则叹曰"殊可饮"。太平天国名将石达开七经仁怀，畅饮茅台酒之后更是写下"万顷明珠一瓮收，君王到此也低头，赤虺托起擎天柱，饮尽长江水倒流"的千古名句。翼王虽然兵败大渡河，但他诗中隐喻赤虺托起的"擎天柱"，是否使人隐隐感悟到赤水河畔的茅台百年之后将会成为中国的"国酒"？

茅台酒是世界三大名酒之一，是与苏格兰威士忌、法国科涅克白兰地齐名的三大蒸馏酒之一。它是我国大曲酱香型酒的鼻祖，是酿造者以神奇的智慧，提高粱之精，取小麦之魂，采天地之灵气，捕捉特殊环境里不可替代的微生物发酵、糅合、升华而耸起的酒文化丰碑。茅台酒源远流长，据史载，早在公元前135年，古属地茅台镇就酿出了使汉武帝"甘美之"的枸酱酒，盛名于世。

93. 根据文意，茅台酒出名是因为什么？
    A 浓郁独特的香味　　　　　　　　B 醇美诱人的口味
    C 酒和文化的结合　　　　　　　　D 成功的广告宣传

94. 第三段提到的"翼王"指的是谁？
    A 刘邦　　　　　　B 刘彻　　　　　　C 黄庭坚　　　　　　D 石达开

95. 下列哪项不属于世界三大名酒？
    A 茅台　　　　　　B 威士忌　　　　　C 白兰地　　　　　　D 伏特加

96. 谁饮枸酱酒后盛赞"甘美之"？
    A 汉武帝　　　　　B 汉高祖　　　　　C 翼王　　　　　　　D 黄庭坚

　　齐白石是中国近代杰出的画家。白石老人以画虾闻名。他画的虾，通体透明，富有动感。在他的笔下，一只只空灵通透的虾跃然于纸上。虾是在水中浮游的活泼玲珑的小生灵，白石老人却只用寥寥数笔赋予了它们无尽的朝气与生命力。

　　据说，齐白石一开始画的虾太重写真，形似而神不足。后来他意识到了"删繁就简三秋树"，画的虾越来越简练，以简练的笔墨表现最丰富的内容，却越发有神，以少胜多，获得了成功。这其中，将虾的后腿由开始的 10 只减为 8 只，再到后来的 6 只，虾眼也由原来的两点变成两横笔。关键的一点是，在对头、胸部位的处理上，又加了一笔浓墨，更显出虾躯干的透明。由此，我们看到，齐白石并不是以非常精确的手法描绘具体物象，他的观察点和绘画手法是介于似与不似之间，这就是艺术的魅力所在。

　　细细数来，我们可以发现，从旧石器时代出现的洞窟壁画、彩陶纹等以来，艺术形式往往多以纯感性的形象出现，模糊而又简单是这一时期艺术的特点。随着生产力的逐渐提高，绘画渐渐从生产劳动中分离开来，人们开始有了理性的认识，有了独立的理论，在审美标准上要求做到形似，逐渐要求描绘形象"逼真、明晰"，也就是说要"精确"不要"模糊"。古人说："狗马最难，鬼魅最易。"因为狗马是人们常见的，一定要画"像"了，不"像"就不好，而鬼魅没有形，当然最容易了，这其实反映出的是当时人们崇尚"精确"的审美观。而东晋的顾恺之也曾提出"以形写神"的理论。到了宋徽宗时代，因宋徽宗崇尚形似，追求细节的真实，所谓院体画的状形之风甚盛，如崔白的《寒雀图》、李嵩的《花篮图》等都体现了"精确"的审美观，反映了当时绘画创作上的一种时尚。

　　而从南宋开始，这种时尚渐渐退去，取而代之的是一种诗情画意的描绘，画幅虽小却富有诗意，如南宋四大家之一马远的作品《寒江独钓图》，把"千山鸟飞绝，万径人踪灭，孤舟蓑笠翁，独钓寒江雪"的意境描绘得淋漓尽致。一叶扁舟，一个老翁坐在小舟上垂钓，画上除了这一处笔墨，其余都是空白，这些留白不是真正的空白，而是水，或是水天相接，计白以当黑，这就是画的妙处。

97. 齐白石后期画的虾：
　　A 形似而神不足　　　　　　　　　B 虾的眼睛只是两点
　　C 将虾的后腿变为 4 只　　　　　D 头、胸加了一笔浓墨

98. 齐白石后期作品的特点是：
　　A 注重写真　　　　　　　　　　　B 笔墨繁复
　　C 描绘手法精确　　　　　　　　　D 介于似与不似之间

99. 根据上文，下列哪项正确？
　　A 绘画从一开始就要求精确　　　　B 狗马难画是因为要求形似
　　C 南宋后绘画开始追求形似　　　　D 宋徽宗时模糊是绘画的时尚

100. 关于《寒江独钓图》，下列哪项正确？
　　A 没有留白　　　　　　　　　　　B 没有人物
　　C 有诗情画意　　　　　　　　　　D 有对水的写真描绘

三、书 写

第101题：缩写。

(1) 仔细阅读下面的这篇文章，时间为 10 分钟，阅读时不能抄写、记录。
(2) 10 分钟后，监考收回阅读材料，请你将这篇文章缩写成一篇短文，时间为 35 分钟。
(3) 标题自拟。只需复述文章内容，不需加入自己的观点。
(4) 字数为 400 左右。
(5) 请把作文直接写在答题卡上。

最近工作压力很大。昨天开会时，老总还说，年底商场促销活动方案由我负责，另外一个新来的女孩做我的助手。今年大家的福利奖金有多少全看我这次活动成功与否。

老总说完这话的时候，不仅我自己不敢相信，全会议室的人都愣了。怎么可能？这么重要的任务，交给我这个刚过试用期毫无经验的小女孩负责？

晚上，躺在床上，头脑一片空白，辗转难眠。打电话给我一位待我亦母亦友的老师，问她，这老总葫芦里到底卖的什么药？是委我重任，还是不想发大家奖金，让我背黑锅？老师听后笑着说，甭管他卖的什么药，你现在能做的是，喝下去，好好做。

我听后不服气地说，肯定是想找个借口赶我走人。听说，我那个助手就是老总的什么亲戚。到时，费了这么大力气，做好就是那个人的功劳，做不好就是我背黑锅，真划不来。想想，做不做结果无异，不如省点力。

老师听后停了一会说，别想这么多，好好休息，明天上午你来我这一趟。听老师这么一说，我宽心了。这么多年来，不管遇到多大的困难，她总有办法引导我圆满解决。

第二天一大早，我迫不及待地赶到老师家去讨"灵丹妙药"。本以为到了之后，老师会像往常一样和我说故事、讲道理。结果，她只是端了杯水给我，不紧不慢地从衣橱里取出一件粉红色的大衣。我一看，愣了，这，不是前几天和她去逛街时看中的那款吗？连蝴蝶花纹的纽扣都一模一样，肯定错不了。当时因没有绿色，才没买。

老师示意我穿上试试。我看了看她手中的粉红色大衣，很为难地说，老师，你也知道我……老师接口道，我知道你喜欢绿色，想做一株清新淡雅的竹子，衣物和生活用品也非绿色不买。但为什么不能换种颜色呢？你这个年龄，穿粉红色很水灵。试一下，反正都买回来了。

心不甘情不愿地穿上之后，被老师推到镜前，自己都吓了一跳。镜子里是白里透红的脸，微微漾着一丝不满，但眸子里闪出的却是惊喜。我不得不承认，虽然有点不习惯，但的确比绿色映衬下略黄的脸要水灵，人也可爱很多。

老师看后，满意地点了点头说，看到没？换个颜色未必不适合你。这次要不是自作主张帮你先买了，你怕是要习惯性地穿一辈子的绿衣，多亏呀！看，固定思维多可怕。生活原本就丰富多彩，是你把其他的颜色都给抹去了。

我听后不好意思地点头。老师又笑着说，工作也和买衣服一样，如果你喜欢那个款式，或许只是颜色不称心，那么换个颜色又何妨？你喜欢那份工作，就要好好做，你不试怎么知道不行？多试几次，总会找到合适的解决办法。办法总比困难多。至于老总作出这样大胆的决策，我想是因为每年商家促销方法大同小异，效果不明显。如果用有经验的人，和你一样走不出喜欢绿色的固定思维模式，想出奇制胜会很难。用新人，说不定就有新收获。不试就永远不知道哪种方式效果最好。凡事往好的方面想，才有好结果！

听了老师的话，心里犹如打开一扇窗，阳光洒满心房。很多时候，不管遇到什么事，多给自己一点选择的空间，往自己认为最好的方面去努力，一定会成功。如同一件衣服，找到最适合自己的颜色，才能展现自己最动人的一面。当一种颜色穿在身上不理想时，不妨换个颜色试试。

新汉语水平考试
HSK（六级）

试卷五

注　意

一、HSK（六级）分三部分：

　　1. 听力（50 题，约 35 分钟）

　　2. 阅读（50 题，50 分钟）

　　3. 书写（1 题，45 分钟）

二、**听力结束后，有 5 分钟填写答题卡。**

三、全部考试约 140 分钟（含考生填写个人信息时间 5 分钟）。

中国　北京

一、听 力

第 一 部 分

第 1－15 题：请选出与所听内容一致的一项

1. **A** 明明很乖
    B 明明很胆小
    C 明明骗老师
    D 明明掉进坑里了

2. **A** 设计婴儿房很困难
    B 婴儿房要考虑安全性
    C 婴儿喜欢房间里的家具
    D 婴儿房的窗户要尽量小

3. **A** 牛奶不容易消化
    B 牛奶富含维生素 C
    C 牛奶能促进人体发育
    D 牛奶不可以多喝

4. **A** 简化艺术让人安静
    B 房间里的饰品要清理掉
    C 脏乱的房间能带来压力
    D 干净的房间会带来压力

5. **A** 钱钟书很幽默
    B 鸡蛋比鸡肉有营养
    C《围城》是一部电影
    D 钱钟书接受了 3 次采访

6. **A** 黑色素可以使头发变黑
    B 黑色素可以使头发变多
    C 年轻人头发很多
    D 年轻人头发是黑色的

7. **A** 北京的胡同起源于 18 世纪
    B 明末北京胡同有 978 条
    C 清朝时北京有 1330 条胡同
    D 北京的胡同非常多

8. **A** 面试时穿着最重要
    B 面试一般只要 3 分钟
    C 找工作的关键是谦虚
    D 面试时第一印象很重要

9. **A** 啤酒节只有啤酒
    B 啤酒节以前没有
    C 啤酒节不面向市民
    D 啤酒节的活动很多

10. **A** 药膳就是怎么吃中药
     B 美味的食品就是药膳
     C 药膳是多学科的研究成果
     D 所有的食物都有药用价值

11. **A** 机会很重要
     B 性格不是天生的
     C 做事情要精益求精
     D 努力可以弥补笨拙

12. **A** 剧本里有脏话
     B 导演对剧本不满意
     C 观众说脏话了
     D 导演听到编剧说脏话了

13. **A** 躺着打电话声音最好
    B 打电话声音应该懒散
    C 打电话时要注意姿势
    D 人们都喜欢躺着打电话

14. **A** 齿鲸有须有齿
    B 鲸鱼的视力不好
    C 鲸鱼更喜欢淡水
    D 通常把鲸鱼分为三类

15. **A** 只要读书就可以改变心情
    B 科普类书籍可以增强心理抵抗力
    C 人们应该多阅读小说
    D 多读书容易让性格变得内向

第 二 部 分

第 16 – 30 题：请选出正确答案。

16. A 喜欢自由
    B 对事业失去兴趣
    C 为了公司的发展
    D 兴趣和事业发生冲突

17. A 让有能力的人更好地发挥才能
    B 做自己感兴趣的事
    C 去开更多的公司
    D 追求个人的自由

18. A 企业会影响企业家的利益
    B 企业家的形象会影响企业
    C 企业家一个人就能管理企业
    D 两者绑在一起不利于企业发展

19. A 受到太多的约束
    B 为了企业长远的发展
    C 自己的能力不够
    D 会毁了自己

20. A 不想做企业
    B 现在是运动员
    C 经营理念与众不同
    D 把企业转让给了别人

21. A 没有负担
    B 知识丰富
    C 团队意识强
    D 对市场反应敏感

22. A 市场观念不强
    B 熟悉国内市场
    C 重视海外市场
    D 一部分人有创业经历

23. A 不愿冒险
    B 技术落后
    C 没海外背景
    D 缺乏商业化运作能力

24. A 有无技术
    B 有无资金
    C 有无市场需求
    D 有无新的理念

25. A 团体创业更易成功
    B 大学生不适合创业
    C 创业者应该懂技术
    D 创业初期要控制规模

26. A 农学茶叶
    B 森林植物
    C 环境化学
    D 分子生物学、生物技术

27. A 利大于弊
    B 弊大于利
    C 转换过于频繁
    D 可以适当转换

28. A 徐院士
B 王老师
C 黄老师
D 林老师

29. A 浪费时间
B 好处很大
C 过于短暂
D 学会了播种

30. A 不太困难
B 很容易
C 看成是一种奉献
D 很喜欢

第 三 部 分

第 31－50 题：请选出正确答案。

31. **A** 不急着回家
    B 要去别的村子
    C 他的船被撞翻了
    D 天黑以后才出发

32. **A** 喊救命
    B 船上没有人
    C 叫对方让开
    D 躲开了那只船

33. **A** 非常大
    B 速度很快
    C 船上有很多人
    D 船上有很多货物

34. **A** 河面很窄
    B 当时是早上
    C 农夫年纪大了
    D 两只船相撞了

35. **A** 赚钱
    B 娱乐
    C 宣传
    D 服务

36. **A** 短裤
    B 装束
    C 背包
    D 相机

37. **A** 美丽的景色
    B 游玩的快乐
    C 爽快的消费
    D 往往无所收获

38. **A** 几百年
    B 五千多年
    C 将近五千年
    D 几十年

39. **A** 刺激
    B 兴奋
    C 充满自信
    D 心情愉悦

40. **A** 饭后游泳最科学
    B 很受欢迎
    C 可以护肤
    D 有利于青少年增高

41. **A** 人们分不清社会的真伪
    B 没有时间跟朋友面对面交流
    C 朋友对自己要求太严格
    D 亲人更重要

42. **A** 让你看到自己的缺点
    B 不断激励你
    C 像师长一样对待你
    D 在各方面都有丰富的经验

43. A 一直维护你
    B 在别人面前称赞你
    C 互相帮助
    D 帮你分担所有的心理压力

44. A 受伤的鲨鱼
    B 对鲨鱼的恐惧
    C 缺乏潜水经验
    D 遇到成群鲨鱼

45. A 寿命短
    B 胆子小
    C 攻击性强
    D 心跳速度快

46. A 保持平静
    B 迅速逃离
    C 大声呼救
    D 主动接触鲨鱼

47. A 坚持就是胜利
    B 凡事要有目标
    C 要坦然面对困境
    D 做事要集中力量

48. A 所有考生都从兴趣出发选择专业
    B 所有家长都重视专业的就业前景
    C 家长倾向于选择前景好的专业
    D 考生倾向于选择回报率高的专业

49. A 大学教师
    B 政府官员
    C 报社记者
    D 考生家长

50. A 活动的主办单位
    B 活动的结束时间
    C 考生和家长的重视程度
    D 就业专家咨询团的组成

二、阅 读

第 一 部 分

第 51－60 题：请选出有语病的一项。

51. **A** 京郊小汤山在地质历史上曾经是一个湖。
    B 当上帝把一扇门关的时候，另一扇门将会打开。
    C 小男孩儿面对我们惊奇的目光，显得有些不自然。
    D 我宁愿回乡下老家去，也不愿在受人怀疑的情况下继续留在这里！

52. **A** 东西方在饮食习惯上存在着较大的差异。
    B 18 世纪以后，世界人口的增长速度才加快明显起来。
    C 经过几次搬迁之后，我们一家人终于在南京定居下来了。
    D 一个十几岁的孩子能写出这样的文章来，简直令人难以相信。

53. **A** 大多数平价时装店都偏爱巴拿马帽和爵士帽。
    B 小刘十分感慨地说，在农村照样能干出一番事业！
    C 她的姓名、身份证号码、住址等都竟全上了当地的一家报纸。
    D 工商部门检查和全面监督的范围已扩大到蛋糕、奶糖、饼干等含奶食品。

54. **A** 爸爸答应在他出差去莫斯科时带我一起去。
    B 事实上，越是担心自己考不好，越就不能发挥出自己的水平。
    C 虽然爱迪生只接受过三个月的正规教育，但他却是最伟人的发明家。
    D 我们报社现在规模还比较小，所以需要跟网站合作来扩大我们的影响力。

55. **A** 考大学选择专业，是最让家长和学生头疼的事。
    B 昨天，回家稍微晚了点，走进家门一看，我简直都要崩溃了。
    C 这个字眼无处不在，多得我都懒得去查它们到底用了多少次。
    D 与他合作过的演员都称他工作很认真，为人和蔼，被大家带来不少欢乐。

56. **A** 以海洋资源为依托的海洋产业具有广阔的市场前景。
    B 多年来，京郊旅游一直在北京旅游业中占有重要地位。
    C 那种拔苗助长式的教育方式必会造成对孩子身体和心灵的双重伤害。
    D 他的见解独到而且深刻，常应邀到许多高校发表演讲，深受学生欢迎。

57. **A** 他的这种情绪还影响到了工作，影响了整个乐队的形象。
    B 要创造条件让更多的青年科学家迅速成长，但万万不可拔苗助长。
    C 催化剂已成为现代化学工作者最得力的帮手，但尚有许多问题未弄清。
    D 我就是这样一个人，又可以说是理想主义者，又可以说是实践主义者。

58. A 在她的心目中，童年跟大自然相处的那段日子是自己受过的最好的艺术教育。

B 地球上最宽阔的是海洋，比海洋更宽阔的是天空，比天空更宽阔的是人的胸怀。

C 颐和园是一座环境幽雅、建筑精美、举世闻名的古典园林，它是中外游客到北京的必游之地。

D 登山之前要掌握一些登山的知识，而且还要准备好登山的装备，这样才能更好地应对意外情况。

59. A 根据大量的观测数据告诉我们，要掌握天气的连续变化，至少每半个小时就要观测一次。

B 中国运动员的科学文化水平普遍较低，要想根本改变这种局面，恐怕只能在体育院校的教学改革上想办法。

C 凡是在生活或事业上有所成就的人，无不经历过困难条件下的顽强拼搏，无不经历过常人无法忍受的辛苦。

D 我们并不否认这部作品仍存在缺陷，比如某些细节不够真实、个别人物的语言不够独特，但这些并不能影响我们对其整体价值的判断。

60. A 他们的居住地大多在偏僻、边远的山区，为了防备盗匪的骚扰和当地人的排挤，便建造了营垒式住宅。

B 男女的生理条件有显著差别。实验证明，无论身体素质和外部环境完全相同，其产生的反应是不同的。

C 远远望去，那大大小小、五颜六色、形态各异的衣服，像一幅巨大的抽象画，给寂静而单调的沙漠平添了几分韵味。

D 当洗衣机帮助人们摆脱了繁重的手工洗衣时，也带来了一些负面影响。美国一项最新研究称，使用洗衣机是导致肥胖的原因之一。

第 二 部 分

第 61 - 70 题：选词填空。

61. 科学是老老实实的学问，需要付出_____的劳动，来不得半点_____。同时，科学也需要创造，需要想象，这样才能打破传统的_____，才能获得发展。

A 辛勤　　　虚心　　　约束　　　　B 痛苦　　　虚伪　　　拘束
C 艰辛　　　虚假　　　束缚　　　　D 艰难　　　虚荣　　　规矩

62. 中国政府制定了_____残疾人权益的相应政策、条例和规定，通过_____、救济、补助、保险和特别照顾等多种福利措施，保障和_____残疾人的生活。

A 保护　　　帮助　　　改变　　　　B 保证　　　辅助　　　改进
C 保持　　　帮扶　　　改良　　　　D 保障　　　扶助　　　改善

63. 大蒜是人们_____生活中常用的调味品。大蒜味辛、性温，且_____温中消食、解毒除邪、杀虫等_____。

A 日常　　　具有　　　功效　　　　B 平常　　　富有　　　效果
C 经常　　　含有　　　效用　　　　D 通常　　　具备　　　疗效

64. 如果没有在部队的自学_____，就没有后来名满天下的二月河。他在 21 岁时跌入了人生最低谷，又在不惑之年步入巅峰，从超龄留级生到著名作家，其间的机缘转折，似乎有些误打误撞。但二月河不这么_____，他说："人生好比一口大锅，当你走到了锅底时，只要你肯_____，不论朝哪个_____，都是向上的。"

A 经历　　　理解　　　努力　　　方向
B 学历　　　分析　　　加油　　　方面
C 阶段　　　认为　　　付出　　　目标
D 课程　　　思考　　　攀登　　　范围

65. _____他在一起，我们都变得轻松起来。他是_____的性情中人，可他并不酸腐。他的创意都是在厨房里完成的。他说很多男人_____做饭，认为太耽误时间，实际上，只要内心安定，不在乎环境_____。

A 和　　　千方百计　　　热爱于　　　为何
B 当　　　与日俱增　　　害怕于　　　怎样
C 跟　　　少数之中　　　不乐于　　　如此
D 与　　　为数不多　　　不愿意　　　如何

66. 网恋现在已不是什么稀奇事，可是你首先得_____自己是否真的_____他，或者真的爱他；_____现在网上骗子太多，而且他告诉你的信息_____真实。

   A 明确   理解   究竟   确实
   B 确认   认识   确实   未免
   C 肯定   接触   的确   难免
   D 确定   了解   毕竟   未必

67. 中国的商业文明_____于两千年前，两千年前的农业和畜牧业都很_____，手工业也颇具_____，于是，从事商品交易和长途贩运的商人也_____出现。

   A 兴盛   成果   陆续   慢慢
   B 开始   旺盛   影响   不久
   C 发源   发达   实例   后来
   D 起源   兴旺   规模   相继

68. 是不是有人不做梦呢？绝大部分科学家_____所有人都会做梦。如果有人认为自己没有做梦或者很少做梦，那是因为他们醒来后将梦中的_____全部忘记了。有研究表明，无梦睡眠不仅_____不好，而且还是大脑受到_____或有病的一种征兆。

   A 相信   情形   质量   损害
   B 理解   情况   效率   危害
   C 确定   情节   效果   迫害
   D 反映   情景   品质   伤害

69. "干谷"地处南极的内陆地区，两百多万年_____，这里没降过水。它形成的原因_____"焚风"，当"焚风"_____，冰雪很快升华变成水汽，并_____风带走。除了几块陡峭的巨石上有冰雪外，"干谷"这里的地面都是暴露在外的，是南极大陆_____没有被冰雪覆盖的地方。

   A 以来   在于   掠过   被   唯一
   B 以前   由于   飞过   把   仅有
   C 从来   在乎   吹过   让   唯一
   D 下来   出于   刮过   给   一直

70. 教育大学生放低姿态这样的_____导向当然是必要的，但是如果_____把大学生们当作自己的孩子来考虑问题，还是会感到_____，_____鼓励大学生去那些不需要高等教育的岗位工作，也是很大的资源浪费。

   A 评论   就地取材   蛮不讲理   而且
   B 舆论   设身处地   美中不足   何况
   C 理论   因地制宜   漠不关心   况且
   D 谈论   先入为主   怀才不遇   何必

第 三 部 分

第71－80题：选句填空。

71－75.

徐悲鸿刚到北平时，便经常去琉璃厂的字画店里搜集古今的优秀字画。遇上他所喜爱的，就会情不自禁地说："这是一张好画！""这是难得的精品！"等等，直说得站在旁边的画商眉开眼笑，(71)＿＿＿＿＿，现在也向徐悲鸿提出了高价。而徐悲鸿一旦看中，(72)＿＿＿＿＿。有时为了买画，因为家中的钱不够，他就再添上自己的画。

妻子经常埋怨他说："你何必在画商面前表现出你的喜爱呢？你就不会冷静一些吗？(73)＿＿＿＿＿，结果你原本可以少出一些钱就能买到的画，也被人家要了高价。"

徐悲鸿温和地点头笑了，(74)＿＿＿＿＿。但是，下一次再遇到画商送来好画时，他还是情不自禁的赞不绝口。

徐悲鸿终生不知疲倦地收集中国古代传统绘画，对其进行研究、整理和保护。一幅好画突然出现在他画前时，他激动，他兴奋，他赞赏。假如，(75)＿＿＿＿＿，那他就不是画家徐悲鸿了。

A 承认这话很有道理

B 他对一幅真正的好画能装出无动于衷的样子

C 本来没有打算要高价的

D 你总是让人家看出来你非买不可

E 便不再计较价钱

76 – 80.

五一假期，一直被商家们视为提升上半年销售业绩的最佳时机，特别是家电销售，价格战年年都打，（76）_____，很多商家和卖场已开始全力以赴抢占客源。

尽管离五一假期还有几天时间，但一家大型的家电卖场的工作人员已经提前把卖场装饰出节日的气氛，挂出了各种促销的标牌。很多消费者都早早过来等待下午四点钟开始的夜市，有的人 12 点就来了，（77）_____。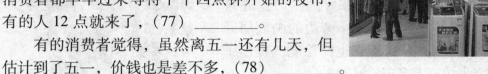

有的消费者觉得，虽然离五一还有几天，但估计到了五一，价钱也是差不多，（78）_____。

某品牌空调销售人员告诉记者，一匹空调，跌破一千元，两匹柜机跌破两千元，现在这个降价幅度吸引了顾客来卖场看一下。

据了解，多家大型家电卖场不约而同推出家电夜市，延长营业时间到夜间。这周末起，（79）_____，几家主要卖场销售的彩电、空调等平均降价幅度在30%左右，达到上半年来最高降价幅度。为了打消顾客等五一当天出现最低价的顾虑，商家们还推出了"30 天保价"这类措施。

推出家电提前促销的活动，（80）_____。

A 不会降价太多了

B 不过今年开战时间特别早

C 多家卖场展开五一促销攻略

D 希望买到优惠幅度更大的家电

E 主要是因为现在正是"家装"的火爆时期

第 四 部 分

第81－100题：请选出正确答案。

81－84.

有一个男孩有着很坏的脾气，于是他的父亲就给了他一袋钉子；并且告诉他，每当他发脾气的时候就钉一根钉子在后院的围篱上。

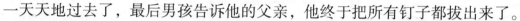

第一天，这个男孩钉下了37根钉子。慢慢地，每天钉下的数量减少了。他发现控制自己的脾气要比钉下那些钉子来得容易些。

终于有一天，这个男孩再也不会失去耐性乱发脾气，他告诉他的父亲这件事，父亲告诉他，现在开始，每当他能控制自己的脾气的时候，就拔出一根钉子。

一天天地过去了，最后男孩告诉他的父亲，他终于把所有钉子都拔出来了。

父亲握着他的手来到后院说：你做得很好，我的好孩子。但是看看那些围篱上的洞，这些围篱将永远不能回到从前。你生气的时候说的话将像这些钉子一样留下疤痕，如果你拿刀子捅别人一刀，不管你说了多少次对不起，那个伤口将永远存在。话语的伤痛就像真实的伤痛一样令人无法承受。

人与人之间常常因为一些彼此无法释怀的坚持，而造成永远的伤害。如果我们都能从自己做起，开始宽容地看待他人，相信一定能收到许多意想不到的结果。帮别人开启一扇窗，也就是让自己看到更完整的天空。

81. 父亲让男孩在每次发脾气时怎么做？
    A 在围篱上钉一根钉子　　　　　　B 从袋子里拿出一根钉子
    C 从围篱上拔一根钉子　　　　　　D 在袋子里放进一根钉子

82. 男孩照父亲的话做了后怎么样？
    A 没有变化　　　　　　　　　　　B 更易生气
    C 逐渐善于控制坏脾气　　　　　　D 文中没提到

83. 本文告诉我们一个什么道理？
    A 不要宽容伤害你的人　　　　　　B 不要轻易伤害他人
    C 要乐于帮助他人　　　　　　　　D 要尊重他人的劳动

84. 以下哪项不符合文意？
    A 男孩一共钉下了37根钉子
    B 男孩认为控制脾气比钉钉子容易
    C 男孩最后拔掉了所有的钉子
    D 男孩拔了钉子后围篱上留下了"伤痕"

　　弹性水库，就是那些装点着青山的森林。森林，在调节降水不均方面，有着不可低估的作用。有人估计过，树大根深的森林区土壤，每公顷可蓄水500—2000吨。因而，森林享有大气和水资源"绿色卫士"的美称。

　　那么，为什么说这种森林水库是"弹性"的呢？因为一棵树不但是一台"吸水器"，还是一台"降雨机"。植物的体内，90%以上是水，天旱时，植物的叶子向大气蒸腾水分，甚至可以把它所吸收的水分放出去99%。这样一来，依靠茂密的森林，就会使干燥的空气变得湿润，使旱情减轻。它雨季能蓄，旱季能吐，完全根据外界环境的变化而自动变化，无需人工操纵。

　　科学家认为，世界上许多干旱和半干旱地区，大多都是森林贫乏的地区，如果在这些地区植树造林，使森林覆盖率提高到30%以上，且分布均匀，旱季可供用水量就可以增加5～8倍。可见，做好植树造林工作，建立起弹性水库，对于扩大水源改变缺水现象，有着不可估量的作用。

　　弹性水库还有着地上水库和地下水库所不易起到的重要作用，就是能够改善小气候。在一个森林环抱、绿树成荫的城市里，这个功能最明显。这里，人们不但感到空气清新，还会感受到它在温度和湿度方面的双重影响。冬季，它能挡风御寒，既可使寒冷的气温不致降得过低，又可使冬天不至于过分干燥；夏季，它能吸收一部分太阳辐射，形成了夏天绿地里的良好小气候环境，为人们在生产、生活上创造了凉爽、舒适的气候环境。

85. 下列哪项符合森林水库"弹性"的含义？
　　A 雨季蓄水　　　　　　　　　B 旱季储水
　　C 雨季蒸腾水分　　　　　　　D 旱季吸收水分

86. 根据上文，下列哪项正确？
　　A 森林属于地下水库　　　　　B 水库宜建在森林旁边
　　C 森林覆盖率要重视均匀　　　D 干旱、半干旱地区比较贫困

87. 第3段主要谈的是：
　　A 森林可以抵御风沙　　　　　B 干旱地区森林贫乏
　　C 森林的蓄水能力强　　　　　D 植树造林可以缓解旱情

88. 弹性水库改善小气候的功能：
　　A 不如水库明显　　　　　　　B 冬天比夏天明显
　　C 城市比农村明显　　　　　　D 可以弥补地上、地下水库的不足

89 – 92.

胡椒在历史上曾被人们视为珍品，占有极其重要的地位。

胡椒是一种有着独特气味的调味品，出产于热带地区。由于古代交通落后，环境闭塞，所以胡椒"物以稀为贵"，身价居高不下。古罗马人和古希腊人对胡椒都十分偏爱，他们不惜花费大量的金钱从东方收购。当他们得知胡椒产于印度，并发现如何利用季风航行于红海和印度马拉巴尔海岸之后，便开辟了进口胡椒的贸易航线。

公元 476 年，古罗马帝国灭亡，胡椒在欧洲变得更加珍贵，因连年战乱，胡椒几乎在欧洲绝迹。当时，欧洲人只能用洋葱、大蒜和其他香料作为胡椒的替代品。

对于北欧人，特别是惯于食用大量肉食的上层人物来说，没有胡椒简直难以忍受。当时，保存肉食的方法只能是晒干或用盐腌，这种肉食如果没有胡椒调味，简直是乏味难咽。因此，欧洲人一方面设法多方发展商业贸易，增加运到欧洲的胡椒数量；另一方面则积极地寻找胡椒的新产地。

北欧贵族在耶路撒冷意外地发现了胡椒，这一发现使他们欣喜若狂，立即把胡椒奉若神明。胡椒甚至成了人的社会地位的象征，那时，社会上常以"他没有胡椒"来形容无足轻重的人。胡椒还可用做嫁妆、租税和对士兵的奖赏。

中世纪时，欧洲的胡椒主要是由威尼斯人运送的。但是，1499 年葡萄牙航海家带着胡椒回到里斯本，压价出售，占领了大部分的市场，威尼斯人惊恐不已，担心胡椒贸易的控制权从此易手。

著名航海家哥伦布在第二次航海时，特意带上了植物学家同行，不过，最终只发现了一种类似胡椒的植物，缺少胡椒的香味。

而如今，胡椒早已不是什么稀罕之物了，价格也很便宜了。

89. 在古代为什么胡椒价格很高？
   A 有着独特的气味　　　　　　**B** 出产于热带地区
   C 古代的交通落后　　　　　　**D** 胡椒的数量很少

90. 根据文章推断，在欧洲什么人对胡椒的需求量最大？
   A 罗马人　　　　　　　　　　**B** 航海家
   C 威尼斯人　　　　　　　　　**D** 北欧贵族

91. 哥伦布为什么要带植物学家同行？
   A 帮助他发现胡椒　　　　　　**B** 帮助他顺利地航行
   C 帮助他发展商业贸易　　　　**D** 帮他寻找胡椒的替代品

92. 本文主要讲了什么？
   A 胡椒的贸易　　　　　　　　**B** 胡椒的用途
   C 胡椒的历史　　　　　　　　**D** 胡椒的价格

姜子牙，渭水钓鱼的老翁，帮周武王打败纣王的军师，神话《封神演义》里呼风唤雨的姜半仙。说实话，年轻时我真没把他当回事儿。没想到，上了年纪，又人生屡屡受挫后，我对姜老先生越来越嫉妒了，他的运气实在太好了。

他本是殷纣王宫中一个小吏，跟纣王干了不少年，也就是说是个"出身"不好，有"历史污点"的人，且大有潜伏特务嫌疑。可是，弃暗投明后，在周文王那里不仅丝毫不受歧视，不被怀疑，反而被委以重任，掌管大权。

从各种历史记载来看，他既没有名师指教，也非名校毕业；既没有任何学位，在网上也查不到他的学历证书，最多算是个"自学成才"的准知识分子。然而，他却没有因此被拒之门外，而是被充分信任，拜相入将，高举帅旗，运筹帷幄。

谁都知道，对当官的来说，"年龄是个宝，如果年龄一过线，任你有天大的本事，也得退休下岗。"可姜子牙在渭水河畔遇到周文王时，已年过八旬，发白齿落，老态龙钟，重孙子都会打酱油了。人家周文王依然恭恭敬敬地把他当宝贝一样，封高官，居帅位。

众所周知，能在朝中翻云覆雨，掌控局面者，无不有门有派，有多年经营的小圈子，有互为奥援的关系网，舍此便孤掌难鸣，寸步难行，迟早垮台。姜子牙偏偏是与谁都无瓜葛，他是"净身"入仕，但却能在朝中站得住，得到各种人才相助，毫无孤立之感，终于成就千秋大业。

93. 作者对姜子牙是什么态度？

    A 羡慕   **B** 赞扬

    C 怀疑   **D** 嘲讽

94. 作者说姜子牙"出身"不好，"出身"在文中指的是：

    A 私人财产   **B** 职业经历

    C 家族背景   **D** 出生地点

95. 下列哪一项不是姜子牙的特点？

    A 学历不高   **B** 无门无派

    C 年龄很大   **D** 为人仗义

96. 作者写本文的目的是什么？

    A 介绍历史   **B** 歌颂名人

    C 借古讽今   **D** 神话鉴赏

97 – 100.

人们在实践中得出了这么一个结论：成功来自谦虚。

为什么成功来自谦虚呢？

庄子说："吾生也有涯，而知也无涯。"他很明确地说明了学无止境的道理。也就是说，假如知识是辽阔无边的整个宇宙，那么你所知道的只是其中的一颗星星而已。只有掌握了许多必要的、有用的知识，成功的大门才会向你打开。因此，我们要谦虚好学。

著名学者笛卡尔说过："越学习，越会发现自己的不足。"

是啊，只有经过学习，不断扩大知识领域，扩充知识面，储存更多的信息，你才能真正领悟到"知也无涯"的深刻含义。也只有这样，你才能做到谦虚成熟，不断进取，成功便自然会到来。

那么，当我们在学习或事业上有了一定作为的时候，还要不要谦虚呢？答案是肯定的。因为"谦虚使人进步，骄傲使人落后"，有些人常常就是由于骄傲自大而陷入泥坑。如果取得了一点点成绩就沾沾自喜，被眼前的胜利冲昏头脑，就会把辛苦得来的成果毁于一旦。因此，只有在取得好成绩时不自满，才会使事业和学业都更上一层楼。

此外，谦虚更是一种美德、一种修养。能否做到谦虚也是衡量一个人思想品质是否高尚的标准之一。真正优秀的人永远都怀着一颗谦虚谨慎的心，为人处世也远比其他人稳重成熟。

成熟的谷穗低着头，成熟的苹果红着脸，它们都在启示我们：成功来自谦虚。

97. 庄子的话说明了什么道理？
    A 知识是宇宙   B 只有努力学习才能学完知识
    C 学无止境   D 要勤学好问

98. 在学习或事业上有作为的人要不要谦虚？
    A 不要   B 要
    C 不一定   D 文中没提到

99. 什么能使事业和学业都更上一层楼？
    A 取得好成绩时不自满   B 不断努力学习
    C 沾沾自喜   D 被眼前的胜利冲昏头脑

100. 下列哪一项是真正优秀的人该有的特点？
    A 高尚的品德   B 有钱有势
    C 能力和知识   D 谦虚谨慎

三、书　写

第101题：缩写。

（1）仔细阅读下面的这篇文章，时间为10分钟，阅读时不能抄写、记录。
（2）10分钟后，监考收回阅读材料，请你将这篇文章缩写成一篇短文，时间为35分钟。
（3）标题自拟。只需复述文章内容，不需加入自己的观点。
（4）字数为400左右。
（5）请把作文直接写在答题卡上。

有一次去参加一个心理小组的活动，主讲的是一位高校的女老师，40岁的样子，有着一种优雅、恬静、平和的气质。我们在一个叫会心书屋的地方会面，书屋的摆设也很雅致。墙壁上悬挂着一些照片、小便条、散发着香味的藏书票和一幅墨宝。两大排红褐色原木书架放满了各种书籍。在舒适的沙发上坐下来，看着窗台上鱼缸里的红色金鱼和几盆兰花，心里一下子就开阔了起来。

这位老师并没有做过多的介绍，而是直奔主题地在一个画架上铺开了一张纸，在上面写下了一个词：石头。"今天我们就想一些和石头有关的事情和事物。"她对我们说。

我们一共6个人，年龄和事业都不尽相同。但对她所说的倒也没什么惊异的地方。"大家从石头这个词开始自由的联想，任何东西都行。"女老师温和地看了看我们说。

其中一个男士迫不及待地开口说："哎呀，今天来的时候在颍河路那边堵车，我心里急得呀，生怕耽搁了今天的小组活动，不过还是在约定时间赶来了，总算是一块石头落了地了。"他说过后，女老师在"石头"那个词的上方标了一个箭头，写下"怕迟到，石头落地"几个字。

"昨天公司老总给我下达了今年第一季度的任务量，我的天哪，这哪是正常工作啊，简直就是想炒我鱿鱼，那么大的任务量，而且还要100%完成，真是一块石头压着我啊！"一个穿蓝色条纹西服的男士说过后，女老师接着在白纸上写下"工作压力，被石头压着"几个字。

随后，接下来的几位也都相继发了言，在与"石头"有关的事物上展开了自己的联想。也无非都是一些工作生活上不如意，而有一种被石头压着的"不能承受之重"的感觉。但唯独一个20多岁的女孩说："我时常在假期的时候去海边，拣一些石头回来，有的时候还去附近的山上，它们都有着美丽的花纹和自己独特的形状，我收藏了一大抽屉。这个假期我还要去南京，收集雨花石。"

她说话的诗意与房间的优雅氛围合围了其他人的表情。一开始见面的时候我们大家就都注意到了她，她是一个面部40%烧伤的女孩。

那天回去的路上，我没有赶着去赴约，去参加各种场合的见面会。而是第一次认真地去公司附近的文化公园散了会儿步，在小书摊上淘了两本自己喜欢的老书。我逐渐感到心里开始踏实和富足了起来。多么美妙的生活，而一开始你却对它熟视无睹。

　　你天天被石头压着吗？学会释放压力，你就会变得轻松起来。在面对一件事物的时候去解放自己的想象力，你的生活质量也就离平和开阔不远了。在生活的许多时候，其实表面最完美最正常的人才是最需要治疗的人。因生活而被生活绑住的人，到最后也是最惨的人。

新汉语水平考试
HSK（六级）

试 卷 六

注　　意

一、HSK（六级）分三部分：

　　1. 听力（50 题，约 35 分钟）

　　2. 阅读（50 题，50 分钟）

　　3. 书写（1 题，45 分钟）

二、听力结束后，有 **5 分钟填写答题卡**。

三、全部考试约 140 分钟（含考生填写个人信息时间 5 分钟）。

中国　北京

一、听　力

第 一 部 分

第 1-15 题：请选出与所听内容一致的一项。

1. **A** 心理健康很重要
   B 身体健康最重要
   C 家庭比财富更重要
   D 生命的意义在于事业

2. **A** 坚持到底才可能成功
   B 人一定要有自信
   C 要努力学习
   D 好的开始是成功的一半

3. **A** 开罗的古迹很多
   B 开罗只有老电梯
   C 开罗有很多老电影
   D 在开罗可以改变时间

4. **A** 工作态度很重要
   B 要重视对员工的培养
   C 能胜任工作的人并不多
   D 肯干是合格员工的基本标准

5. **A** 降雪使得草木变绿缓慢
   B 植物园内桃花已经盛开
   C 降雪使得今年花期推迟
   D 这是北京今年的第一场雪

6. **A** 乘坐电梯是有讲究的
   B 乘坐电梯要站在左边
   C 在电梯上别乱跑乱跳
   D 要空出右边方便别人走动

7. **A** 巧克力能提高记忆力
   B 杏仁巧克力有助睡眠
   C 维生素可延缓人脑衰老
   D 巧克力含有丰富的维生素

8. **A** 小说具有写实性
   B 报告文学的读者很广泛
   C 报告文学报道生活小事
   D 报告文学必须描写真人真事

9. **A** 鸟儿白天睡觉
   B 鸟儿睡觉姿势不同
   C 鸟儿睡觉姿势和人一样
   D 鸟儿晚上不睡觉

10. **A** 碰杯是为了照顾耳朵
    B 饮酒讲究合适的时间
    C 适量饮酒对身体有好处
    D 碰杯可以增进人们的感情

11. **A** 好演员的年龄较大
    B 学习京剧表演很容易
    C 京剧演员的数量很少
    D 京剧表演对演员要求比较高

12. **A** 他喜欢一个人旅游
    B 他喜欢和大家旅游
    C 英国人喜欢群体活动
    D 英国人喜欢坐车出去

13. **A** 爱心教室每天开课

    B 爱心教室面向中学生

    C 爱心教室由大学生主办

    D 爱心教室的老师是中学生

14. **A** 今年的杨梅不能成熟

    B 今年的杨梅已经采完

    C 今年的杨梅成熟较晚

    D 今年的杨梅还要 10 天才成熟

15. **A** 中国的房屋北面窗户小

    B 中国的夏季多东南风

    C 中国的冬季多西北风

    D 向南的房屋可以接受更多的阳光

第 二 部 分

第 16－30 题：请选出正确答案。

16. A 便于解决矛盾
    B 减少工作人员
    C 形成良性竞争
    D 集中发展交通

17. A 在澳门工作过
    B 缺少工作经验
    C 专业是环境保护
    D 对民间组织不熟悉

18. A 很简单
    B 成绩很大
    C 很难适应
    D 非常有趣

19. A 问题很多
    B 道路狭窄
    C 管理得很好
    D 乘车不方便

20. A 提高巴士票价
    B 重视道路修建
    C 鼓励老百姓买车
    D 鼓励市民骑自行车

21. A 书画
    B 自学英语
    C 跳老年操
    D 开办老年大学

22. A 西城区老年大学
    B 海淀区老年大学
    C 朝阳区老年大学
    D 第一福利院老年大学

23. A 18
    B 29
    C 14
    D 35

24. A 喜爱书画
    B 排解寂寞
    C 治疗疾病
    D 学习英语

25. A 60
    B 88
    C 70
    D 50

26. A 两者没有共同点
    B 公办教育能力不够
    C 两者可以互补发展
    D 公办教育不公平

27. A 刚刚起步
    B 无法生存
    C 发不了文凭
    D 教学质量不高

28. **A** 想赚钱
    B 有社会责任感
    C 希望借此得到政府支持
    D 想增加自己的社会影响力

29. **A** 企业家对教育没有兴趣
    B 没找到不需要回报的企业家
    C 资金很充足
    D 没遇到眼光长远的企业家

30. **A** 缺乏政策支持
    B 社会上的错误看法
    C 资金不充裕
    D 生源紧张

第 三 部 分

第 31－50 题：请选出正确答案。

31. **A** 羽毛
    B 头
    C 翅膀
    D 尾巴

32. **A** 不友好
    B 十分嫉妒
    C 认为他们是坏人
    D 不喜欢鲜艳的颜色

33. **A** 物极必反
    B 小心谨慎
    C 骄傲使人落后
    D 不要过分追求外表美

34. **A** 坚决反击
    B 不动声色
    C 送礼物给那个人
    D 诽谤报复

35. **A** 继续谩骂
    B 给释迦牟尼送礼物
    C 不再谩骂
    D 制造更大的谣言

36. **A** 对待敌人不能太客气
    B 应该礼尚往来
    C 要学会辩论
    D 沉默是金

37. **A** 蓝色
    B 白色
    C 黄色
    D 灰色

38. **A** 圣诞节平安夜
    B 圣诞节和春节
    C 万圣节和耶稣受难日
    D 圣诞节和耶稣受难日

39. **A** 看烟火
    B 取景拍照
    C 吃饭赏夜景
    D 卖各种东西

40. **A** 是衡量对与错的标准
    B 不是一成不变的
    C 是做人做事的底线
    D 每个人的做人原则都一样

41. **A** 单一性
    B 复杂性
    C 社会性
    D 概括性

42. **A** 提高文化层次
    B 具体问题具体分析
    C 改变生活环境
    D 不做违法的事

43. A 默读
   B 一目数行
   C 边读书边听音乐
   D 连续读几个小时

44. A 损害视力
   B 容易疲劳
   C 可以加快阅读速度
   D 有助于培养阅读兴趣

45. A 能加深理解
   B 有助于记忆
   C 对演讲有好处
   D 会造成理解能力下降

46. A 怎样保护视力
   B 孩子阅读的不良习惯
   C 不要一味追求阅读速度
   D 怎样培养孩子良好的阅读习惯

47. A 寻找熟悉的听众
   B 选择点头的听众
   C 选择中间的听众
   D 照顾各个位置的听众

48. A 向听众提问
   B 是否有掌声
   C 用些幽默的话语
   D 观察听众视觉反馈

49. A 使自己放松
   B 巩固自信心
   C 让听众听得到
   D 传递非语言信息

50. A 幽默的作用
   B 如何获取信息
   C 演讲时要注意什么
   D 眼睛是心灵的窗户

二、阅读

第 一 部 分

第 51－60 题：请选出有语病的一项。

51. A 据说，他每逢上课，必定是茶不离口。
    B 首先要活着，然后又想着怎样活得更好。
    C 尽管中餐在海外很受欢迎，但没有什么影响力。
    D 既然你已经代言这个品牌，就应该对自己的行为负责。

52. A 简单的生活，无论对身体还是精神，都大有裨益。
    B 第十届国际马拉松赛报名时间将于本月 12 号截止。
    C 对语言的应用，应该力求用最经济的方式，表达最丰富的内容。
    D 每个人都需要表露自己的情绪：如喜怒哀乐忧惧等，尤其孩子如此。

53. A 那你们先聊着，我去给你们把菜热一热。
    B 参观的人来自各国各地，有说有笑，脸上露出轻松的表情。
    C 中国经过这么多年的谈判，终于有了结果，这是一件让人高兴的事情。
    D 是为了宣传张氏豆沙糕的独特口味，凡是来店里的客人都可以免费品尝。

54. A 有专家指出，经常食用油炸食品会影响身体健康。
    B 随着生活水平的提高，维生素的作用越来越受到人们的重视。
    C 这些经历，引起了后来我对神秘文化的好奇，也影响了我的写作。
    D 我们可以这样下个定义："不爱运动"是最可怕的人类一种不良的习惯。

55. A 他能在百忙之中抽出时间接受记者的采访，是被朋友之托。
    B "安乐死"是指对无法救治的病人停止治疗，让其无痛苦地死去。
    C 中国为何要发展载人航天事业，长期以来一直是一个被关注的话题。
    D 每个人都拥有机会，但是机会稍纵即逝，所以别让机会从你身边溜走。

56. A 时间能抚平心灵的伤痛，因此人们常说时间是最好的医生。
    B 能够了解社会各阶层的人物，对一个作家来说是极好的机会。
    C 人们居住在地球上，是一块天然的大磁体，在南北两极有两个磁极。
    D 生活就像一场旅行，不在乎目的地，而在乎沿途的风景和看风景的心情。

57. A 打断别人的话，不仅容易作出错误的决定，还会使人觉得不被尊重。
    B 不结果的苹果树得意地说："多亏了我明智的选择，才保全了性命。"
    C 综合国力竞争说到底是人才竞争，有了人才优势，就有了竞争优势。
    D 不管是给农作物施肥还是"追求"绿色食品，都是顺着历史潮流的。

58. A 热带风暴"蔷薇"已逐渐远离华东沿海，对上海的影响明显减弱。

B 许多硬盘问题是由零件磨损而致位置排列不正引起的，最终导致电脑无法读取硬盘数据。

C 他告诉我，有人走进书店或图书馆，看到一排排书架，就感到心口不适，呼吸困难，需要赶快出去。

D 最近，不知怎的，突然喜欢早早地起床，去跑跑步。至于我这个懒人有这么大的改变，朋友都觉得我不正常了。

59. A 将军一向以生活简朴著称，对生活腐化者和违纪者非常严厉，对下级干部和战士非常关心。

B 事实上，今天的人已经越来越发现，人类依靠科学来提升自己的生活已越来越接近极限。

C 购房券的发放不仅仅让开发商受益，对于真正要买房的购房者来说，也提供了巨大的优惠，让他们省了不少钱。

D 国际乒联出台对于 11 分制、比赛用球增大、无遮挡发球等规则，唯一目的就是要让"乒乓球像足球一样在世界流行"。

60. A 人人都需要关爱，关爱能增近两个人的感情，拉近两个人的距离。但是，这种关爱的前提是适度。

B 人们在财务困境中挣扎的一个原因是：他们在学校里学习多年，却没有学到任何关于金钱方面的知识。

C 1940 年 11 月 27 日出生的李小龙，虽然不是最早进入好莱坞的华人，却是最早成为国际巨星的功夫演员。

D 作为一名翻译工作者，一方面要努力学好外语，一方面要学好本民族语言也是非常重要的，两者缺一不可。

第 二 部 分

第 61 – 70 题：选词填空。

61. 科举制度是指朝廷_____普通士人和官员可以_____向官府报名，_____
   分科考试，依照成绩从中选取人才和授给官职的一种制度。
     A 批准   志愿   利用   B 允许   自愿   经过
     C 同意   自动   采用   D 赞同   主动   通过

62. 西红柿、黄瓜_____谷胱甘肽和维生素 C，能促进皮肤代谢，_____沉着的
   色素减退，_____使肌肤细腻白嫩。
     A 富裕   迫使   因而   B 包含   导致   而且
     C 富含   使   从而   D 含有   驱使   然而

63. 北京四合院之所以有名，首先在于它的历史_____。自元代正式建都北京，
   大_____建设都城时起，四合院就与北京的宫殿、衙署、街区、坊巷和胡
   同同时_____了。
     A 悠久   规模   出现   B 深远   面积   建立
     C 长久   部分   创造   D 灿烂   格局   成立

64. 前几天_____的新规定，取消了在校_____大学生不能结婚的规定。对于
   大学生结婚，今后既不禁止，也不_____。这一改动，引起了社会各方的
   不同_____。
     A 发出   阶段   同意   意见   B 制定   时候   鼓励   反映
     C 发布   时间   欢迎   反响   D 颁发   期间   提倡   反应

65. 人都有梦想，许个愿望，_____在纸上，放进漂流瓶里，等待有人帮你实
   在。现在_____没有漂流瓶，但你也可以许一个愿望给我们，看看有没有
   和你愿望相同的人。_____我们可以帮你把愿望印成铅字送给那个能帮你
   实现的人，或许你可以找到_____的朋友。
     A 画   尽管   许多   思想一致
     B 写   虽然   或许   志同道合
     C 放   然而   或者   同仇敌忾
     D 立   不管   也许   志趣相投

66. 孩子在家庭里排行的顺序是人格形成的一个很重要的_____。不过，孩子
   的性格_____直接来自天生的排行顺序，_____取决于父母所倾注的心力。
   当然，人格的形成也与家教_____有着很大的关系。
     A 因素   不是   而是   方式   B 要素   既是   又是   方略
     C 素材   不但   更是   方法   D 元素   不仅   也是   策略

67. 下雨时，汽车司机的_____会受到影响，尤其是下暴雨时雨刷器不能有效地刮净挡风玻璃上的雨水，令司机眼前_____不清。_____，因为气温降低，挡风玻璃上会有雾气。这时，要打开冷气和后挡风玻璃加热器以尽快_____雾气。

    A 视线   模糊   同时   消除

    B 眼色   混乱   反而   消耗

    C 视野   含糊   总之   消失

    D 眼神   疲倦   因而   消化

68. 任何大的成功，都是从小事一点一滴_____而来的。没有做不到的事，只有不肯做的人。想想你曾经历过的失败，当时的你真的用尽全力试过各种_____了吗？困难不会是成功的_____，只有你自己才_____是一个最大的绊脚石。

    A 取得   想法   条件   能够

    B 积累   办法   障碍   可能

    C 争取   方法   基础   可以

    D 获得   途径   结果   允许

69. 代沟是_____交流与沟通的难点，而且容易增加形成偏见和_____的可能性，代沟两侧的人轻则互不理解，重则_____敌意，所以我们也要通过种种_____做各种努力来_____代沟、填平代沟。

    A 困扰   歧视   抱有   途径   跨越

    B 困惑   蔑视   怀有   方法   穿越

    C 打扰   藐视   拥有   措施   跨过

    D 迷惑   轻视   具有   手段   越过

70. 从某种意义上来说，女强人_____上还是弱势群体，_____我们就无法理解为什么女强人依然_____着一个比她还要优秀还要强大的臂膀。女强人外表再强，_____里还是个弱女子，还是对男强女弱的婚恋模式执迷不悔。

    A 本质   否则   憧憬   骨子

    B 本来   不然   渴望   肚子

    C 本领   要不   奢求   心眼

    D 本人   除非   期盼   头脑

第 三 部 分

第 71 - 80 题：选句填空。

71 - 75.

  （71）_____，算是赶上好时候了。我们的父辈，只能做一件事情，而现在，我们能干8件事情。我也是在这样的机遇中，进入了商业层面，挣钱比父辈多多了。因为你是名人了，他们需要用你的形象来推广品牌。还有一些社会公益活动，你只要花点精力，出席活动，这事儿就成了，你有了舞台之外的社会功能。（72）_____。

  我第一次拍的广告，是一个电器的广告。他们看了我演的电视剧而选择的我。第一次去银行取10万元钱，我心里还挺紧张的，见钱眼开，又不禁心虚，怕有人打劫。

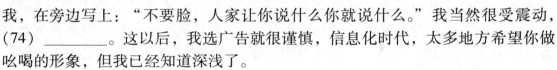

  拍广告多了，（73）_____，我自己就常被创意精彩的广告感染。现在我还对我早期拍的红酒广告记忆犹新，那是一个故事广告，通过一瓶红酒传达对爱的思念。

  有段时间，很多人批评我被商业化了。有一个观众还把我的一个广告形象从报纸上剪贴下来寄给我，在旁边写上："不要脸，人家让你说什么你就说什么。"我当然很受震动，（74）_____。这以后，我选广告就很谨慎，信息化时代，太多地方希望你做吆喝的形象，但我已经知道深浅了。

  至于做公益活动，（75）_____，做公益对演员来说，有名又有利。

A 原来观众希望我维护自己的形象

B 这是事情好的一面

C 我坦白地说

D 生活在今天这个时代的演员

E 也会激发你的艺术思维

海啸是一种具有强大破坏力的海浪。当海底发生地震时，震波的动力会引起海水剧烈的起伏，（76）_____，并向前推进，将沿海地带一一淹没，这种灾害称为海啸。

海啸在许多西方语言中称为"tsunami"，该词源自日语"津波"，即"港边的波浪"（"津"即"港"）。这也显示出日本是一个经常遭受海啸袭击的国家。因"tsunami"的字面表达不出海啸应有的意思，故在科学研究的领域中，称这种灾害普遍使用"tidal wave"一词。目前，人类对地震、火山、海啸等突如其来的灾变，只能通过观察、预测来预防或减少它们所造成的损失，（77）_____。

海啸通常由震源在海底50千米以内、里氏地震规模6.5级以上的海底地震引起。海啸波长比海洋的最大深度还要大，在海底附近传播也不受多大阻滞，不管海洋深度如何，波都可以传播过去。海啸在海洋的传播速度大约每小时500到1000公里，而相邻两个浪头的距离也可能远达500到650公里。当海啸波进入大陆架后，由于深度变浅，波高会突然增大。这种波浪运动所卷起的海涛，波高可达数十米，（78）_____。由地震引起的波动与海面上的海浪不同，一般海浪只在一定深度的水层波动，而地震所引起的水体波动是从海面到海底整个水层的起伏。此外，海底火山爆发、土崩及人为的水底核爆也会造成海啸。甚至陨石撞击也会造成海啸，（79）_____。而且陨石造成的海啸在任何水域都有可能发生，（80）_____。不过陨石造成的海啸可能上千年才会发生一次。

A "水墙"可达百尺

B 不一定出现在地震带

C 并形成"水墙"

D 但不能阻止它们的发生

E 形成强大的波浪

第 四 部 分

第81－100题：请选出正确答案。

81－84.

　　有一天，鲁班到山上去砍树，一不小心，被丝茅草划破了手。他觉得很奇怪，一棵小草怎么这样厉害呢？他放下手里的活儿，仔细观察起来。结果，他发现丝茅草叶子边缘上的许多锋利细齿是划破手的"元凶"。鲁班受到启发，发明了木工用的锯子。

　　车前草是一种路边草地上常见的小草，近年来却名声大振。原来，建筑师从它身上发现了一个秘密：它的叶子按螺旋形排列，每两片叶子的夹角都是137°30′，这种结构使所有的叶子都能得到充足的阳光。普通的人类住房，总是有的房间阳光多些，有的房间阳光少些。人们根据车前草叶子的排列特点，设计建造了一幢螺旋形的13层大楼，使得一年四季，阳光都能照到每一个房间里。这对人的健康多么有利啊。

　　人是地球上最聪明的动物，靠着智慧的头脑和灵巧的双手，造出了种种工具，使自己对世界的征服与改造步步深入，成为万物之灵。但大自然虽然默默无语，却也蕴藏着无穷无尽的智慧。人再聪明，我们的设计，比起动植物身体的巧妙构造来，仍有许多望尘莫及之处。所以，人类需要虚心向动植物学习，从生物界这个巨大的"博物馆"中搜寻几乎是无所不有的技术设计蓝图。

81. 和第1段中"元凶"意思最相近的是：

    A 元首　　　　　　　　　　**B** 凶手

    C 敌人　　　　　　　　　　**D** 工具

82. 关于车前草，下列哪项正确？

    A 十分珍稀　　　　　　　　**B** 它的叶子按螺旋形排列

    C 叶子有锋利细齿　　　　　**D** 叶子能吸收充足的阳光

83. 与第3段中画线句子意思最接近的是：

    A 还相差很远　　　　　　　**B** 永远也赶不上

    C 包含了很多智慧　　　　　**D** 仍有许多不解之谜

84. 上文主要想告诉我们什么

    A 车到山前必有路　　　　　**B** 做事情要计划周密

    C 人的创造力是无限的　　　**D** 我们需要向大自然学习

目前，随着人们审美能力的提高，穿高跟鞋的女性越来越多，几乎没有哪位女性没有高跟鞋的。穿上高跟鞋，女性看起来又高又苗条，而且很时尚，整个人看起来也比较有精神，因此，高跟鞋的鞋跟也越来越高。但是，长期穿高跟鞋对女性健康极为不利。

穿着高跟鞋走路会使身体重心向前倾斜，为了适应这一变化，人会自然地弯腰来平衡，这样长时间地持续下去，就会使脊柱的位置发生改变，使腰部神经受到压迫，穿高跟鞋的人会因此而感觉腰疼。同时，穿高跟鞋走路一般下半身肌肉长时间处于一种过度紧张状态，容易引起局部酸痛无力，这时极易发生扭伤，严重的甚至会造成内外踝骨骨折。另外，鞋跟高使脚掌和脚跟离地的距离不同，脚掌承受的压力很大，很多女性也因此出现脚掌磨损严重，甚至起泡等情况。

为避免高跟鞋对人体带来的伤害，专家建议：高跟鞋不宜每天穿；鞋跟高度最好不要超过3.8厘米；尽量选用鞋跟比较宽大的高跟鞋，使压力能够平均分布；穿高跟鞋出门前，最好先试着走一段时间，使脚适应鞋跟；不要穿高跟鞋长时间走路或者走不好走的路，以免受伤。

85. 女性喜欢穿高跟鞋的原因中不包括哪一项？
   A 看起来很健康
   B 看起来很时尚
   C 看起来很有精神
   D 看起来又高又苗条

86. 下列哪一项不是女性因穿高跟鞋而腰疼的原因？
   A 腰部神经受到压迫
   B 会使身体重心前倾
   C 会使脊柱位置改变
   D 脚掌磨损、起泡

87. 女性穿高跟鞋可能引发的疾病不包括哪一项？
   A 极易发生扭伤
   B 精神过度紧张引起头疼
   C 脚掌磨损严重，甚至起泡
   D 下半身肌肉局部酸痛无力

88. 为避免高跟鞋对人体带来的伤害，下列哪种做法不对？
   A 鞋跟高度最好不要超过3.8厘米
   B 尽量选用鞋跟比较宽大的高跟鞋
   C 每天都坚持穿高跟鞋
   D 不穿高跟鞋走长路或者不好的路

89 – 92.

　　"足迹"这个词最近很热门。在环保领域，"足迹"指某种东西对地球环境的影响。比如"碳足迹"，就是指某人或者某工厂的二氧化碳净排放量。作为最主要的温室气体，二氧化碳是全球气候变化的罪魁祸首。

　　从某种意义上讲，农业是人类在地球上留下的最大的"足迹"。农业就是人类对大自然的"改良"。农业这只大脚所到之处，森林变成了农田，湿地变成了牧场，野花、野草被斩尽杀绝，野生动物被迫远走他乡。可是，没有农业，人类就不可能有现在的繁荣。

　　虽然农产品本质上都属"人造"物种，但经过多年种植，这些农作物已经和大自然达成了一种新的平衡。20世纪开始的科学进步打破了这一平衡。化肥、杀虫剂和除草剂等新技术的出现，在短时间内对大自然进行了又一轮新"改良"，其后果已经凸显。

　　进入21世纪，又掀起了一场新的农业技术革命，首当其冲的就是大名鼎鼎的转基因，其次是能源作物的大面积种值。所谓"能源作物"指的是能用来代替石油和煤炭等化石能源，为人类提供新能源的农作物。这些农业革新都需要进行严格的环境影响试验，才可能被允许大面积实施。由于全球气候变化，以及化石能源的枯竭，能源作物的大规模种植已经不可避免。同时，利用农作物生产有机化学材料（以前这些材料大都来自石油，比如塑料）也是未来农业所面临的不可避免的挑战。这些农业革新几乎不可能离开转基因技术的支持。但是由于绿色和平等非政府环保组织的不懈努力，国内公众对转基因普遍持怀疑态度。转基因作物对环境和人类的影响还有待进一步研究。

89. 根据上文，农业的发展，造成了：

　　A 湿地的扩大　　　　　　　　　B 森林的减少

　　C 化石能源的枯竭　　　　　　　D 二氧化碳排放量的增加

90. 未来，生产塑料的原材料是：

　　A 农作物　　　　　　　　　　　B 野生动植物

　　C 新化石能源　　　　　　　　　D 有机化学材料

91. 关于转基因作物，下列哪项正确？

　　A 已被大面积种植　　　　　　　B 已成为新能源作物

　　C 受到很多人的质疑　　　　　　D 环保组织十分推崇

92. 下列哪项最适合做上文的标题？

　　A 科技改变生活　　　　　　　　B 农业的"足迹"

　　C 即将到来的新能源时代　　　　D 21世纪，新农业的世纪

93 – 96.

这是一所大学期终考试的最后一天。在教学楼的台阶上，一群工程学高年级的学生挤做一团。一些人在谈论他们现在已经找到的工作；另一些人则谈论他们将会得到的职位。他们的脸上充满了自信。这是他们参加毕业典礼和工作之前的最后一次考试了。

带着经过4年的大学学习所获得的自信，他们感觉自己已经准备好了，并且能够征服整个世界。他们知道，这场即将到来的考试将会很快结束，因为教授说过，他们可以带他们想带的任何书或笔记。要求只有一个，就是他们不能在考试的时候交头接耳。他们兴高采烈地冲进教室。教授把试卷分发下去。当学生们注意到只有5道评论类型的问题时，脸上的笑容更加生动了。3个小时过去了，教授开始收试卷。学生们看起来不再自信了，他们的脸上是一种恐惧的表情。没有一个人说话。教授手里拿着试卷，面对着整个班级。他俯视着眼前那一张张焦急的面孔，然后问道："完成5道题目的有多少人？"没有一只手举起来。"完成4道题的有多少？"仍然没有人举手。"3道题？"学生们开始有些不安，在座位上扭来扭去。"那一道题呢？"但是整个教室仍然很沉默。

"这正是我期望得到的结果。"教授说，"我只想给你们留下一个深刻的印象，即使你们已经完成了4年的工程学习，关于这项科目仍然有很多的东西你们还不知道。这些你们不能回答的问题是与每天的普通生活实践相联系的。"然后他微笑着补充道："你们都会通过这个课程，但是记住——即使你们现在已是大学毕业生了，你们的学习仍然还只是刚刚开始。"随着时间的流逝，教授的名字已经被遗忘了，但是他教的这堂课却没有被遗忘。

93. 这些学生在考试之前都往谈论什么？

   A 爱情　　　　　　B 工作　　　　　　C 考试　　　　　　D 未来

94. 学生为什么会认为这个考试很快就会结束？

   A 试卷的题目很少　　　　　　B 他们要去参加毕业典礼

   C 是开卷考试　　　　　　　　D 他们准备得很充分

95. 关于这个考试，可以知道：

   A 有很多种题型　　　　　　　B 试题太难了

   C 考试时间是两个小时　　　　D 学生很早就交试卷了

96. 上文主要想告诉我们什么？

   A 要对自己有信心　　　　　　B 知识来自于生活实践

   C 做任何事情都不能够骄傲　　D 学习是无止境的

　　在人类所患的各种疾病中，再没有比感冒更常见和普遍的了。几乎每个人都患过感冒，但多数人对感冒却并非真正熟悉，甚至存在着一些不正确的认识。

　　误区一：感冒是小病。许多人都把感冒看成是无足轻重的小病，不注意其防治。其实，感冒不仅可以给病人带来鼻塞、头痛、发烧等多种不适，而且还会引起许多严重的并发症，如急性喉炎、支气管肺炎、心肌炎等。因为患感冒后，机体呼吸系统防御"大门"被破坏，病变可沿呼吸道蔓延、扩展，加之周身抵抗力下降，病原微生物乘虚而入。所以，感冒有"百病之源"之称，并非小病。

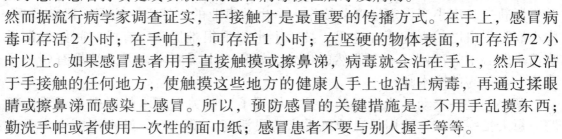

　　误区二：感冒是由于寒冷造成的。"穿暖和点，要不你会感冒的"，然而，医学家用科学实验证实了这种观点是错误的。实验分两组，一组穿得暖暖和和，并保持环境干燥；另一组则穿上潮湿的单薄内衣，任风扇的冷风吹拂。同时给两组人相同数量的感冒病毒，结果两组人感冒发病率及病情严重程度并无差异。

　　误区三：打喷嚏是最主要的传播方式，即健康人是吸入了感冒患者打喷嚏或咳嗽出的感冒病毒微粒后才发病的。然而据流行病学家调查证实，手接触才是最重要的传播方式。在手上，感冒病毒可存活 2 小时；在手帕上，可存活 1 小时；在坚硬的物体表面，可存活 72 小时以上。如果感冒患者用手直接触摸或擦鼻涕，病毒就会沾在手上，然后又沾于手接触的任何地方，使触摸这些地方的健康人手上也沾上病毒，再通过揉眼睛或擦鼻涕而感染上感冒。所以，预防感冒的关键措施是：不用手乱摸东西；勤洗手帕或者使用一次性的面巾纸；感冒患者不要与别人握手等等。

97. 关于感冒，大多数人觉得：

　　A 不是小病　　　　　　　　B 应该及时治疗
　　C 会引起其他疾病　　　　　D 通常是着凉引起的

98. 上文的实验说明：

　　A 穿得少容易感冒　　　　　B 吹冷风会加重感冒
　　C 感冒和寒冷没有关系　　　D 潮湿的空气会引起感冒

99. 下列哪种情况最容易传播感冒？

　　A 室内不通风　　　　　　　B 跟感冒患者握手
　　C 打喷嚏时用手帕捂嘴　　　D 周围有感冒患者咳嗽

100. 上文主要谈的是：

　　A 感冒的危害　　　　　　　B 怎样预防感冒
　　C 感冒病毒是如何传播的　　D 人们对感冒的一些错误认识

三、书 写

第101题：缩写。

(1) 仔细阅读下面的这篇文章，时间为 10 分钟，阅读时不能抄写、记录。

(2) 10 分钟后，监考收回阅读材料，请你将这篇文章缩写成一篇短文，时间为 35 分钟。

(3) 标题自拟。只需复述文章内容，不需加入自己的观点。

(4) 字数为 400 左右。

(5) 请把作文直接写在答题卡上。

今年 26 岁的廖小润，2004 年以前一直是一名练柔术的杂技演员，她出生于一个艺术家庭，父亲是当地一个剧团的演员，母亲在文化部门工作。廖小润 4 岁开始练体操，8 岁进入艺术学校学杂技，学成后分进曲艺团演杂技。按照一般人的生活轨迹，廖小润肯定是以杂技作为一生的事业的。然而，演了一段杂技后，廖小润觉得自己的兴趣不在这里，技术上也似乎很难提高，有段时间她经常靠吹笛排解心中的郁闷。一个偶然的机会，她喜欢上了魔术，天天梦想有朝一日成为一名优秀的魔术师。

廖小润是一个动手能力强的女孩，她买了一些关于魔术的影碟边观看边琢磨，每天忙完工作，就用扑克牌练手指的灵活度。2004 年，她得到一个为香港魔术师陈怀志当助演的机会，尽管这个助演只是完成一个简单的亮相，但廖小润还是很高兴。2004 年，陈怀志邀请廖小润合演一个节目，角逐 2005 年的第二届亚洲魔术大赛。廖小润却决定自创一套节目参加比赛。演什么好呢？魔术的通常玩法是变扑克牌就全是扑克牌、变鲜花就全是鲜花，廖小润觉得自己如果想在这方面出人头地，必须弄出些新点子，她想到了创编情景魔术《花木兰》。她后来回忆说："花木兰这个故事很古典。自从迪斯尼公司做了一套这样的动画片，我想应该全世界的人都知道这个故事。我想尽量在几分钟之内把故事里的这些情节展现出来，可能大家会喜欢。"有了这个创意后，廖小润整天沉浸在节目中，她认真琢磨着节目中涉及的服饰、道具、动作，没有道具就自己动手做，有的还是用家里现成的东西改装的。2005 年，第二届亚洲魔术大赛在泰国如期举行，因为廖小润此前没有参加过任何魔术比赛，她紧张得晚上睡不着觉。她嘱咐自己镇定些、再镇定些，加上周围一些人的鼓励，她终于流畅地做完了一个个动作，取得了舞台表演类第三名的好成绩。

初战告捷，廖小润没有满足于已有的成绩，她觉得自己创编的《花木兰》比较粗糙，决定继续完善。从服饰到动作，从表情到道具，廖小润不知花费了多少心血。2006 年 12 月，机会又一次来了，第三届亚洲魔术大赛在中国深圳开幕。这次，廖小润还是表演的《花木兰》。只见她身着战袍以男妆出场，转一个身变出了弓箭，弯弓射箭，驰骋于沙场；接着用道具一围，马上变出了身着黄色夏装的女儿身，轻梳黑发，对镜贴花黄；最后又一变，木兰新着大红喜装拜堂成亲。《花木兰》这个魔术融合了变脸、变武器、变服装等魔术手法，包含着武术、舞蹈、戏剧等体育、艺术元素，表演难度极大，艺术品位非常高。廖小润毫无悬念地夺得了本次大赛的金奖。

人的天性中有一种守成的因素，总觉得一辈子朝着一个方向努力，一定会拥有最后的辉煌。殊不知，一个人最初选的事业方向可能体现你的潜质，也可能埋没你的天资。对于前者，我们当然应该"一生只干一件事"；对于后者，却应该来一个及时的转身，在尽可能不荒废已有能力的基础上，开拓新的事业。作为杂技演员的廖小润曾经默默无闻，作为魔术师的廖小润已经名满天下，不是很生动地说明了这一点吗？其实，放下最初的花，在该转身的时候及时转身，最后取得大成就的人比比皆是，艾青当年是学美术的，袁隆平起初是练游泳的。现在，人们知道大诗人艾青、大科学家袁隆平，可有多少人记得他们曾经的事业呢？

在事业陷入低谷时，不妨放下最初的花，及时地来一个转身，也许另一朵花更可以灿烂你的一生。

新汉语水平考试
HSK（六级）

试卷七

注　意

一、HSK（六级）分三部分：

　　1. 听力（50 题，约 35 分钟）

　　2. 阅读（50 题，50 分钟）

　　3. 书写（1 题，45 分钟）

二、听力结束后，有 **5 分钟**填写答题卡。

三、全部考试约 140 分钟（含考生填写个人信息时间 5 分钟）。

中国　北京

一、听 力

第 一 部 分

第 1－15 题：请选出与所听内容一致的一项。

1. A 找工作很困难
   B 捡废纸很重要
   C 好习惯很重要
   D 老师捡了报纸

2. A 亡羊补牢
   B 力不从心
   C 掩耳盗铃
   D 一叶障目

3. A 心态影响成败
   B 玫瑰花种类繁多
   C 要避免盲目乐观
   D 希望越大，失望越大

4. A 猴子喜欢抽烟
   B 耍猴人很得意
   C 猴子能模仿人
   D 猴子怕耍猴人

5. A 这个双休日适合外出
   B 这个双休日天气不太好
   C 这个双休日很多人出去
   D 这个双休日只能穿单衣

6. A 饮茶有益健康
   B 胖人不宜喝茶
   C 茶应该在饭后喝
   D 很多人忽视了茶的作用

7. A 宝宝一点盐都不能吃
   B 宝宝喜欢吃成人食品
   C 宝宝的食品不用太讲究
   D 宝宝不宜过早吃成人食品

8. A 中秋节的故事很多
   B 传统节日都很热闹
   C 中秋节是团圆的日子
   D 中秋节的历史并不长

9. A 现代人生活压力大
   B 生活每天都充满变化
   C 要养成好的生活习惯
   D 人们常感叹时间过得太快

10. A 吃巧克力可能会上瘾
    B 巧克力不好
    C 女性吃巧克力会变丑
    D 女性吃巧克力有好处

11. A 接听电话时不用太严肃
    B 应在铃响三声后接电话
    C 接电话时不要说方言
    D 接听电话要礼貌

12. A 英国老人不热情
    B 她喜欢和老人旅行
    C 她住小旅馆是为省钱
    D 小旅店的价格不便宜

13. A 数学神童非常聪明
    B 数学神童没有被录取
    C 数学神童没参加入学考试
    D 数学神童来自美国

14. A 桂林的历史不长
    B 桂林在广西南部
    C 桂林经济比较落后
    D 桂林是一个旅游城市

15. A 张衡有许多朋友
    B 张衡去过很多国家
    C 张衡从小就很聪明
    D 张衡对地震学很有研究

第 二 部 分

第 16～30 题：请选出正确答案。

16. A 不喜欢学习
    B 没钱付学费
    C 和同学关系处理不好
    D 觉得学校不适合自己

17. A 写作
    B 编辑杂志
    C 写博客
    D 赛车

18. A 自我欣赏
    B 社会责任感
    C 谋生的职业
    D 既为自己也为社会

19. A 长跑
    B 写博客
    C 赛车
    D 没有提及

20. A 有
    B 没有
    C 没回答
    D 不知道

21. A 觉得很正常
    B 感到很生气
    C 觉得没有道理
    D 觉得太过分

22. A 思想
    B 文化
    C 吸引力
    D 意义

23. A 人物
    B 视觉
    C 动作设计
    D 色彩

24. A 很会演戏
    B 有劳动人民的样子
    C 气质很特别
    D 长得清秀

25. A 他拍的电影大多是武侠片
    B 重视电影的思想性
    C 精通武侠
    D 注重电影的视觉冲击

26. A 认汉字
    B 弹钢琴
    C 学英语
    D 学唐诗

27. A 会使孩子变得更加聪明
    B 会使孩子更富有创造力
    C 对孩子来说是一种伤害
    D 对孩子来说是很公平的

28. A 让四五岁的孩子背唐诗
    B 教三四岁的孩子弹钢琴
    C 教四五岁的孩子数学知识
    D 让四五岁的孩子随便玩儿

29. A 这是孩子在学习
    B 这是孩子的权利
    C 这说明孩子太傻
    D 这说明孩子聪明

30. A 为什么莫扎特是一个天才
    B 练习钢琴主要有哪些技巧
    C 儿童什么时候开始学习
    D 什么时候开始教儿童知识

第 三 部 分

第 31－50 题：请选出正确答案。

31. **A** 表示感谢
    B 请求原谅
    C 你长得真漂亮
    D 我们能和睦相处

32. **A** 对别人要宽容
    B 笑能加深友谊
    C 笑能帮助人渡过难关
    D 困难时才见真正的友谊

33. **A** 笑的积极作用
    B 笑与健康的关系
    C 怎样提高教学效率
    D 笑对记忆力的影响

34. **A** 很危险
    B 不可避免
    C 丈夫应该先让步
    D 妻子应该先让步

35. **A** 各自以自我为中心
    B 公正、平等、自由
    C 大打出手
    D 以情动人

36. **A** 夫妻吵架很正常
    B 夫妻间应以挣钱多少分配权力
    C 家庭中要讲究民主相处
    D 夫妻间应相敬如宾、抛弃陋习

37. **A** 家人和朋友
    B 坚持到底的决心
    C 火一样的热情
    D 解决问题的好方法

38. **A** 没有毅力不能成大事
    B 是天生就具有的
    C 培养毅力需要克服困难
    D 兴趣也能转化为毅力

39. **A** 做体育运动
    B 朋友的监督
    C 远大的理想
    D 自我鼓励

40. **A** 离不开父母的监督
    B 是一种自我激励法
    C 在书上写一些鼓励性的话
    D 对练习长跑很有用

41. **A** 线
    B 蛇
    C 巨龙
    D 彩虹

42. **A** 防止风沙侵袭
    B 形成壮美的景观
    C 自卫御敌
    D 攻打别国

43. A 秦始皇
B 中山王
C 燕王
D 赵王

44. A 没有前途
B 没有尊严
C 缺乏激情
D 干劲十足

45. A 不要急于求成
B 工作娱乐两不误
C 重视对家庭的责任
D 处理好与同事的关系

46. A 是浪费时间
B 可以获得成就感
C 会给自己带来麻烦
D 可以改善工作环境

47. A 太空的样子
B 未来地球的发展
C 未来人类的样子
D 未来居住的情况

48. A 慢慢进化
B 停止进化
C 迅速退化
D 成为超级人种

49. A 社会竞争
B 互相利用
C 文化的发展
D 自然选择和基因突变

50. A 居住
B 生存
C 营养
D 竞争

二、阅　读

第 一 部 分

第51－60题：请选出有语病的一项。

51. A 认真倾听对方的话是交谈时最基本的礼貌。

B 语言的使用，促进了人类的思维，使得大脑更加发达。

C 在人类所患的各种疾病中，再没有比感冒更常见的了。

D 自古以来，中国就是一个崇尚玉器的国家，对玉有着特殊的情感。

52. A 4 名在同一栋教学楼工作过的教师先后患病去世。

B 外界认为，监管不力是导致金融危机的重要原因。

C 节庆期间，家人团聚，往常吃的油腻，多吃点萝卜可以清口、解毒。

D 有病治病属于较低层次，较高层次是将身体调理妥当，保持在最佳状态。

53. A 那个公司的经理因受贿而抓起来了，于是公司就倒闭了。

B 我们从没有像其他同学那样，会时不时地有些矛盾和摩擦。

C 我们要用诚意去对待朋友，但不要依赖朋友，更不要苛求朋友。

D 他死后也没有什么丰厚的遗产，家人的生活顿时变得窘迫起来。

54. A 早饭一定要吃，因为它可以帮助你维持血糖水平的稳定。

B 当人的注意力不集中时，就会下意识地眨眼，以减少进入大脑的信息。

C 据预测，明年第二季度国际市场的原油日需求量将减少 250 万桶以内。

D 豆浆是中国人十分喜爱的一种饮品，它营养丰富，又被称做"植物奶"。

55. A 小王后来结识了一位浙江女孩，并很快与之成为恋人。

B 我没来北京前，曾在一家省电视台做过一段时间的娱乐节目主持人。

C 汪老师平时总是尽量关心一个一个学生，虽然这样做要花费大量的心血。

D 既然是前人没做过的，就需要一种勇敢的开拓精神大胆地试、大胆地闯。

56. A 有些电脑设计得很小巧，甚至可以放一个很薄的文件袋里。

B 快乐有助于长寿，有助于增加食欲，有助于提高工作效率。

C 草原上的天气变幻莫测，刚刚还是晴空万里，转眼间便乌云密布了。

D 重新认识农业，开拓农业新的领域，已成为当今世界农业发展的新趋势。

57. A 按照一部交响乐的结构，音乐会表演共分为 6 个段落。

B 走在俄罗斯城市的大街里，随处可见美丽、迷人的俄罗斯姑娘。

C 这项运动的意义在于没有任何束缚与控制，只有自由地从天而降的过程。

D 如果手机掉进了马桶里，应立即取下电池，避免因短路而烧掉内部元件。

58. **A** 耳机产品比较容易表现中音的细节，虽然质量很差，但基本上也能听清楚。

　　B 有些房主无须不工作，仅靠租房就能满足生活所需，甚至能购买更高档的住宅。

　　C 从床头顶部直射下来的灯光虽然明亮，但会阻碍人体褪黑激素的分泌，从而影响入睡。

　　D 创作是把内心的事变成音乐说出来，有强烈的主观意识，要求作者有条理地表达内心的东西。

59. **A** 本品是采用中国同仁堂集团公司研制的配方，在同仁堂技术支持下生产的高级保健食品。

　　B 过去在东非一些国家时常可以看到的火烈鸟，近几年来只有肯尼亚的天然动物园还保留一些。

　　C 他在担任大华公司公关部经理期间，为促进三利公司与大华公司贸易事业的发展作出了巨大的贡献。

　　D 妈妈认为他花在课外活动上的时间太多了，拳击何况又是一项非常危险的运动，所以不同意他参加。

60. **A** 这个世界并不是没文化就可以为所欲为的，也不是有文化就必须谨小慎微的。

　　B 过去召开业主大会都是从物业公司头上扒钱，现在规定让开发商掏钱，心里舒服多了。

　　C 21世纪是人才竞争的时代，谁拥有高科技人才，谁就会在经济、军事、科技等领域创造奇迹。

　　D 五四运动时期的中国正处在社会大变动时期，徘徊在十字路口，反映不同政治势力的各种新旧思潮异常活跃，斗争异常激烈极了。

第 二 部 分

第 61－70 题：选词填空。

61. 对于涉及多数人安全的地方和有高度危险的_____，人类社会通过大量的
    教训和_____，总结并形成了多方面、多层次、多_____的防范管理体系。
    A 行为　　实践　　环节　　　　B 行动　　体验　　步骤
    C 行径　　经验　　程序　　　　D 行程　　实际　　阶层

62. 工作是经济独立的象征，也是_____生活的一种方式。虽然也有压力与不
    安，有辞职的_____，但看在钱的面子上保住饭碗还是最_____的。辛苦
    工作赚来的钱是独立的保障，也带来幸福感和安全感。
    A 投入　　思考　　重心　　　　B 加入　　想法　　重视
    C 参与　　念头　　重要　　　　D 参加　　心头　　主要

63. 说到环境，人们并不_____。虽然学术界对环境概念的理解仍不尽_____，
    但对城镇居民而言，环境即人们日常起居、学习、工作、休闲、社交、健
    身、旅游及其他活动的_____。
    A 熟悉　　统一　　场所　　　　B 疏远　　不同　　空间
    C 生疏　　一致　　时间　　　　D 陌生　　相同　　空间

64. 作为农村精神家园的农村文化，_____对农村社会成员的思想观念、道德
    情操产生了潜移默化的影响，_____使得单调缓慢的乡村生活产生了趣味
    和意义，使农民的精神世界_____了充实和提升，农村文化在建设新农村
    中_____着重要的作用。

    A 非但　　还　　取得　　发扬　B 虽然　　但是　　得以　　起到
    C 不仅　　而且　　得到　　发挥　D 不但　　并且　　获得　　表现

65. 美学是一门最大众化的科学，_____它同每一个人都有着不可分割的联系。
    无论在日常生活_____在学习和工作中，人们_____不在接触或美或丑的
    事物，思考着有关美与丑的问题，_____这种思考可能还缺乏理论深度，
    可是人们确实离不开它。
    A 因为　　还是　　无时无刻　　尽管
    B 因此　　或者　　每时每刻　　虽然
    C 由于　　或许　　时时刻刻　　即使
    D 而且　　就是　　随时随地　　即便

66. 值得_____的是，网络能让许多骗人害人的事情光明正大地_____，这样一种不受_____的网络自由空间，真的会给我们带来更多的幸福吗？看来，在互联网的内容监管_____，我们确实还有许多事情要做。

A 反思　　出现　　制约　　领域　　B 反省　　表现　　限制　　范围
C 反映　　体现　　局限　　方面　　D 反馈　　展现　　控制　　部门

67. 教师是"人类灵魂的工程师"，听起来真是又纯洁又美好。好像_____步入这个行业，便可以两耳不闻窗外事，外面世界那些糟糕的事_____跟你无关，你只需好好钻研，认真对待讲台下那一双双_____的大眼睛就好。每年的寒暑假更是最吸引人的_____。

A 一下　　满满　　漂漂亮亮　　措施
B 一向　　全部　　简简单单　　地方
C 只要　　统统　　求知若渴　　待遇
D 只要　　统一　　津津有味　　机会

68. 许多有抱负的人都忽视了积少才可以成多的道理，一心只想_____，而不去埋头耕耘。直到有一天，他看见比自己开始晚的、比自己天资差的，都已经有了_____的收获，才发现自己这片园地上还是_____。这时他才明白，不是上天没有给他理想，而是他一心只等待丰收，却忘了_____。

A 一帆风顺　　壮观　　半途而废　　酝酿
B 一鸣惊人　　可观　　一无所有　　播种
C 一如既往　　宏观　　有条不紊　　照料
D 一丝不苟　　美观　　众所周知　　培育

69. 为了_____疲劳综合征，不仅要注意_____，适当参加体育锻炼，睡眠时间要_____，减轻心理压力，而且最重要的是在饮食上也应多吃些碱性食物和_____维生素 C、维生素 B 的食物，以中和体内酸性环境，达到_____疲劳的效果。

A 防止　　以逸待劳　　充分　　含有　　消灭
B 谨防　　闲情逸致　　充沛　　包含　　消失
C 预防　　劳逸结合　　充足　　富含　　消除
D 防御　　不劳而获　　充裕　　包括　　消化

70. 天津剪纸可谓历史悠久，_____于清朝光绪末年，后在不断汲取和_____中国传统剪纸工艺的基础上发展到今天。天津剪纸的艺术风格、制作方法_____有独到之处。它_____了年画、瓷器、木雕等图案的设计，注意外形刻画，具有很高的艺术价值。

A 兴建　　发挥　　都　　借助　　B 成立　　发掘　　就　　反映
C 起源　　发行　　还　　吸收　　D 兴起　　发扬　　均　　借鉴

第 三 部 分

第71—80题：选句填空。

71 – 75.

狼常到牧场叼羊。牧场主用了整整一个冬季，请猎手围猎狼群，狼患总算解除了。但是过了不久，羊群开始流行疫病，羊大批地死掉，比遭受狼患的损失还大。（71）_____，但是，不知为什么，疫病还是不断地发生，没办法，只好请来一批专家会诊。专家的结论却是去请几只狼来，（72）_____。

原来，狼先前的骚扰，对羊群有着天然的"优生优育"作用。狼的追逐，使羊群常常惊慌奔跑，（73）_____，老弱病残填入狼口，疫病源也就不复存在了。

这个故事，耐人寻味。在生物链中，狼是羊的天敌，没有了狼这个对手，（74）_____。现在，人类之所以保护生物，就是为了不让生物链断掉，换句话说，就是让每种生物都有对手。有对手，保有警惕，便不失活力。这个道理人类亦然。

在人生的漫漫征途中，对手是同行者，也是挑战者，（75）_____，失去对手，我们或许将失去一切。从这个意义上，我们不妨说一声："你好，对手。"

A 羊群就面临着灾难

B 是对手唤起我们挑战的冲动和渴望

C 牧场主又请来医生防疫治病

D 羊群因之格外健壮

E 放回到附近的山里去

那时，离高考还有不到两个月时间，而那个沉溺于网络游戏的大男孩，已逃离学校整整 28 天。亲朋好友轮番上阵劝他回校，父母甚至以死相逼，(76)　　　　　。无奈之下他们找到了那位心理咨询师。

在约定的时间，男孩被家长一左一右"押"着走进了心理咨询师的工作室。一米八的个子，却不修边幅，一派邋遢样子，进门就挑衅似的坐在她对面的沙发上，毫无顾忌地将两条长腿伸到地板中央。第一次见面，(77)　　　　　。

那一次会面，只有短短的一个小时。一个小时里，男孩的父母焦灼地在外而晃来晃去，他们只能隔着厚厚的玻璃门窗看到室内的人：心理咨询师极认真细致地做笔记，坐在沙发上的男孩则讲得眉飞色舞。咨询结束时，男孩彬彬有礼地同心理咨询师挥手告别："老师，恐怕我以后再也不能来了，(78)　　　　　。"

那个男孩果真没有再来。几个月后，(79)　　　　　。

这是发生在著名女作家毕淑敏心理工作室里的一个小案例。事后，她的朋友及男孩的父母都倍感惊奇，迫切地想知道她是如何在那么短的一个小时里将一块顽石打动的。毕淑敏只微笑着说了一句："那一天，我说得很少，孩子说得很多。其余的，无可奉告。"

在同孩子沟通的过程中，做父母师长的多用一下耳朵，少用一下嘴巴，(80)　　　　　，对那些被定性为"有问题"的孩子，也许就是一剂最好的良药。

A 我得回学校去抓紧复习

B 他就一副刀枪不入的样子

C 保持对孩子独立个体的尊重

D 他考上了一所理想的重点大学

E 仍不见丝毫效果

第四部分

第81—100题：请选出正确答案。

81 – 84.

　　位于加拿大和美国交界的尼亚加拉瀑布，号称世界七大奇景之一。在新大陆被发现之前，这一奇迹一直没有被西方人所发现。直到1678年，一位法国传教士来到这里传教，发现了这一大瀑布，为它"不可思议的美"赞叹不已。他细心地记下了自己的见闻，把这一胜景介绍给了欧洲人。

　　从伊利湖来的尼亚加拉河水流经此地，突然垂直跌落51米，巨大的水流以银河倾倒之势冲下断崖，场面震人心魄，形成了气势磅礴的大瀑布。

　　尼亚加拉瀑布所在地的表层岩石白云岩，抗侵蚀能力极强。但这层岩石之下却是脆弱的页岩和沙质岩层。瀑布常年冲蚀，使得石灰岩崖壁不断坍塌，致使尼亚加拉瀑布逐步向上游后退。据1842到1927年观测记录，平均每年后退1.02米，落差也在逐渐减小。照此下去，再过5万年左右，瀑布将完全消失。为了挽救尼亚加拉瀑布，20世纪50年代以来，美、加两国政府耗费巨资，采取了控制水流、用混凝土加固崖壁等措施，取得了良好的效果，将瀑布后退速度控制在每年不到3厘米。

81. 尼亚加拉瀑布的最终源头在：
    A 伊利湖　　　　　　　　　　B 雨水
    C 尼亚加拉河　　　　　　　　D 安大略湖

82. 尼亚加拉瀑布逐渐向上游后退是因为：
    A 石灰岩崖壁不断坍塌　　　　B 页岩和沙质岩很脆弱
    C 瀑布经年的强大冲击　　　　D 以上三项均是

83. 从1842年到1950年，瀑布大约后退了：
    A 1.02 米　　　　　　　　　　B 3.24 米
    C 110 米左右　　　　　　　　D 没有确切数字

84. 谁第一个把尼亚加拉瀑布介绍给欧洲？
    A 印第安人　　　　　　　　　B 法国皇族人
    C 欧洲探险者　　　　　　　　D 法国传教士

85 – 88.

在一个青黄不接的初夏，一只在农家仓库里觅食的老鼠意外地掉进一个盛得半满的米缸里。这意外使老鼠喜出望外，它先是警惕地环顾了一下四周，确定没有危险之后，接下米便是一通猛吃，吃完倒头便睡。

老鼠就这样在米缸里吃了睡，睡了吃。日子在衣食无忧的休闲中过去了。有时，老鼠也曾为是否要跳出米缸进行过思想斗争与痛苦抉择，但终究未能摆脱白花花大米的诱惑。直至有一天它发现米缸见了底，才觉得以米缸现在的高度，自己就是想跳出去，也无能为力了。

对于老鼠而言，这半缸米就是一块试金石。如果它想全部据为己有，其代价就是自己的生命。因此，管理学家把老鼠能跳出缸外的高度称为"生命的高度"。而这高度就掌握在老鼠自己的手里，它多留恋一天，多贪吃一粒，就离死亡近了一步。

在现实生活中多数人都能做到在明显有危险的地方止步，但是能够清楚地认识潜在的危机，并及时跨越"生命的高度"，就没有那么容易了。

比如，员工的培训在公司管理中的重要性，是任何一个公司都明白的道理，但通过本公司内训或外出学习等手段来提高员工尤其是中坚员工的专业素质，毕竟要人力、物力、财力以及时间，并且经常会与公司各项工作有一定的冲突。于是员工培训对于公司来说也就变成了"说起来重要，办起来次要，忙起来不要"的口号，致使许多员工无法系统地接触到新事物、新方法、新观念。其实，公司眼前的利益不就是那半缸米吗？

85. 老鼠为什么喜出望外？
　　A 发现没有猫　　　　　　　　B 找到了许多大米
　　C 找到一个农家仓库　　　　　D 没有别的老鼠和它抢米吃

86. 第3段中"试金石"的意思最可能是：
　　A 一个教训　　　　　　　　　B 深刻的道理
　　C 很值钱的石头　　　　　　　D 可靠的检验方法

87. 根据上文，公司存在的问题是：
　　A 员工缺乏素质　　　　　　　B 忽视对员工的培训
　　C 忽视了管理的重要性　　　　D 缺少培训员工的手段

88. 最适合做上文标题的是：
　　A 生命的高度　　　　　　　　B 幸福的标准
　　C 幸运的老鼠　　　　　　　　D 慷慨的代价

一个从战场归来的士兵打电话给他的父母，告诉他们："爸妈，我回来了，可是我有个不情之请。我想带一个朋友同我一起回家。"

"当然好啊！"他们回答，"我们会很高兴见到的"。

不过儿子又继续下去："可是有件事我想先告诉你们，他在战争中受了重伤，少了一条胳臂和一只脚，他现在走投无路，我想请他回来和我们一起生活。"

"儿子，我很遗憾，不过或许我们可以帮他找个安身之处。"父亲又接着说，"儿子，你不知道自己在说些什么。像他这样残障的人会对我们的生活造成很大的负担。我们还有自己的生活要过，不能就让他这样破坏了。我建议你先回家，然后忘了他，他会找到自己的一片天空的"。

就在此时，儿子挂上了电话，他的父母再也没有他的消息了。

几天后，这对父母接到了来自警局的电话，告诉他们他们亲爱的儿子已经坠楼身亡了。警方相信这只是单纯的自杀案件。于是他们伤心欲绝地飞往儿子所在的城市，并在警方带领之下到停尸间去辨认儿子的遗体。

那的确是他们的儿子，但让他们惊讶的是，儿子居然只有一条胳臂和一条腿。

故事中的父母就和我们大多数人一样，要去喜爱面貌姣好或谈吐风趣的人很容易，但是要喜欢那些给我们造成不便和不快的人却太难了。我们总是宁愿和那些不如我们健康、美丽或聪明的人保持距离。

89. 儿子本来想带回家的朋友是谁？
  A 一个战友 　　　　　　　　　B 一个警察
  C 一个残疾朋友 　　　　　　　D 他自己

90. 父母对儿子的请求是什么态度？
  A 欣然同意 　　　　　　　　　B 委婉拒绝
  C 非常愤怒 　　　　　　　　　D 不置可否

91. 根据本文，儿子自杀的原因是什么？
  A 因为战争致残而自暴自弃 　　B 因为和父母吵架而想不开
  C 因为父母言语的伤害而失望 　D 因为失恋而痛苦

92. 这个故事告诉我们什么？
  A 应接受和喜欢面貌姣好或谈吐风趣的人
  B 应和面貌姣好或谈吐风趣的人保持距离
  C 应接受和喜欢不如自己健康、美丽或聪明的人
  D 应和不如自己健康、美丽或聪明的人保持距离

彩票最早出现在 2000 多年前的古罗马。在罗马帝国时期，国王利用节日和举行大型活动的时机，开展彩票活动，目的是调动人民的积极性，增加节日气氛，为国庆筹集资金。据记载，1530 年在意大利诞生了全球第一个公开发行彩票的机构，运作下来获利很多。1566 年，英国女王伊丽莎白一世曾批准发行彩票，为的是筹款修建港口和弥补其他公用。美国在 1776 年建国后的几年里，国会也曾发行四种彩票来筹集资金，用于社会公共事业发展，资助建立了哈佛、耶鲁等好几所大学。

组织卖彩票的目的是为了筹集资金，但是买彩票的目的可能就多种多样了，但是大多数人都是出于希望"天上掉馅饼"的目的。正是因为人们有这样的心理，彩票活动才能长期地进行下去。随着彩票事业的发展，彩票的种类越来越多，主要分为以下几种：

传统型：传统型彩票有着悠久的历史，票面上有事先印制的号码，一般是 5 至 7 位数字，购买者购买后要等待公开摇奖的结果，才能知道自己是否中奖。

即开型：彩票票面上的号码或图案被一层特殊涂膜覆盖，购买者购买后揭开或刮开覆盖物，马上就可以对照销售现场的兑奖公告判断自己是否中奖。

乐透型：是可以由彩民自主选号的彩票，代表着目前世界彩票业的主流。

电脑型：采用计算机网络系统发行销售，定期开奖。

93. 古罗马最早发行彩票的目的不包括哪一项？
   A 增加节日气氛　　　　　　　B 为国庆筹集资金
   C 举行大型活动　　　　　　　D 调动人民积极性

94. 关于美国的彩票，正确的是哪一项？
   A 1776 年开始发行　　　　　　B 曾发行四种彩票来筹集资金
   C 发行彩票是用于修建港口　　D 为建立哈佛、耶鲁大学而发行

95. 第二段中"天上掉馅饼"的意思是？
   A 买很多馅饼　　　　　　　　B 不用努力就可能得到很多钱
   C 帮助国家筹集资金　　　　　D 让彩票活动长期维持下去

96. 关于不同类型的彩票，描述不正确的是哪一项？
   A 传统型彩票票面数字是 5 位数或 7 位数
   B 即开型彩票可以现场兑奖
   C 乐透型彩票可由彩民自主选号
   D 电脑型彩票是采用电脑网络系统发行销售的

陶渊明，字元亮，自号五柳先生，东晋浔阳柴桑人（今江西九江）。陶渊明是汉魏南北朝八百年间最杰出的诗人之一，也是著名的辞赋家与散文家。他的曾祖陶侃做过晋朝的大司马，祖父、父亲都做过太守。但在陶渊明的少年时代，家族的显赫已经成为了历史。在那个年代，很多文人都热衷于做官，正所谓"学而优则仕"，陶渊明却不太喜欢做官。

29 岁那年，他做过江州祭酒的小官，但很快就辞职了。此后一直在家隐居，直到中年后迫于生计又一度出来任职。在做彭泽令的时候，他又辞官归隐了。这一次他是真正地归隐田园，"躬耕自资"，再也没有出来做官，从他的经历可以看出，陶渊明是个生性热爱自然、不喜欢受拘束的人。陶渊明是中国第一位田园诗人，他的诗文充满了田园气息。唐朝以来的许多大诗人，像李白、杜甫、白居易、苏轼、陆游，都非常推崇陶渊明，在艺术创作和人生态度上也深受其影响。苏东坡在《与苏辙书》中说："吾与诗人无所甚好，独好渊明之诗。渊明作诗不多，然其诗质而实绮，癯而实腴，自曹、刘、鲍、谢、李、杜诸人，皆莫过也。"陶渊明的名士风范和对简朴生活的热爱影响了一代又一代的中国文人，乃至整个中国文化。

97. 少年时代陶渊明的家庭怎么样？

    A 名声大   **B** 有权势

    C 衰败了   **D** 很有钱

98. 关于陶渊明，下列哪项正确？

    A 一直在家隐居   **B** 喜欢简朴的生活

    C 老年时做过一次官   **D** 十分推崇李白等人

99. 第 1 段中的画线句子是什么意思？

    A 做官要会写诗   **B** 学好了就去做官

    C 学好了可以写诗   **D** 要向优秀的官员学习

100. 陶渊明一生做过几次官？

    A 1 次   **B** 2 次

    C 3 次   **D** 4 次

三、书 写

第101题：缩写。

(1) 仔细阅读下面的这篇文章，时间为10分钟，阅读时不能抄写、记录。
(2) 10分钟后，监考收回阅读材料，请你将这篇文章缩写成一篇短文，时间为35分钟。
(3) 标题自拟。只需复述文章内容，不需加入自己的观点。
(4) 字数为400左右。
(5) 请把作文直接写在答题卡上。

　　老教授以教学方法独特享誉全城，如今已是桃李满天下，但不可思议的是，他却为自己的儿子——一个才13岁的初中生而大伤脑筋。

　　这天，期中考试成绩揭晓了，儿子在全班70多名同学中总分排到50名之外，每到这时，老教授给予儿子的除了严厉的批评和讲解大道理之外，再也没有什么好的方法了。但老教授发现这样做对于儿子来说已经无济于事，因为有个可怕的念头早已埋在了儿子的心里：我太笨！别人比我聪明！好像自己的先天条件不如别人，怎么努力也赶不上成绩好的学生，只好甘拜下风。

　　这次，老教授一改往日严肃的面孔，温和地拿着成绩单，鼓励儿子道："因为你笨，才能考第一。"

　　接着，老教授平静地给儿子讲了一则故事：

　　有一座富饶的金矿，堆满了闪光的金子，吸引着成千上万的人。通往金矿的路只有一条，位于一处地势险恶的峡谷，谷底奔腾着咆哮的急流，峡谷间只有一座索桥，几根光秃秃、晃悠悠的铁索横在峡谷间，有不少人因失足而葬身深渊。

　　这天，来了四个人，一个是呆子、一个是聋子、一个是盲人、只有一个是健康的人。

　　"不用讲了！前面那三个都过不去，肯定是那个健康的人过去了。"儿子打断了父亲的话。

　　"错了，傻孩子。"老教授继续讲着这个精彩的故事：

　　呆子看着眼前的一切，脑子里只是白纸一张，什么都没想，哼着小曲，便悠哉游哉地过去了。聋子看着这座桥墩，有点害怕，但他听不到急流的咆哮，用眼睛看着脚步，十分顺利地通过了。瞎子不知峡谷的险恶，显得心平气和，像平常一样，用拐杖试探着，慢慢地移动，也稳妥地到达了彼岸，他们都得到了梦寐以求的金子。第四个聪明的健康人，犹豫了好久，又舍不得那座山上的金子，只好硬着头皮，走上桥墩，然而，他目睹脚下险象丛生，云雾升腾，耳闻深谷急流咆哮，早已两腿发软，面色如土，一下子跌入谷底……

老教授用这个故事启示儿子，聪明的人总是把问题想得太复杂，往往把事情办得很糟糕，而奇迹往往就发生在这些看似笨家伙的身上，只要去做，一切不可思议的想象都会变为现实。

从此，儿子彻底改变了对自己的看法，燃起了强烈的自信火焰，成绩一路飙升，由50多名很快进入前30名，前10名，期末考试竟然名列全班第一。这个成绩一直保持到高中毕业，后来，儿子考上了理想大学。

智者的缺陷是能看破红尘，把事情看得太透彻，那样只会被困难吓倒，阻碍前进的脚步。而弱者不知路上的险恶，轻装上阵，结果往往出人意料。与其把困难看得明明白白，倒不如"糊糊涂涂"地往前走，这，也许是弱者的智慧。

新汉语水平考试
HSK（六级）

试卷八

注　意

一、HSK（六级）分三部分：

　　1. 听力（50 题，约 35 分钟）

　　2. 阅读（50 题，50 分钟）

　　3. 书写（1 题，45 分钟）

二、听力结束后，有 **5 分钟填写答题卡**。

三、全部考试约 140 分钟（含考生填写个人信息时间 5 分钟）。

中国　北京

一、听　力

第　一　部　分

第 1-15 题：请选出与所听内容一致的一项。

1. A 山羊失去了午餐
   B 狮子失去了午餐
   C 白鹤帮助了山羊
   D 狮子向白鹤求救

2. A 现在的书比以前贵
   B 现在人们的交流很少
   C 通过书本传播知识很有限
   D 以前人们主要靠书本传递知识

3. A 学外语要循序渐进
   B 外语可以很快学好
   C 学外语没有好方法
   D 学外语不用背单词

4. A 散文的写作要求比较严格
   B 散文要记录真实的事件
   C 写散文的作者容易出名
   D 散文作者常常表现自我

5. A 春天播种很艰辛
   B 二十几岁是人生的春天
   C 聪明的农夫会选择夏季
   D 有些种子适合夏季播种

6. A 要精益求精
   B 人们有心理惯性
   C 要学会取长补短
   D 坏事有时能变好事

7. A 父母总是比孩子好
   B 孩子各方面都比父母好
   C 孩子一些方面比父母好
   D 父母不是孩子最好的老师

8. A 高速公路上事故多
   B 矛盾是不可避免的
   C 保持距离才能人际和谐
   D 高速公路上要控制车速

9. A 烦恼没有必要
   B 要背很轻的东西
   C 学会放弃才会快乐
   D 与快乐结缘不容易

10. A 比目鱼视力不好
    B 比目鱼不能改变颜色
    C 比目鱼善于伪装
    D 比目鱼帮助别人幸存

11. A 吃水果有助改善肤色
    B 人们不喜欢黑色的皮肤
    C 古铜色的肤色一定是晒的
    D 只有吃水果才会改变肤色

12. A 音乐可以丰富电影情节
    B 电影院的吸引力变小了
    C 电影比音乐更有吸引力
    D 音乐对绘画有很大影响

13. A 他今年33岁
    B 他是位体育明星
    C 他的电影很受欢迎
    D 他是做广告最多的明星

15. A 观众喜欢他的相声
    B 他的小品获过两次奖
    C 他的语言很普通
    D 他的舞台功底深厚

14. A 我喜欢逛超市
    B 我答对了朋友的问题
    C 朋友的问题很简单
    D 我没猜对朋友的谜语

第 二 部 分

第 16—30 题：请选出正确答案。

16. A 教师
    B 艺术家
    C 作家
    D 出版商

17. A 很享受出名后的生活
    B 和以前差不多
    C 被迫适应
    D 宁愿回到从前

18. A 可以写日记
    B 和自己交流
    C 能够自己看书
    D 能思考问题

19. A 对现实生活不满意
    B 觉得很不自由
    C 觉得很孤单
    D 想体验虚拟的生活

20. A 不尊重作者
    B 破坏市场
    C 质量不好
    D 刺激她的家人

21. A 筷子的优点
    B 中国文化的优势
    C 上海文化的优势
    D 不同文化无可比性

22. A 物理学家
    B 历史老师
    C 作家
    D 公司老总

23. A 谈得很幽默
    B 有物质基础
    C 带有讽刺性
    D 观众是老板

24. A 不了解新上海
    B 更怀念过去的生活
    C 更重视对下一代的教育
    D 有更多的业余爱好

25. A 大部分人不喜欢男的的表演
    B 男的强迫人们接受上海文化
    C 男的常贬低其他文化
    D 男的比较熟悉上海近代史

26. A 1902 年
    B 1985 年
    C 1995 年
    D 2002 年

27. A 培养优秀教师
    B 世界高水平大学
    C 进入"211 工程"
    D 培养人文科学优势

28. A 只培养教师方面的人才
    B 自然科学竞争力全国第三
    C 历史学是主要特色之一
    D 心理学是最好的专业

29. A 科技创新的成果
    B 北师大的专业介绍
    C 与国外交流的形式
    D 北师大的学校历史

30. A 北师大的校训学风
    B 北师大的地理位置
    C 北师大的科研情况
    D 北师大的招生计划

第 三 部 分

第 31-50 题：请选出正确答案。

31. A 北京体育场
    B 五里河体育场
    C 国家体育场
    D 上海体育场

32. A 虫巢
    B 鸟巢
    C 鸟窝
    D 摇篮

33. A 标志性建筑
    B 明显性建筑
    C 完美性建筑
    D 一般性建筑

34. A 豹
    B 鸵鸟
    C 恐怖鸟
    D 大狮子

35. A 俄罗斯
    B 中国西部
    C 南美洲大陆
    D 北美洲大陆

36. A 3 米
    B 8 公斤
    C 250 公斤
    D 500 公斤

37. A 不夸张
    B 发自内心
    C 用语具体
    D 因人而异

38. A 不太自然
    B 不受重视
    C 真挚可信
    D 容易接受

39. A 赞美的效果
    B 赞美要讲究技巧
    C 赞美能消除误会
    D 赞美能带来快乐

40. A 会使人失去工作热情
    B 会传染给别人
    C 会使人缺少食欲
    D 会影响人的免疫力

41. A 情绪会变得低落
    B 会不信任任何人
    C 会产生很强的攻击力
    D 脾气会变得很暴躁

42. A 富有同情心的人
    B 情绪低落的人
    C 性格脆弱的人
    D 积极向上的人

43. A 脚的反应更灵敏

B 人们重视脚的反应

C 脚更能表达愉悦的心情

D 人们很少有意识地控制脚

44. A 通常是不自觉的

B 女性脚部动作较多

C 可以反映健康状况

D 脚尖转动表示很高兴

45. A 情绪高涨

B 态度强硬

C 内心平静

D 注意力不集中

46. A 脚的保健

B 谈话的礼仪

C 怎样调节情绪

D 脚暴露的信息

47. A 有学习兴趣

B 基本功扎实

C 学习努力

D 老师教得好

48. A 是可以培养出来的

B 对学习的作用很大

C 使人精力充沛

D 不感兴趣的事要立刻放弃

49. A 学习环境很重要

B 兴趣的力量很大

C 努力才能有好成绩

D 求知欲很重要

50. A 要多向成绩好的同学学习

B 多动手动脑

C 在快乐中学习

D 勉强自己做不喜欢的事

二、阅 读

第 一 部 分

第 51－60 题：请选出有语病的一项。

51. A 看到家人爱喝我煲的汤，我特别有成就感。
    B 良好的工作关系建立在信任与相互尊重的基础上。
    C 下飞机时，外国记者一群上来，不断地拍着照片。
    D 红绿灯时间太长，并且路上又没有过街天桥，我只好冒险穿马路了。

52. A 顾客可以通过浏览我们的网站选择所需要的商品。
    B 太阳能设备不用燃料，安全卫生，因为不会带来污染。
    C 世界小麦种植的总面积，居粮食作物种植总面积的第一位。
    D 作为一名管理者，你可以不知道下属的缺点，却不能不知道下属的长处。

53. A 如果我们不能全身心投入，胜利也不会属于我们。
    B 尽管接受采访时侃侃而谈，但他很快就把人们大跌眼镜。
    C 很多国际品牌在进入中国市场后开始懂得挖掘中国元素。
    D 最近硬盘价格疯狂下跌，已经成为降价幅度最快的硬件之一。

54. A 经过几年的努力，我已经得到一批教育专家的支持。
    B 随着你的心态日渐积极，你会慢慢获得一种美满人生的感觉。
    C 任何企业和个人，都不仅仅是一个经济体，而且还是一个社会体。
    D 我曾做过模特儿。何况我一直追求时尚，所以很了解当代青年的服装需求。

55. A 在任何场合，闭口不说话都是值得提倡的。
    B 粗粮是健康食品，不但含有多种营养，还能提供多种纤维。
    C 饭局一散，我发现他们都忙极了，各人都有自己的下一站。
    D 卧室是人们经过紧张的工作后一天最好的休息空间，它应是安静而舒适的。

56. A 教师节那天，一个我教的学生代表给我送来了精美的礼物。
    B 图书馆使用录音电话办理续借，哪怕午夜想续借也没关系。
    C 入夏以来，特区政府为市民和游客举办了很多丰富多彩的活动。
    D 园林中的景物要源于自然，又高于自然，使人工美和自然美融为一体。

57. **A** 笑具有强身健体之功效，生活中倘若没有笑声，人就会生病。

B 这部分人根本不信神佛，但为地方习俗所累，又不得不随大流。

C 在匆匆忙忙的现代商业社会里，这则柔情广告似清泉，沁人心脾。

D 学校除必须让在校生扎实基础知识外，还让每人必须掌握一至两项技能。

58. **A** 他真希望有位同学冲将出来，与他争个高下；即使他一败涂地，也会为此而感到高兴。

B 大学生做小事琐事，可以让我们这些貌似成熟而其实并不成熟的人，有一个锻炼发展的机会。

C 傣族泼水节的时候，走到哪里能看到兴奋的人群，大家虽然全身都湿透了，但是依然兴致不减。

D 许多国家在倡导过"让每个家庭都拥有小汽车"以后，最后都实行了"公交优先"的交通管理模式。

59. **A** 如果这些重要的事项给最高管理层被汇集，管理层便能在对环境深入了解的基础上制定战略。

B 此砚不仅造型独特、样式美观，更具有高超的工艺和艺术价值，浓缩了那个时代所特有的人文情怀。

C 他们"望子成龙，望女成凤"心切，总希望自己的孩子是全班或者全年级甚至全校、全世界最优秀的。

D 有人在书中寻求力量，也有人在书中得到放松。记者在采访中发现，不少民众已经养成了睡前阅读的习惯。

60. **A** 中学生是长身体、长知识的时期，应当把精力集中到学习及求得德、智、体的全面发展。

B 大学时很自由，可以选择的东西很多，因此就有了更多的空想的时间，也有很充裕的时间读自己喜欢的书。

C 由于学生住得比以前分散，现在越来越多的中小学老师采用电话、电子邮件或短信等新方式和学生家长联系沟通。

D 把控制人口增长、提高人口素质作为我国一项长期基本国策，是使人民更快走上共同富裕的道路而作出的重大战略决策。

第 二 部 分

第 61 - 70 题：选词填至。

61. 研究发现，目前男性的择偶标准发生了很大_____，他们偏重_____头脑
敏锐、内心丰富的女性与他们共度_____人生。

    A 改变   挑选   雷雨   **B** 变化   选择   风雨
    C 巨变   选拔   坎坷   **D** 蜕变   选用   漫长

62. 有魅力的女人，通常有一份让人_____的工作，领着不菲的_____。但她
们却常常是小鸟依人，让男人不由自主地觉得自己很强壮，要将她们好
好_____。

    A 眼馋   收入   保护   **B** 羡慕   薪水   呵护
    C 嫉妒   工资   护理   **D** 艳羡   报酬   守护

63. 良好的口语交际能力，已成为现代人必备的_____，口语交际是在一定的
语言情境中相互_____信息的过程，是人与人之间交流和沟通的基
本_____。

    A 素质   传递   手段   **B** 品质   传授   手法
    C 品德   传播   途径   **D** 道德   传达   模式

64. 他像是飘在大地上的风一样，随意地往前行走。他经过的_____村庄与集
镇，尽管有着百般_____，然而却以同样_____的树木，同样_____的房
屋组成，同样的街道上走着同样的人。

    A 无数   姿态   颜色   形状   **B** 无限   形态   色泽   模样
    C 无穷   姿势   色彩   外形   **D** 无边   形势   彩色   外貌

65. 大学_____，江明这个瘦弱的小青年以江南人特有的聪慧_____。他那出
色的国文、外文，赢得了曲学大师吴梅的青睐，_____得到了陈寅恪教授
的欣赏。毕业后，他到了国学院，_____陈寅恪对门而居，任其助教。

    A 时期   一击即中   其实   和
    B 年代   清新脱俗   特别   在
    C 期间   脱颖而出   并且   与
    D 时代   出类拔萃   甚至   比

66. 川菜品种_____、味道多变，_____"一菜一格，百菜百味"的美誉。川
菜的这种独特的风格也_____国内外人们的青睐。许多人发出"食在中国，
味在四川"的_____。

    A 丰富   享有   赢得   赞叹
    B 多样   具有   招收   赞赏
    C 繁多   形成   吸引   赞扬
    D 丰满   达到   造成   赞美

67. 围棋对于中国人的意义已经远远_____了它的娱乐和体育功能。作为典型的中国文化现象，它的棋盘和棋子_____了中国传统社会的缩影。围棋_____天下之理，中国人所_____的"天人合一"的思想在围棋上也得到了很好的体现。

    A 超越   组成   包括   崇高

    B 超出   构成   包含   崇尚

    C 脱离   合成   蕴藏   崇敬

    D 摆脱   建成   概括   崇拜

68. 空气是大自然_____人类的无价之宝。人类和其他生物一刻_____离不开它。一个成人每天需要呼吸新鲜空气两万多次，吸入的空气量为15—20公斤，_____每天所食食物和饮水量的 10 倍以上。如果我们生活在烟雾_____的环境之中，空气中的有毒物质就会进入人体内，危害我们的健康。

    A 赠送   都   等于   充满

    B 赐予   也   相当于   弥漫

    C 给予   又   近似于   洋溢

    D 恩赐   却   类似于   缭绕

69. 打哈欠是人类的一种本能行为，非_____意志所能控制。当一个人受到劳累、睡意等因素的_____时，会引起相关分子大量分泌，进而引起"哈欠中枢"_____，随即向人体肌肉发出"指令"，有关的肌肉严格_____"指令"运动，于是，一个哈欠_____了。

    A 主观   刺激   兴奋   遵照   诞生

    B 客观   袭击   异常   采取   产生

    C 自身   打扰   快乐   贯彻   发生

    D 自我   麻烦   激动   服从   出生

70. 我们家山后面有栗子树，_____的。栗子快熟的时候_____毛毛球，你不上树打它，它不会下来。栗子熟了_____，就自己把口子张开。有时候熟透了，它就会自己掉_____。这时是最让人睡不着觉的时候。我就拿个篓子到栗子树下去_____栗子。

    A 到处都是   有点   之后   起来   拿

    B 漫山遍野   好像   以后   下来   捡

    C 荒山野岭   胜似   后来   下去   摘

    D 郁郁葱葱   不如   过后   过来   拾

第 三 部 分

第71-80题：选句填空。

71-75.

　　狼群在荒凉的雪地上奔跑，它们已经好几天没有吃到食物了。猎物就在前面，（71）_____，终于，一只狼扑向猎物，就在这一瞬间，后面的狼也赶到，猎物被咬死在地。

　　这时，分享猎物的行动开始了，首先，是最强壮的狼，即咬死猎物的狼先吃，然后是强壮的狼吃，（72）_____。如果食物不够吃，体弱的狼就吃不上食物。猎物一吃完，狼群又开始奔跑起来，（73）_____。

　　狼群就这样跑过漫长的冬季。

　　偶尔狼群吃饱了，它们也总是把尾巴夹得紧紧的，很少互相争斗，即使争斗，弱者也很快服输，夹着尾巴到另一边去了。（74）_____。一队狼群就这样奔跑着，虽然队伍中不时有狼倒下，但狼群依然奔跑着，始终充满了活力。

　　先强后弱是狼群的"分配原则"。因为，猎物总是跑在最前面的狼捕获的，没有它们，就不会有食物。（75）_____，如果这一部分狼跑不动了，也不会有食物，对这支狼群来说其结果是灾难性的。

A 狼群的目标始终是前方的猎物

B 向下一个猎物追去

C 跑在最前面的狼必须保持一定的体力

D 狼群拼命地追赶

E 最后才是身体瘦弱的狼

　　也许有人会说，世界上有那么多大湖，湖那么大，所以湖水不会干，人类不会缺水。(76) _____。在初二的语文书上有一篇文章叫《罗布泊，消逝的仙湖》，课文里提到：罗布泊，本有着丰富的湖泊，水面如镜，小鸟欢快地歌唱。我能想象，这是多么美妙的一幅画面，这是自然最纯、最美的一面。然而，令人惋惜的是，今天的罗布泊却成了一片沙漠。(77) _____。就连世界著名的内陆湖——青海湖，也逃不过这一劫。这一切，都是因为人类。

　　想一想，如果每个人用过水后关好水龙头，工厂减少水污染，人们多找出一些漏水的水管并加以维修，(78) _____！看着那些水哗哗地流，你难道不心痛吗？

　　朋友，不要说你做不到，其实一切都那么简单。把水想象成昂贵的化妆品和衣服，想象成一大笔钱，(79) _____、一个宝贵的工作机会，或者是我们的生命……或许这样，做起来就容易多了。朋友，关心一下我们身边的水资源吧！人不可一日无水，动植物不可一日无水，(80) _____。人，虽有自私的一面，但也有善良、感性的一面。闭上眼睛，仔细地倾听，你便会听到小草的呻吟、小花的哀叹，以及那水的求救声、哭声。

A 我们将节约多少水啊

B 然而，这却是一种错误的说法

C 生命和水之间其实是一个等号

D 或是想象成重点大学的录取通知书

E 从大湖变成沙漠，这不是一个神话，而是现实

第 四 部 分

第81－100题：请选出正确答案。

81－84.

人们喜欢用"左耳进，右耳出"来形容不听话的人。最新的科学研究显示，这句话还真有一定的道理，如果希望别人更容易接受你所传达的信息或是下达的指令，最好对着他的右耳说话。

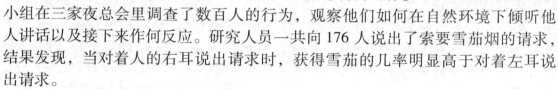

据英国媒体报道，这种现象被科学家称为"右耳优势"。右耳由左脑掌管，而左脑主要负责语言和逻辑思维，因此通过右耳传达的语言信息更容易被人接受。

意大利基耶提大学的科研小组进行了这项实验。研究小组在三家夜总会里调查了数百人的行为，观察他们如何在自然环境下倾听他人讲话以及接下来作何反应。研究人员一共向176人说出了索要雪茄烟的请求，结果发现，当对着人的右耳说出请求时，获得雪茄的几率明显高于对着左耳说出请求。

因此，意大利科学家得出的结论是，当进行语言交流时，存在着一种"右耳优势"，可以提高说话对象接受请求或者指令的意愿。

研究还显示，人类的左耳在接收诸如"我爱你"等甜言蜜语时比右耳来得敏锐，因此如果想对情人示爱，最好站在对方的左边。

81. 下列哪一项属于"左耳进，右耳出"？
   A 装着没听见　　　　　　　　　　**B** 听到了，但马上又忘记了
   C 左、右耳之间有通道　　　　　　**D** 以上都正确

82. 什么是"右耳优势"？
   A 因右耳负责输出信息　　　　　　**B** 人的左耳不太习惯接收命令
   C 人习惯用右耳接收信息或命令　　**D** 对着右耳下达命令更易被接受

83. "右耳优势"是哪国科学家发现的？
   A 英国　　　　　　　　　　　　　**B** 美国
   C 意大利　　　　　　　　　　　　**D** 德国

84. 产生"右耳优势"的原因是什么？
   A 因为左耳在不断的退化
   B 在自然环境下，右耳更敏感
   C 左耳可提高听话人接受指令的意愿
   D 掌管右耳的左脑负责语言和逻辑思维

85 - 88.

白领福利好、收入高、职位稳定，是令人羡慕的职业。但是令人羡慕的白领也有自己的苦恼，每月刚发完薪水，还完房贷及信用卡，添置些衣物，和同事朋友潇洒一回，一番冲动之后发现这个月的工资又"白领"了。为什么让人艳羡的白领精英会沦落到如此地步呢？这是因为这些白领的财务处于"亚健康"状态，他们之前没有及时地发现自己家庭存在的财务隐患，日积月累容易造成危机的爆发。

统计发现，白领阶层常见的财务隐患有：消费不健康、流动性不健康、家庭保障不健康、收入构成过于单一、获取投资收益的能力不足等。

那么，白领精英如何才能发现家庭财务隐患呢？目前网上的"理财体检服务"针对不同的客户需求推出三种理财体检套餐，分别为标准理财体检套餐、精英理财体检套餐、贵宾理财体检套餐。其中，标准套餐包括6项理财指标诊断，可以解决一般家庭的财务诊断需求；精英套餐包括10项理财指标诊断，可进一步细致地诊断家庭的财务健康状况；贵宾套餐包括14项理财指标诊断，将对客户的家庭财务进行全面的诊断。专家建议一般3至6个月需要对自己的家庭财务进行一次诊断。另外，当家庭财务出现重大变化时，比如买房、买车等大额支出或奖金收入、项目分成等大额收入，这时也需要对家庭财务重新进行一次理财体检。

85. 根据上文，白领有什么苦恼？
　　A 工作非常辛苦　　　　　　　　B 福利不怎么样
　　C 体检机制不完善　　　　　　　D 许多人有财务危机

86. "理财体检服务"有什么特点？
　　A 需要提前预约　　　　　　　　B 可以免费体验半年
　　C 专为公司财务设计　　　　　　D 包含多种体检套餐

87. 针对家庭理财，专家的建议是：
　　A 要买保险　　　　　　　　　　B 要制定消费计划
　　C 定期进行财务诊断　　　　　　D 在大额支出前咨询专家

88. 关于白领，下列哪项正确？
　　A 投资能力不足　　　　　　　　B 喜欢网上购物
　　C 收入来源较多　　　　　　　　D 许多人处于亚健康状态

89－92.

太空垃圾，主要由滞留在太空的废弃卫星和火箭残体（又称空间碎片）构成，还包括天然流星体。它们不仅对地面的人类造成危害，还威胁到在太空中飞行的航天器的安全。

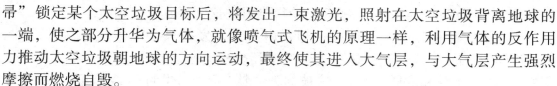

有没有办法清除掉太空垃圾呢？经过多年的研究探索，科学家们已经找出了一些清除太空垃圾的方法。

美国航空航天局正在试验一种"激光扫帚"，它主要针对直径1—10厘米的太空垃圾。"激光扫帚"锁定某个太空垃圾目标后，将发出一束激光，照射在太空垃圾背离地球的一端，使之部分升华为气体，就像喷气式飞机的原理一样，利用气体的反作用力推动太空垃圾朝地球的方向运动，最终使其进入大气层，与大气层产生强烈摩擦而燃烧自毁。

英国科学家发明了一种专门清理大型太空垃圾的人造"自杀卫星"。这种自杀式卫星体积只有足球那么大，重6公斤，制造和发射的全部费用不到100万美元。它配备4台小型摄像机，能十分容易地发现太空垃圾。它一旦侦察到太空垃圾，便依附在垃圾上，使其速度降低，最后进入大气层，与太空垃圾同归于尽。

目前，人们把上述这类工具形象地统称为"太空清洁工"。虽然这类工具多数还处于试验阶段，但相信随着技术的进步和环保意识的提高，在不久的将来，太空垃圾问题将逐步得到缓解。

89. 上文介绍了几种太空垃圾清理办法？
   A 1 种　　　　　　　　　　　　　B 2 种
   C 3 种　　　　　　　　　　　　　D 4 种

90. 下面哪一项不属于太空垃圾？
   A 滞留在太空的废弃卫星　　　　　B 空间碎片
   C 在太空中飞行的航天器　　　　　D 天然流星体

91. 关于人造"自杀卫星"，哪一项是错误的？
   A 用来清理大型太空垃圾　　　　　B 体积很小，只有足球那么大
   C 配备了摄像机，容易寻找太空垃圾　D 能够依附在太空垃圾上，降低速度

92. 关于太空垃圾，下列哪一项是错误的？
   A 主要由废弃卫星、火箭残体、天然流星体构成
   B 危害到人类和在太空中飞行的航天器
   C "激光扫帚"可以清理所有太空垃圾
   D 清扫太空垃圾的工具被称为"太空清洁工"

中国最早的点心已不可考究，但至迟在 2500 年前的《楚辞》里已有记载。《楚辞·招魂》中记录了从主食到菜肴，以及精美点心、酒水饮料等 20 多个品种的楚地名食。从一些诗歌或历代生活纪录中得知，今日的点心，大部分是由古时的小吃渐渐演变，不断改进而来的，不过当时所用的名称并不是现代人所熟悉的一套。点心的蓬勃

发展时期则是从上世纪 20 年代初才真正开始的。当时满清后人不用工作，终日在饮食场所打发时光，致使酒楼、茶馆数目激增。各大茶馆、酒楼纷纷争奇斗巧，推出不同花样的点心吸引顾客，使得当时的饮食极其繁复精致。

点心虽然不是广东人发明的，却是由广东人发扬光大并传往世界各地的。从清代同治年间开始，广东商人便喜欢聚到茶楼，一边谈生意，一边品尝"一盅两件"（一碗茶和两样点心），这被称为"饮茶"。广州的"二厘馆"（即每位二厘钱）茶楼清末就已存在，这种茶馆一般用粗制绿釉壶泡茶，还供应松糕等价廉物美的"茶点"。广东人对点心有着特殊的感情，就算是到大酒楼吃盛宴，最后都会用几种点心作为漂亮的"闭幕曲"。

四川人也讲究饮茶，多以吃清茶为主，茶食不多，喜欢在茶馆东拉西扯地"摆龙门阵"。在人来人往的茶馆中一边品饮盖碗茶，一边随心所欲地闲聊，同时吃着茶点、看着曲艺表演，享受那份悠然、闲散和漫不经心，实在是人生乐事。

江南人也有上茶楼吃点心、和朋友小聚的风俗。汪曾祺在《故人往事》中说："摆酒请客，过于隆重。吃早茶则较为简便，所费不多，朋友小聚，洽谈生意，大都是上茶馆；间或也有为了房地纠纷到茶馆来'说事'的，有人居中调解，有人明辨是非，被称为'吃讲茶'。"如此看来，江南的这一习俗与广东人的"饮茶"实在非常接近。

93. 喜欢在宴席最后安排些点心的是：
    A 满清人　　　　　**B** 广东人　　　　　**C** 四川人　　　　　**D** 江南人

94. 四川人去茶馆主要做什么？
    A 品尝点心　　　　**B** 打发时光　　　　**C** 调解纠纷　　　　**D** 洽谈生意

95. 根据上文，下列说法正确的是：
    A 点心至少已有 2500 年历史　　　　**B** 江南的饮茶风俗来源于广东
    C 四川茶馆供应的点心很精致　　　　**D** "二厘馆"得名于供应两样点心

96. 最适合做上文标题的是：
    A 茶馆里的众生相　　　　**B** 小小点心大用途
    C 点心点缀的多彩人生　　　　**D** 花样繁多的点心习俗

97 - 100.

　　传统上日本人见面问候，互不接触身体，也没有握手的习惯，而大多以鞠躬的形式表达问候，即"先礼后语"。

　　鞠躬时男性的双手一般放在两侧裤线的位置或大腿前。女性的双手则一定要放在大腿前。在日本，低头具有"缩小"自己，敬仰、尊重对方的含义。一般来讲，面对长辈或上司时，要主动鞠躬，而对自己家人或是朋友时，微微鞠躬即可。

　　鞠躬所持续的时间也很重要。一般年轻者、身份低者和女性要先向长者、身份高者及男性鞠躬。同时，鞠躬持续的时间一般要长于长者、身份高者及男性，有时交际的双方都想在鞠躬时间上超过对方，以表示敬意。在不明确对方身份的情况下，为了不失礼，最好的办法就是鞠躬，这样可以使自己表现得谦逊一些。

　　日本人在鞠躬的角度上十分讲究，这与对方的年龄、身份、性别以及对对方的尊敬程度有关。一般来说，鞠躬的角度越大，所表示的尊敬程度越深。鞠躬时身体的角度一般为 10 - 15 度左右，最深为 90 度。例如，5 度的鞠躬表示"你好"等较为简单的问候和打招呼；15 度的鞠躬则表示"早上好"、"您好"等性质的问候、打招呼以及对十分亲密的人表示同情、理解等亲切之意；30 度的鞠躬则表示比较正式的打招呼以及对长辈、客人、年长者、老师等的问候，还有对人有所求等含义；45 度的鞠躬则表示非常正式的打招呼以及对长辈、客人、年长者、老师等的比较正式的问候，有时表示对自己过失的歉意或承认错误等意义。

97. 根据上文，与日本人初次见面应怎样问候？
    A 握手　　　　　　　**B** 拥抱　　　　　　　**C** 鞠躬　　　　　　　**D** 点头

98. 第一次去日本人朋友家里做客时，鞠躬的角度为多少比较合适？
    A 5 度左右　　　　　　　　　　　**B** 15 度左右
    C 30 度左右　　　　　　　　　　**D** 90 度左右

99. 在不明确对方身份的情况下，哪种做法是不合适的？
    A 主动鞠躬　　　　　　　　　　　**B** 可以握手
    C 鞠躬的角度最好是 30 度　　　　**D** 鞠躬的时间最好长于对方

100. 有关鞠躬，不正确的说法是：
    A 男性的双手一定要放在两侧裤线位置
    B 女性的双手一定要放在大腿前
    C 面对长辈或上司时要主动鞠躬
    D 鞠躬角度越大表示的尊敬程度越深

三、书 写

第 101 题：缩写。

(1) 仔细阅读下面的这篇文章，时间为 10 分钟，阅读时不能抄写、记录。
(2) 10 分钟后，监考收回阅读材料，请你将这篇文章缩写成一篇短文，时间为 35 分钟。
(3) 标题自拟。只需复述文章内容，不需加入自己的观点。
(4) 字数为 400 左右。
(5) 请把作文直接写在答题卡上。

　　尼克的父亲早逝，他和哥哥以及母亲相依为命。哥哥每天都帮母亲干活，减轻母亲的负担，而尼克就知道整天东奔西跑。有一天，哥哥见尼克又要跑出去玩，便将他堵在了门口，哥哥希望他留在家里做点什么。尼克告诉哥哥他并不是无所事事，而是在忙自己的事。哥哥问他在忙什么事，尼克说他要用玻璃瓶建造一座城堡。

　　哥哥听了大吃一惊，问尼克："你知道建造一座城堡需要多少个瓶子吗？"尼克说需要两万个。哥哥告诉尼克，两万个瓶子可不是个小数目。尼克说："我能捡到两万个瓶子。一天一天地捡，一年一年地捡，两年、三年或者五年，我一定能捡到这么多瓶子。"哥哥说："你去捡吧！"哥哥不相信尼克，尼克也许能坚持十天半个月，但绝对坚持不到捡到两万个瓶子。就算尼克真的捡到了两万个瓶子，他也不可能用它们建造一座城堡。

　　哥哥觉得尼克是个傻瓜，正在干一件愚蠢的事情。哥哥想以后就让尼克去捡他的瓶子吧，他多帮帮母亲就是了。到时候尼克建不出城堡，看他怎么收场。

　　上学、放学的路上，尼克一路找瓶子；逛街的时候，尼克满街找瓶子。只要有空，尼克就溜出家门，四处找瓶子。大大小小、五颜六色的瓶子尼克都捡回来。尽管尼克很努力很勤快，可是每天也只能捡到几十个瓶子，尼克把它们堆放在屋后。

　　人们看到尼克每天四处翻捡瓶子，便问他要干什么，尼克说他要建造一座城堡。人们听了都大笑起来，劝尼克放弃，说他不可能捡到两万个瓶子，不可能建造一座城堡。

　　对于人们的两个"不可能"，尼克不以为然。

　　有人将尼克捡瓶子建造城堡的事告诉了他母亲，母亲听了很生气。尼克一回家，母亲就拉过他教训道："你是不是在捡玻璃瓶子？"尼克回答是。母亲说："你想用玻璃瓶建造一座城堡？我告诉你，这是不可能的事。在此之前，没有人这么做过。你知不知道，玻璃瓶一不小心就会碎，会划伤你的手。你不能像哥哥那样帮我做点什么就算了，但不能给我添麻烦！"

母亲的话尼克没有放在心上，他不怕瓶子划伤手，依然继续捡他的瓶子。他想，现在所有的人包括母亲都不相信他能建造一座城堡，那么，他就更不能放弃，一定要用瓶子建造一座城堡给大家看看，让大家知道，所谓的"不可能"其实是可以实现的。

　　两年半之后，尼克终于捡够了两万个瓶子。面对堆得像一座山一样的瓶子，尼克露出了笑容，他告诉哥哥他下一步就开始建造城堡。哥哥听了一笑，想尼克虽然能坚持捡够两万个瓶子，可是不可能用它们建造出一座城堡，因为还没有用瓶子建造城堡的先例，况且瓶子是光滑的，一放上去就会掉下来摔碎。要用它们建造出一座城堡，简直就是天方夜谭。

　　正如哥哥所想的那样，开始的时候尼克将瓶子一放上去，瓶子就立即滑下来摔得粉碎。哥哥担心尼克受伤，便劝他放弃。尼克哪里肯放弃，继续用瓶子建造城堡，他想瓶子摔碎了可以再捡，城堡垮塌了可以再建。

　　瓶子不断地摔碎，城堡不断地垮塌，可是尼克的信心没有破碎，梦想没有垮塌。经过半年的努力，尼克终于用两万个瓶子建造出了一座坚固的城堡，不怕风吹，不怕雨打。

　　阳光下，城堡熠熠生辉，吸引了远远近近的人来参观。尼克的城堡随之广为人知，尼克也一举成名。这时，尼克的母亲在家门口摆摊卖起了各种小吃，生意十分火爆。收入增加了，尼克一家的生活状况也随之改变。

　　十几年后，尼克成为一名著名的设计师。由他设计的建筑，每一座都让人为之惊叹。有人问他为何能设计出与众不同的建筑，他提到了小时候建造城堡的事，他说："只要敢想、敢做，就没有任何做不成的事，因为梦想从不卑微。"

新汉语水平考试
HSK（六级）

试 卷 九

注　　意

一、HSK（六级）分三部分：

    1. 听力（50题，约35分钟）

    2. 阅读（50题，50分钟）

    3. 书写（1题，45分钟）

二、听力结束后，有**5分钟填写答题卡**。

三、全部考试约140分钟（含考生填写个人信息时间5分钟）。

中国　北京

一、听 力

第一部分

第1-15题：请选出与所听内容一致的一项。

1. A 父亲是儿子的榜样
   B 父母要多和孩子沟通
   C 父亲对儿子要求不高
   D 男孩更需要母亲的照顾

2. A 举一反三不可取
   B 大家都会举一反三
   C 工作需要举一反三
   D 举一反三是指按经验办事

3. A 紧张时说话速度很慢
   B 面试时说话声音要大
   C 面试时不能出现太多语气词
   D 考官说话很专业

4. A 漫画开始衰落了
   B 漫画的内容很简单
   C 漫画有较强的社会性
   D 漫画是专门给孩子看的

5. A 温泉对一些病症有作用
   B 温泉对人们没什么作用
   C 温泉温度在30度以下
   D 温泉对所有人都有好处

6. A 遇事要冷静
   B 性格决定命运
   C 做事情要有针对性
   D 机会偏爱有准备的人

7. A 成功和漂亮没关系
   B 我不会买很贵的衣服
   C 穿漂亮衣服会让我自信
   D 好身材会让人变得自信

8. A 中国队永远胜利
   B 中国队很厉害
   C 中国语言很奇妙
   D 美国朋友很厉害

9. A 很多人反对"晒工资"
   B 女人的年龄不再是秘密
   C 越来越多的人在网上购物
   D 有人在网上公布自己的收入

10. A 要避免高谈阔论
    B 阅读可以消除寂寞
    C 有经验才能把握整体
    D 人们经常会感到孤独

11. A 喝茶都要准备红糖
    B 喝茶有一定的讲究
    C 喝茶时一定要用勺子
    D 敬茶时杯把没有讲究

12. A 志愿者也需要帮助
    B 老年人喜欢做志愿者
    C 大部分志愿者是学生
    D 做志愿者有益身心健康

13. **A** 有些警察很危险
    B 警察的工资很高
    C 警察有很大的压力
    D 警察不用担心自己的安全

14. **A** 她受观众喜爱
    B 人们不认识她
    C 她毕业后才演戏
    D 她的生活很丰富

15. **A** 哭泣有利于健康
    B 脾气好才能身体好
    C 及时发脾气有利于长寿
    D 这项研究主要针对孩子

第 二 部 分

第 16－30 题：请选出正确答案。

16. A 写作
    B 绘画
    C 图片摄影
    D 电影和电视广告

17. A 介绍平遥文化
    B 交流摄影经验
    C 发展地方旅游经济
    D 向国外介绍中国摄影师

18. A 与专家讨论
    B 举办摄影展览
    C 组织摄影比赛
    D 白天拍摄，晚上上课

19. A 非常好
    B 还可以
    C 缺少经验
    D 距离生活较远

20. A 没去过山西
    B 刚开始从事教学工作
    C 以前参加过平遥摄影节
    D 觉得自己有一些艺术天分

21. A 台球
    B 篮球
    C 足球
    D 太极拳

22. A 教科书
    B 人物画
    C 新报纸
    D 连环画

23. A 春节后
    B 大年三十
    C 大年初三
    D 十一假期

24. A 如何带球队
    B 做人的道理
    C 如何踢足球
    D 不怕失败的精神

25. A 非常严厉
    B 非常慷慨
    C 非常小气
    D 非常强势

26. A 因为冬天海水过于寒冷
    B 因为那时候深圳十分特别
    C 因为所有的亲朋好友都反对
    D 因为即将面对一个未知的环境

27. A 现在是一名处级干部
    B 她喜欢原来的工作
    C 她愿意接受新事物
    D 她支持丈夫的决定

28. **A** 没有找到投资的人

    B 互联网行业不景气

    C 管理层只有两个人

    D 经营品种过于单一

29. **A** 美商网

    B 中国企业网

    C 8848 网

    D 深圳地产网

30. **A** 1999 年

    B 2000 年

    C 2001 年

    D 2002 年

第 三 部 分

第 31-50 题：请选出正确答案。

31. **A** 从不结果
    B 没有枝丫
    C 不长叶子
    D 就一棵树

32. **A** 海洋沿岸
    B 冰冷地区
    C 温带湿热地区
    D 热带沙漠地区

33. **A** 叶
    B 根
    C 果实
    D 树干和枝

34. **A** 长期稳定
    B 有阶段性变化
    C 经常变化
    D 随年龄增长而改变

35. **A** 微弱
    B 洪亮
    C 深沉
    D 好听

36. **A** 身高体型
    B 教育程度
    C 兴趣爱好
    D 从事什么职业

37. **A** 很担心
    B 很开心
    C 很讨厌
    D 无所谓

38. **A** 步行
    B 坐公车
    C 骑自行车
    D 坐三轮车

39. **A** 让我先走
    B 让我停下
    C 等我一起走
    D 牵我的手

40. **A** 超过 1 岁
    B 眼睛很大
    C 还不会说话
    D 不喜欢做游戏

41. **A** 3
    B 5
    C 7
    D 8

42. **A** 语言表达
    B 社交判断
    C 帮助他人
    D 团队合作

43. A 天生
   B 学习
   C 实验
   D 实践

44. A 没有力气
   B 已经习惯了
   C 铁链拴得太牢固
   D 怕受到驯象人惩罚

45. A 摔了一跤
   B 让小虎从小吃素
   C 让老虎知道了肉味
   D 将老虎拴在一根小柱子上

46. A 要改变习惯
   B 不能相信老虎
   C 不能过分相信习惯
   D 习惯有好的也有坏的

47. A 散步
   B 聊天
   C 打球
   D 午睡

48. A 防晒
   B 补充水分
   C 避免出汗
   D 强度不能太大

49. A 节约用电
   B 做好工作计划
   C 去健身房锻炼
   D 利用午休时间整理办公桌

50. A 午睡的重要性
   B 如何改善工作环境
   C 怎样预防办公室疾病
   D 夏日午后白领怎样调节身心

二、阅 读

第 一 部 分

第 51－60 题：请选出有语病的一项。

51. A 点饮料的时候，选择一杯鲜榨的雪梨汁不如。
    B 听到广播后，女孩的父亲连忙跑去寻找列车员。
    C 在这个经济不稳定的时代，公务员是最稳定的职业。
    D 俗话说"情人眼里出西施"，所以在相爱的人之间会觉得对方很好看。

52. A 中国画基本上可以分为三类：人物画、山水画、花鸟画。
    B 河水的来源除了地下水之外，还有雨水也是它的来源之一。
    C 很多人都同意的不见得就是对的，真理往往掌握在少数人手里。
    D 《三字经》自南宋以来，已有 700 多年历史，可谓家喻户晓，脍炙人口。

53. A 田径和游泳，本来就是体育比赛中两个最基础的项目。
    B 文字有一种不能代替的优势，那就是它能够激发内心的想象。
    C 市民只要掌握事实，自然就有辨别是非的能力，不会过分恐慌。
    D 她自从来进了山，就对这片陌生、安静的山里世界产生了浓厚的兴趣。

54. A 台风给沿海居民的生活造成了很大的损失严重。
    B 语文学习不是一朝一夕的事，只有多读多写，才能真正学好语文。
    C 因为第一印象是最初的感觉，所以新鲜，引人注目，也容易记住。
    D 生命不是一场赛跑而是一次旅行。比赛在乎终点，而旅行在乎沿途风景。

55. A 我喜欢别人说我长得像刘欢，因为我特别喜欢他的歌。
    B 我将喜欢放在心底，因为我知道有很多比这个重要得多的事。
    C 毕业后他们一起来到这个陌生的小城打拼，生活得都不太理想。
    D 我为这次冒险而感到兴奋，这兴奋是从束缚摆脱出来的那种感觉。

56. A 这个 28 岁的大学生以近 98% 的高得票率，当选了乡长职位。
    B 我每次跟朋友们说起，我曾在这家机构任职五年，大家都觉得难以置信。
    C 处罚的力度将比之前媒体所报道的还要重，不是 5 场，而可能是 8 场。
    D 一个好的女人在遇到自己喜欢的男人时，应该先了解对方是否适合自己。

57. A 内地顾客多了，为了方便，香港的珠宝店开始接受人民币付款。

B 他是位好干部，得到了人民的拥戴，并安排他担任了县长的职务。

C 北京是一座历史古城，还有北京又是正在迅速发展的现代化大都市。

D 广东地方传统剧种在农村市场已日趋冷清。取而代之的却是黄梅戏。

58. A 虽然有缺点，但他是一个对生活无比热爱的人，总比那些对生活失掉信心的人可爱得多。

B 他这次访问日本，就是要同日本各界人士共同探讨如何进一步巩固和发展中日友好关系。

C 刚一走进教学楼，人们就看到走廊两边的墙壁上已经挂满了关于澳门历史的图片和宣传画。

D 只要我们的"鹰眼"搜索、观测技术系统能够研究成功，才能极大地提高和扩大飞行员的视野。

59. A 人应该善待自己，善待自己的最好办法是善待别人，善待别人的最好办法是宽容别人。

B 秦皇岛是第29届奥运会足球比赛的分赛场，地处温带季风区的地方，濒临渤海，气候清爽，是理想的避暑胜地。

C 我国森林面积不大，天然林面积约占全国总面积的10%，集中分布在东北、西南、西北等边远山区及华南山区。

D 实施载人航天工程，对于一个国家政治、经济、科技、国防和社会发展诸多方面有着重大的现实意义和深远的影响。

60. A 春节前，很多人都要回家过年，所以火车、汽车的生意特别好，可是服务却比以前差了很多。

B 读了大半辈子书，倘若有人问我怎么选择一本书，我一定会毫不犹豫地回答：快乐是基本标准。

C 即将建成的水库，不仅能促进本地区工农业的发展，改善航运条件，而且还能起到防洪供水、调节气候的作用。

D 大禹治水的故事家喻户晓，但人们多是把大禹看作一个治水的英雄，实际上大禹最大的功能是，他是中国第一个民族国家——夏王朝的奠基人。

第 二 部 分

第61－70题：选词填空。

61. 我们要学会＿＿＿＿自己的心情，而不是让别人决定你的心情，要＿＿＿＿自己对别人坏情绪的"免疫力"，只有这样才能每天＿＿＿＿一份好心情。

    A 支配   减少   得到   **B** 控制   加强   拥有

    C 限制   增强   享受   **D** 掌握   减弱   充满

62. 人各有志，人一辈子只能做一件事。弃了笔的作家，也许值得＿＿＿＿，但我以为＿＿＿＿不值得怜悯，因为他这样做就已经＿＿＿＿他一生没有力量完成文学这件事。

    A 悲哀   省得   提醒   **B** 惭愧   不免   答应

    C 可怜   免得   欺骗   **D** 羡慕   未尝   承认

63. 长江是中国最长的河流，她是＿＿＿＿中华民族古老文明的摇篮。长江之水源于青藏高原沱沱河，河道非常＿＿＿＿，自西向东，横向穿越中国大地。一年四季，永不＿＿＿＿地直奔东海。

    A 孕育   曲折   停止   **B** 培育   歪曲   停滞

    C 养育   弯曲   停顿   **D** 生育   转折   停歇

64. 电影和城市有密切的依存关系：城市是电影的经济支撑和场地＿＿＿＿，而电影对促进城市旅游、城市文化以及城市和企业的＿＿＿＿有着非常重要的意义。用电影引领城市，可以强化城市文化功能，营造＿＿＿＿的城市文化氛围，提升城市的知名度和美誉度，从而＿＿＿＿城市综合竞争力。

    A 根源   宣布   和平   增添

    B 根据   传达   和蔼   提炼

    C 基础   介绍   和睦   推广

    D 来源   宣传   和谐   增强

65. 过了70岁，奶奶脸上的皮肤依然白皙，偶尔她还会＿＿＿＿地绣一对漂亮的枕套，洁白的棉布底子上是大朵大朵盛开的牡丹。她＿＿＿＿保持着神秘，那＿＿＿＿传闻已久的结婚照，央求多次她都不肯拿＿＿＿＿给我看。

    A 知足常乐   开始   面   过来

    B 自娱自乐   始终   张   出来

    C 自力更生   一直   幅   起来

    D 朝气蓬勃   最终   片   出去

66. 大多数人失败并非由于他们才智平庸，也不是因为_____不好，而是由于没有保持一种_____的心态，才使得自己最终无法触摸到_____的终点线。与其说他们是在与别人的竞争中失利，_____说他们败给自己不成熟的心态。

    A 能力   良好   权力   那么

    B 运气   健康   成功   不如

    C 感情   愉快   胜利   但是

    D 背景   自然   命运   或者

67. 提高人际交往能力，_____要培养对社会情况的分辨能力和提高对他人心理_____的观察能力，_____艺术手段，尤其是音乐活动，也能_____人际交往。

    A 必须   现状   通过   进行

    B 除了   状态   借助   促进

    C 除非   情况   辅助   改进

    D 务必   状况   借鉴   改善

68. 随着环保概念不断深入人心，动物皮草已经不再是炫耀奢华的_____，_____的是同样具有高贵气质的仿皮草材料。仿真的材质、适中的价格，加以最_____的款式，仿皮草成为越来越多爱美_____的新宠。

    A 时装   优胜劣汰   完美   人物

    B 潮流   供不应求   时髦   人员

    C 装饰   取而代之   时尚   人士

    D 象征   层出不穷   新颖   人才

69. 媒体上时常报道，一些老年人仅为_____便宜，_____上当受骗，_____了巨款，吃了大亏。我们真的应该始终牢记世上没有免费的午餐，当有人满脸笑容向你_____买他东西时，你想想他如此_____，加上他的吆喝，你买到的能是便宜货吗？

    A 拿   频繁   损害   推销   拼命

    B 占   屡次   亏损   推出   使劲

    C 得   频频   损伤   推广   吃力

    D 贪   屡屡   损失   推荐   卖力

70. 在老师的_____、同学们的鼓励下，他_____了信心。他从此下了_____：一定要考上大学。经过一年的奋战，终于_____了。

    A 教导   坚强   恒心   得偿所愿

    B 教诲   加强   狠心   事与愿违

    C 指导   充满   苦心   美梦成真

    D 教育   坚定   决心   如愿以偿

第 三 部 分

第71-80题：选句填空。

71-75.

在汉字里，"爱"是十画，"恨"是九画，爱比恨多一点。组合家庭，就应该珍惜这来之不易的温情，不能只在两情相悦的时候，恨不得把天下最好的东西都给对方；而当爱情之舟驶入港湾后，激情减退了，一切习惯了，(71)_____。人应该不断地充实

自己，完善自己，合伙建立爱情银行。每一次奉献、每一个友好的动作、每一句亲切的关怀，就相当于给自己的爱情银行里存入了一笔费用，生活就会对人绽开笑脸，家庭就会奏出幸福的音符。(72)_____，都相当于在爱情银行里的一次透支，必然会在生活中付出相应的代价。狭隘、自私、绝情……透支越多，家庭的幸福感越差，情感越淡薄，甚至变爱为恨。有透支不可怕，只要及时补上，(73)_____。

人无完人，无一例外。在家庭的天平上，爱是包容，没有职位的高低，平等是基础。若能居高位而不寒是为慈，博才勤劳而不骄是为德，慈德相容，家庭稳固。愿每一个家庭都管理好自己的爱情银行，(74)_____，在姻缘关系中不断修炼自己，提升自己。多点宽容少点狭隘，多点付出少点计较，多点关心少点冷漠，(75)_____，这堪称幸福的真谛。只有当自己真成了另一半永远走不出的一道风景，爱情之花常开常艳，家庭才会永远幸福美满。

A 驾驶好婚姻小推车

B 多点温情少点抱怨

C 而每一次刻薄、每一个粗鲁的动作、每一句霸道的恶语

D 照样能够情深意切

E 只把眼光盯在对方的不足和缺点上

水，对我们很重要，人可以七日不进食，(76)_____。然而，又有多少人了解，全球有20亿人正处于严重缺水的状态，而全世界每年因喝了不干净的水而死亡的儿童就有5000万，细细算来，(77)_____，这是一个多么巨大而惊人的数字。

水正在一天天地从地球上消失，沙漠正一点点地取代着水的位置，其实每个人都知道，地球虽然到处是水，(78)_____，就连小孩子也知道世界是缺水的。然而，人类终究是自私的，为了自己的利益、自己的方便，向河湖中排放污水，扔入生活垃圾，或是任由一滴滴的水滴下来。想一想，如果一年到头水不断地往外流，(79)_____。记得小时候，我很喜欢去有河的地方，因为那里的风很凉爽，水很清澈，一阵风飘过，还会有一种淡淡的说不出的香味。而现在，我很少到河边去，不仅仅是因为没时间，更多的是因为河水让我感到惧怕，(80)_____。河面上，时而漂浮着几个食品包装袋；河岸边，一个个妇女蹲坐在台阶上洗衣服。而那些人哪里知道，这样虽图了一时的方便，却最终危害了人类自己，如果大量的水资源遭到污染，我们又将如何生存？

A 但实际能被人类利用的淡水只有0.3%

B 每天便会有近14万的儿童死亡

C 但不可一日无水

D 一个个排污管道赫然在目，黑色的污水不住地往外流

E 那么被浪费的水量将令我们目瞪口呆

第 四 部 分

第81-100题：请选出正确答案。

81-84.

某地近日惊现雪地奇景，一场大雪过后，当地居民在一处开阔的平原地区发现了几十个像卷轴一样的"雪滚轴"，就好像是有人像卷地毯一样将雪卷起来了一样。刚开始人们还以为是小孩子们的恶作剧，但是在这附近并没有发现任何人的脚印，后来甚至有人认为这一定是外星人弄的。那么，这些"雪滚轴"究竟是怎么一回事呢？

12月的某一天，当地的消防员在下班回家的路上，发现了雪地上一个个像卷轴一样的东西，十分惊讶。因为早上上班的时候它们还没出现，一定是在短短几小时的时间里形成的。随后他下车走近观察这些"雪滚轴"，发现它们每个都有大约60厘米高，而周围一个人类的或动物的脚印也没有。

这个消息一传开，立即引来大批当地居民去看个究竟，他们都惊叹这一奇景，纷纷议论它们到底是怎样形成的。最终，气象学家表示，这其实是一种非常罕见的自然现象。

想要形成这样的"雪滚轴"，温度、湿度、风速和地势条件缺一不可。此次这里出现这么多"雪滚轴"实在是非常难得，许多从事气象学研究的科学家也是头一次见到。

81. 最开始人们发现"雪滚轴"时，认为是谁做的？
    A 外星人　　　　　　　　　　B 行人
    C 大风　　　　　　　　　　　D 孩子

82. 这个奇景是由谁发现的？
    A 一个消防员　　　　　　　　B 路过的孩子
    C 要饭的老人　　　　　　　　D 外出的妇女

83. 气象学家表示，"雪滚轴"：
    A 不可能出现　　　　　　　　B 极其少见
    C 是人为制造的　　　　　　　D 非地球人所为

84. 当听到"雪滚轴"的消息后，当地居民：
    A 伤心　　　　　　　　　　　B 担心
    C 吃惊　　　　　　　　　　　D 无奈

头发对人来说，是司空见惯的，但头发却拥有奇妙的变化。在世界上，人的头发由于种族和地区的不同，有乌黑、金黄、红褐、红棕、淡黄、灰白，甚至还有绿色和红色的。科学研究证明：头发的颜色同头发里所含的金属元素的不同有关。

黑发含有等量的铜、铁和黑色素，当镍的含量增多时，就会变成灰白色。金黄色头发含有钛，红褐色头发含有钼，红棕色的除含铜、铁之外，还有钴，绿色头发则是含有过多的铜。在非洲一些国家，有些孩子的头发呈红色，是严重缺乏蛋白质造成的。

一般人的头发约有 10 万根左右。在正常情况下，头发每日生长约 0.3 毫米，3 天长 1 毫米左右。阳光照射能加速头发生长。每根头发的寿命一般为 2 至 4 年，最长的可达 6 年。假如连续 50 年不理发的话，头发可长至 6 米以上。据说，印度有一个僧侣院院长史华美，头发竟长至 7.9 米，是世界上头发最长的人。

头发除了使人增加美感之外，最重要的它还是头脑的"天然卫士"。夏天可防烈日，冬天可御寒冷。细软蓬松的头发具有弹性，可以抵挡较轻的碰撞，还可以帮助头部汗液的蒸发。

如头发大量脱落，就是一种病态，而且大多发生在有全身性疾病的情况下，如得了急性传染病，像伤寒、猩红热，或患了慢性病如结核病、贫血、糖尿病和内分泌紊乱，以及局部皮肤发生病变，如斑秃、脂溢性皮炎等，都可引起脱发。

85. 普通人对于头发：
    A 非常关注　　　　　　　　B 漠不关心
    C 平常对待　　　　　　　　D 十分好奇

86. 各种颜色的头发差异在于：
    A 元素构成不同　　　　　　B 营养物质不同
    C 元素含量不同　　　　　　D 颜色成分不同

87. 头发一个月大约可以长多长？
    A 0.3 毫米　　　　　　　　B 1 厘米
    C 1 毫米　　　　　　　　　D 3 毫米

88. 头发最主要的作用是：
    A 抵御寒冷　　　　　　　　B 防止皮炎
    C 增加美感　　　　　　　　D 防止头部受创

89 – 92.

关于上海市老年人图书阅读和消费状况的抽样调查显示，以阅读为主线来丰富业余生活的老年人，男性多于女性。70 岁到 80 岁年龄层的读者最多，占总数的 50%，并向两头递减。这部分读者一般都有大量的空闲时间，对社会发展保持一定的关注度，希望通过阅读来提高生活质量、丰富业余生活。而 70 岁以下的老年人还有相当一部分人仍在继续从事某种工作，阅读比例没有想象中的高。

从退休收入来看，被调查者中退休月收入达到 2000 元到 2500 元的占 62%，2000 元以下的占 24%，2500 元以上的占 14%。这说明上海城市社会福利体系比较完善，喜欢阅读的老年人拥有比较坚实的物质基础和生活保证，具备一定的图书购买力。

80% 以上的老年人每年通过订阅相对价廉的报纸杂志来了解国内外时事、科技新知识、文化新动态。大部分老人表示，只在必要时才会购买图书。大概有 30% 的老年读者有不定期去书店购书的习惯，图书价格和自己的承受能力是决定老年人购买选择的因素。

大多数老年读者还是认为图书馆是阅读书籍最好的去处，而一些具有较高信誉度和可信度的报亭和小区附近的新华书店，是买书购刊的首选。大多数老年读者对于网络购物显示了不信任，喜欢上网的老年读者主要是看新闻、看电影和玩游戏。

老年人对阅读的要求、意见最集中的是：报纸、杂志、图书的字号太小，最好选择 5 号字以上，行间距要宽于一般出版物，版式简明宽松即可，不需要很繁杂的编排风格。

可以预测，在上海进入老龄化城市之际，老年读者将成为纸质出版物消费的重要组成部分。

89. 调查问卷主要是想了解老年人的：

    A 个人喜好   **B** 购买力   **C** 选书标准   **D** 阅读状况

90. 从退休收入可看出，上海：

    A 市民都很有钱   **B** 图书市场潜力大

    C 社会福利较好   **D** 老年人很会赚钱

91. 老年人通常会去哪里阅读？

    A 家里   **B** 公园   **C** 图书馆   **D** 新华书店

92. 老年人对阅读提出的要求，最多的是哪一点？

    A 价格太贵   **B** 版面不适合

    C 编得太复杂   **D** 内容太简单

93 - 96.

少林寺，又名僧人寺，有"禅宗祖廷，天下第一名刹"之誉，是中国汉传佛教禅宗祖庭，位于河南郑州市登封城西少室山。

南北朝时，天竺僧人菩提大师达摩到中国，颇得北魏孝文帝礼遇。太和二十年（496年），孝文帝在少室山为菩提达摩立寺，寺处少室山林中，故名少林。

南北朝北周建德三年（574年）武帝禁佛，于是几乎所有寺庙都被毁坏。大象年间重建，易名陟岵寺，召120人住寺内，名"菩萨僧"。

隋代大兴佛教，复少林之名，成为北方一大禅寺。

唐初秦王李世民消灭割据势力时，曾得少林寺僧人援助，少林武僧于是名扬天下。唐高宗及武则天也常驾临该寺，封赏优厚。唐会昌年间，武宗禁佛，寺大半被毁。

元代皇庆元年（1312年），元世祖派福裕和尚任少林寺住持，封赠为大司空开府仪同三司，统领嵩山所有寺院。一时中外僧众云集，演武礼佛，僧众常有两千人左右。元末农民起义，红巾军至少林，僧众散逃。

明代先后有八位皇子到寺内出家，屡次诏令大修，寺院规模有所发展。

清代康熙、雍正、乾隆诸帝亦很关心少林寺，或亲书匾额，或巡游寺宇。

少林寺近年来曾屡加修缮，使千年古刹重放异彩。现存建筑包括常住院及附近的塔林、初祖庵、二祖庵等。

除了嵩山少林寺之外，经考据后证明，在历史上曾出现过位于福建的少林寺，被称为"南少林"。关于南少林所处地点。共有莆田少林寺、泉州南少林寺、福清少林寺三种说法，至今未有定论。

93. 少林寺最早建成于何时？
   A 北魏时期　　　　B 北周时期　　　　　C 隋代　　　　　　D 唐代

94. "少林"的名字是怎么由来的？
   A 菩提达摩的家乡　　　　　　　　B 当时皇帝的名字
   C 寺院的地理位置　　　　　　　　D 寺院首任住持的名字

95. 关于古代皇帝和少林寺的渊源，以下哪项没提到？
   A 曾有皇帝受到少林僧人援助　　　B 曾有皇帝亲临少林寺习武
   C 曾有皇帝派住持统领少林寺　　　D 曾有皇帝为少林寺亲笔题词

96. 南少林位于何处？
   A 莆田　　　　　　B 泉州　　　　　　　C 福清　　　　　　D 福建

花香有各种各样的作用。

花朵为了引诱昆虫前来授粉，不仅呈现出各种艳丽夺目的色彩，还会散发出各种迷人的花香。正所谓"蜂争粉蕊蝶分香"，就是说花香能引来蜜蜂和蝴蝶竞相采蜜。这个时候，花粉就会黏附在昆虫的身上，随着昆虫的飞行迁移而四处落户安家了。因此，花香的作用之一是传宗接代。

花朵带有香味是因为它们的内部都有一个专门制造香味的"工厂"——油细胞。这个"工厂"里的产品就是令人心醉的芳香油。这种芳香油除了散发香味、吸引昆虫传粉之外，它的蒸气还可以减少花瓣中水分的蒸发，形成一层"保护衣"，使植物免受白天强烈的日晒和夜晚寒气的侵袭。

花香除了有益于其自身的生长繁殖，对人类也有很多的益处。香气能刺激人的呼吸中枢，从而促进人体吸进氧气，排出二氧化碳，使大脑供氧充足，这时人们能够保持较长时间的旺盛精力；此外，香味的信息能够深刻地留在人的记忆中，刺激嗅觉，增强人们的记忆力。

利用花香来保健和防病，在中国有着悠久的历史。古代医圣华佗曾用丁香等材料制成小巧玲珑的香囊，悬挂在室内，用以防治肺结核、吐泻等疾病。古代民间把金银花放入枕内，用来祛头痛、降血压，同时还能起到消炎止咳的作用。

不同的花香，能引起人们不同的感受。比如桂花的香味使人疲劳顿消，菊花的香味使人思维清晰。不过，事情都是一分为二的。有些花香也会给人带来副作用。如百合、兰花的浓香，会引起眩晕和瞬时的迟钝。

97. 本文第一段中的"蜂争粉蕊蝶分香"是什么意思？
　　A 花朵有很多色彩　　　　　　　B 花朵有香味
　　C 花香能引来蜜蜂和蝴蝶采蜜　　D 蜜蜂和蝴蝶经常争夺花香

98. 花朵为什么会有香味？
　　A 它要传宗接代　　　　　　　　B 它要生长繁殖
　　C 它有油细胞　　　　　　　　　D 它有"保护衣"

99. 下列哪一项不是花香对人类的益处？
　　A 使人们保持旺盛的精力　　　　B 增强记忆力
　　C 保健和预防疾病　　　　　　　D 有益于生长繁殖

100. 下列哪一项是金银花花香的作用？
　　 A 防治肺结核　　　　　　　　　B 祛头痛和降血压
　　 C 使人思维清晰　　　　　　　　D 引起眩晕和瞬时的迟钝

三、书 写

第101题：缩写。

(1) 仔细阅读下面的这篇文章，时间为10分钟，阅读时不能抄写、记录。
(2) 10分钟后，监考收回阅读材料，请你将这篇文章缩写成一篇短文，时间为35分钟。
(3) 标题自拟。只需复述文章内容，不需加入自己的观点。
(4) 字数为400左右。
(5) 请把作文直接写在答题卡上。

2010年12月24日，在土耳其安塔基亚举行的女子国际象棋世锦赛尘埃落定，中国棋手侯逸凡过关斩将，最终荣登冠军宝座。侯逸凡只有16岁，她的夺冠，也创造了国际象棋历史上最年轻"棋后"的记录。

侯逸凡自幼天赋异禀，9岁便获得国际象棋世界少儿锦标赛冠军。此后，她接受名师指点。良好的棋感加上系统的训练，她的棋艺突飞猛进，接连拿下了形形色色的冠军奖杯。在侯逸凡与对手的历次角逐中，不乏经典名局，但是，当记者采访侯逸凡，问她对自己的哪些比赛印象深刻时，侯逸凡略加思索，竟然提起了三场败局。

第一场要追溯到2000年，那时侯逸凡只有6岁。有一次，侯逸凡参加奎省少儿比赛，一路所向披靡，直至进入冠军争夺战。争冠对手是一位男孩，虽说比侯逸凡大几岁，却被侯逸凡犀利的棋风所压制，苦苦支撑到最后一盘。下着下着，男孩小声对侯逸凡说："我们和棋吧？"侯逸凡立刻拒绝，因为她已占据明显优势，冠军唾手可得。男孩只得硬着头皮继续下，侯逸凡暗自得意，仿佛已经看见了夺冠后妈妈的笑脸和教练挥舞的鲜花。不料，形势突然急转直下，男孩缓过劲来，反戈一击，杀得侯逸凡无法招架，必输无疑。侯逸凡不干了，对裁判说："他之前就提出过和棋，现在和还可以吧？"裁判答道："当时你没同意，依据规则，只能以最终的结果为准。"就这样，侯逸凡到手的冠军飞了，她伤心地大哭一场。在泪水中，她明白了一个道理，人不能因为一时的顺利而得意忘形，笑到最后才笑得最甜。

第二场是2008年世锦赛，年仅14岁的侯逸凡出人意料地杀入决赛。决赛的对手是俄罗斯美女科斯坚纽克，侯逸凡整整小她10岁。赛前，很多人预测，侯逸凡的功力已与科斯坚纽克不相上下，加上初生牛犊的冲劲，应该不落下风。那一天，在无数人关注的目光中，侯逸凡踌躇满志地上阵了。遗憾的是，人们并没有看到一场针锋相对的对决，侯逸凡下得非常辛苦，感觉处处受限，心理上非常不适，根本没有发挥出正常水平，科斯坚纽克令人信服地夺冠。赛后，教练评点说："科斯坚纽克七年前有过一次世锦赛决赛经验，尽管当时输给了诸宸，但那次失利对她的策略准备和心理准备都是一笔宝贵的财富。这次，明显感觉她的准备非常充分，尤其是在心理上，而这恰恰是你失利的重要因素。"侯逸凡领悟到：成功不是靠运气，而是一个水到渠成的过程，只有在技术、心理和经验等多方面磨练成熟之时，成功才会瓜熟蒂落。

第三场是 2010 年与世界棋王卡尔波夫的"性别大战"。卡尔波夫是整个国际象棋界的巨人，盘踞在世界冠军的位置上长达 12 年之久。老棋王果然名不虚传，尤其是在对残局的判断上，明显高出侯逸凡一等，侯逸凡输得心服口服，其实，侯逸凡经过多年的打磨，棋艺已经炉火纯青，在女子象棋界鲜有对手，就连卡尔波夫在赛后也惊呼："侯确实非常厉害，超出我的预料。"但是，与卡尔波夫一战，令侯逸凡清醒地意识到，人外有人天外有天，任何时候都要虚心前行，学艺之路永无止境，在卡尔波夫的指点下，侯逸凡不再满足于对棋艺的追求，而是沉下心去，从研究国际象棋的历史开始，探索理论，感悟棋"道"，从而在下棋的境界上更上一层。

失败是最好的先生，自己的失败里往往暗藏了一个人最缺乏、最直接的成长营养。我们为什么要舍近求远，总是试图从别人的成功法则里获取有用的东西呢？

新汉语水平考试
HSK（六级）

试卷十

注　意

一、HSK（六级）分三部分：

    1. 听力（50题，约35分钟）

    2. 阅读（50题，50分钟）

    3. 书写（1题，45分钟）

二、听力结束后，有**5分钟**填写答题卡。

三、全部考试约140分钟（含考生填写个人信息时间5分钟）。

中国　北京

新汉语水平考试
HSK（六级）

模拟试题

注意

一、HSK（六级）分三部分：

1. 听力（50题，约35分钟）

2. 阅读（50题，50分钟）

3. 书写（1题，45分钟）

二、听力结束后，有5分钟填写答题卡。

三、全部考试约140分钟（含考生填写个人信息时间5分钟）。

中国 北京

一、听　力

第一部分

第 1 - 15 题：请选出与所听内容一致的一项。

1. A 不渴时不要喝水
   B 运动前不要多喝水
   C 平时多喝水很重要
   D 每天应该喝 8 杯水

2. A 现代人应该开阔视野
   B 井里的青蛙看不见太阳
   C 人人都想过安逸的生活
   D 挑战越多越好

3. A 小孩在说谎
   B 中年男子搞错了
   C 小孩的爸爸不在家
   D 小孩在自己家门口玩儿

4. A 文笔对网络小说很重要
   B 网络小说情节很单调
   C 网络小说内容由读者来决定
   D 网络小说能够及时修改

5. A 加州的迪斯尼不断有创新
   B 加州的迪斯尼只有米老鼠
   C 加州的迪斯尼只有儿童喜欢
   D 洛杉矶的游客都去了迪斯尼

6. A 人际关系很复杂
   B 人们喜欢和别人分享
   C 人际关系好的人不幸福
   D 帮助别人等于帮助自己

7. A 葡萄酒不能多喝
   B 喝葡萄酒有益健康
   C 葡萄酒的酒精浓度很高
   D 常喝葡萄酒会使体重增加

8. A 钓鱼要选好位置
   B 钓鱼要精神集中
   C 我常和朋友去钓鱼
   D 雷雨天不应该钓鱼

9. A 小王不让爱人走
   B 小王要离家出走
   C 小王和妻子吵架了
   D 爱人拿出来一个人箱子

10. A 鱼只有 3 秒钟的记忆
    B 鱼的记忆力超过人类
    C 鱼能够学习
    D 鱼会欺骗人类

11. A 握手是有讲究的
    B 可以带着手套握手
    C 握手时间长就更有礼貌
    D 握手时应该向旁边的人微笑

12. A 这部电影内容复杂
    B 这部电影是讲海洋的
    C 这部电影有传奇色彩
    D 这部电影反映真实的生活

13. **A** 在中国医生很受人尊敬

    B 当医生压力很大

    C 医生都很胆大和坚强

    D 常人的心理承受能力不高

14. **A** 航天科技活动发展速度放缓

    B 航天科技与日常生活关系密切

    C 航天科技给人们生活带来不便

    D 航天科技活动干扰了手机信号

15. **A** 面试时要注意坐姿

    B 面试时心情要紧张

    C 面试时坐姿要随意

    D 面试时要交叉双腿

第 二 部 分

第 16 – 30 题：请选出正确答案。

16. A 他已经退休了
    B 他在公司没有实权
    C 他愿意辅助年轻人做决策
    D 他不相信自己的领导能力

17. A 创业更艰苦
    B 创业成本更高
    C 创业环境更好
    D 创业要花更多精力

18. A 要目光长远
    B 要多研究政策
    C 要不惜牺牲健康
    D 要抓住每一个机会

19. A 跑步
    B 学画画
    C 学乐器
    D 打高尔夫球

20. A 男的身体不太好
    B 男的创业时政策很明朗
    C 男的是联想集团董事长
    D 男的是投资和战略方面的专家

21. A 看好孩子
    B 带孩子做游戏
    C 发展孩子的天性
    D 教孩子知识和技能

22. A 不需要学习知识、技能
    B 要尊重孩子的本能
    C 部分幼儿园要转变思路
    D 幼儿教育需要父母配合

23. A 父母
    B 教育官员
    C 幼儿教育工作者
    D 儿童权益保护着

24. A 家长要听孩子的
    B 孩子想怎样就怎样
    C 让孩子随着天性发展
    D 老师和家长不要关注孩子

25. A 幼儿园教育不正规
    B 孩子学到的技能太少
    C 家长的教育观念落后了
    D 老师应该尊重孩子的本能

26. A 专业化
    B 生活化
    C 喜剧化
    D 国际化

27. A 收入丰厚
    B 具有挑战性
    C 擅长表演魔术
    D 让他变得更乐观

28. **A** 做白领

    B 做主持人

    C 做魔术师

    D 做运动员

29. **A** 不怕挫折

    B 要实事求是

    C 做自己感兴趣的事

    D 各方面都与别人不一样

30. **A** 求职很顺利

    B 没有读完大学

    C 认为自己很辛苦

    D 参加了春节联欢晚会

第 三 部 分

第31－50题：请选出正确答案。

31. A 马病死了
    B 主人不卖马
    C 带的钱不够
    D 找不到千里马

32. A 很欣赏大臣
    B 觉得大臣被骗了
    C 责怪大臣去得晚了
    D 很生气，认为不值得

33. A 要学会等待
    B 钱不是万能的
    C 一分价钱一分货
    D 要用行动证明诚心

34. A 东莞
    B 上海
    C 珠海
    D 中山

35. A 4人
    B 18人
    C 22人
    D 43人

36. A 慎重
    B 担心
    C 期待
    D 无奈

37. A 自己的名字
    B 同学的名字
    C 喜欢的人的名字
    D 讨厌的人的名字

38. A 高兴
    B 有趣
    C 沮丧
    D 痛恨

39. A 生活是很痛苦的
    B 土豆发霉后很难闻
    C 不要一直痛恨别人
    D 随身带着土豆不方便

40. A 穿山甲
    B 大公鸡
    C 小山羊
    D 乌龟

41. A 两年
    B 三年
    C 四年
    D 五年

42. A 动物太重
    B 小动物被压死
    C 动物吃得太多
    D 动物在园中难繁殖

43. A 难以确定

   B 有一万多年历史

   C 和唱歌的历史一样久

   D 比语言的历史还要久

44. A 治疗失眠

   B 使呼吸均匀

   C 促进智力发展

   D 可以提高自信

45. A 可以带走烦恼

   B 使人变得很聪明

   C 流行音乐很庸俗

   D 没有语言之前，音乐是交际工具

46. A 怎样欣赏音乐

   B 音乐有优劣之分

   C 什么是流行音乐

   D 音乐对身心健康有益

47. A 减少人数

   B 增加面试

   C 改变方法

   D 调整时间

48. A 会说话的学生

   B 有特长的学生

   C 成绩好的学生

   D 最活跃的学生

49. A 不活跃的

   B 夸夸其谈的

   C 成绩一般的

   D 成绩不及格的

50. A 国家规定

   B 追随潮流

   C 要拓展海外业务

   D 要提高公司能力

二、阅 读

第一部分

第51-60题：请选出有语病的一项。

51. A 农历九月九日，为中国传统的重阳节。
    B 对于幸福的含义，每个人都有不同的理解。
    C 由于自然资源匮乏，该个国家的主要工业原料均依赖进口。
    D 这种星系没有一定的形状，也没有明显的中心，所以被称为不规则星系。

52. A 倘若别人想看你的笑话，你就一定要努力活得更好。
    B 我们演一对双胞胎，个性不同，一个文静，一个张扬。
    C 我告诉布朗这件事并征求他的意见，他说稍后会回复我。
    D 张先生大概不知道，工人在机器前工作10个小时不停地是什么感觉。

53. A 生活是一把镜子，你对它微笑，它也对你微笑。
    B 窗花是一种剪纸艺术品，在中国民间已有上千年的历史。
    C 一个人的快乐，不是因为他拥有的多，而是因为他计较的少。
    D 臭氧层就好比是地球的"保护伞"，阻挡了太阳99%的紫外线辐射。

54. A 服务水平的高低，在每一顿饭后马上就会得到顾客的评价。
    B 有时我会在温泉住上一天，好好泡个澡解乏，还可吃到美味佳肴。
    C 你把考取清华当做目标，我把它当做实现目标的一个机会、一个步骤。
    D 我们企业必须做到最好，才有可能活下去，否则就会在竞争中被挤垮。

55. A 小明先是掉到一棵树上，然后掉到地上，否则真的没命了。
    B 爸爸说："这么近，还犯得上雇面包车，花那几百元冤枉钱？"
    C 大学生身心发展还不够成熟，虚荣心较强，容易产生攀比心理。
    D 每次看到这张照片时都让我引起故乡般的舒服感和幻想般的新鲜感。

56. A 幸亏燃烧时油箱已打开，里面没有油，才不有导致爆炸。
    B 假如你想在某个领域有所成就，就得把精气神全部融入其中。
    C 一棵桃树里居然生长着一棵杏树，像是两个拥抱在一起的亲人。
    D 戴帽子能令你很有个性，而且也是太阳照射时保护皮肤的方式之一。

57. A 我初来乍到，对北京不熟悉，对歌坛也不熟悉，又没有资历。
    B 冠军毕竟只有一个，这是很残酷的事，但也正是比赛的魅力所在。
    C 如果她没有接到我的电话，会替我担心得吃不下饭、睡不着觉的。
    D 面前这个诚实的小伙子，对这位著名的音乐家来说显然也是很欣赏的。

58. A 北京烤鸭这个有着近 150 年历史的北京名吃，如今已成为世界闻名的美食。

B 报告说，该公司第四季度赢利达 18.6 亿元，十分超出了分析人士此前的预期。

C 作为中国十大传世名画之一，《清明上河图》生动地记录了中国十二世纪城市生活的面貌。

D 幽默的确是一个很有魔力的东西，拥有了它，我们与别人的交谈就会变得更有味道，相处也会变得非常融洽。

59. A 相信无穷智慧的存在，它会使您产生为掌控思想和导引思想而奋斗所需要的任何力量。

B 只有强烈的欲望才会给您驱动力，而且只有积极心态才能供给产生驱动力所需的燃料。

C 在朱自清的全部散文中，《春》是风格演变特别明显的一篇，毕竟是哪些原因促成了这种演变？

D 1996 年，她受邀到美国讲学，谈了许多中国女性的话题，感触很深，回国后便开始动笔写作这本书。

60. A 看到昨天的报道，原本想去海南却被吓人的高价位吓跑了的几位同事忍不住笑出声来。

B 主持人越来越成为生活中不可缺少的"常客"，人们普遍关注主持人，很多年轻人的梦想成为主持人。

C 很多人认为只要尽自己的能力做好工作，对得起自己的薪水就可以了，但是我却认为这还远远不够。

D 人类为了消灭贫困或是追求享乐进行的掠夺性生产，使得环境恶化和生态遭到破坏，严重地威胁着人类的生存和安全。

第二部分

第61-70题：选词填空。

61. 中国是风筝的故乡，而潍坊是_____风筝和放飞风筝最早的地方。风筝是潍坊_____艺术中的一朵奇葩。从有文字_____至今，风筝已有2000多年历史。

 A 发现　　生活　　说明　　　　B 发明　　民间　　记载
 C 制作　　表演　　记录　　　　D 制造　　文化　　应用

62. 如果你晕机，_____要避免坐在飞机机舱后方。离中部越远，颠簸得越_____。而且，飞机的后部一般比前部长，因此机舱后方是最颠簸的_____。

 A 万一　　利索　　背景　　　　B 一定　　稳定　　场地
 C 千万　　厉害　　地方　　　　D 肯定　　无害　　场所

63. 我第一次见他的_____，他正一个人蹲在墙根翻书。他的学习成绩不太好，但体育方面很有_____，能绕着学校的操场连跑20几圈，我_____让他做了体育委员。

 A 时间　　天才　　故意　　　　B 时候　　天赋　　特意
 C 那时　　秉赋　　随意　　　　D 时期　　潜力　　有意

64. 无数事实证明，淘气的孩子往往比老实的孩子更具创造力，其原因就是淘气的孩子接触面_____，大脑受到的_____多，这样可以激活他们的_____。因为创造需要一定的时间和空间，家长应该给孩子更多的时间和空间，让他们淘气一点，让他们_____地去遐想、去活动、去创造。

 A 广　　刺激　　智力　　自由
 B 宽　　激励　　想象　　活泼
 C 大　　激发　　智慧　　疯狂
 D 浅　　打击　　见解　　合理

65. 1972年我考取了同济大学，却因_____而却步。1973年考取清华大学公费生，又因公费暂停，学业几乎_____。本来遇到一位红颜知己，却因时事_____，家庭_____，终成泡影。

 A 家徒四壁　　断绝　　困难　　变化
 B 囊中羞涩　　中断　　艰难　　变故
 C 一贫如洗　　断送　　艰苦　　变换
 D 穷困潦倒　　断开　　苦难　　变迁

66. 骑车环游地球的旅途，_____风雨兼程。虽然遇到的困难和挫折远远
_____预料，但一路上的快乐和欣喜_____多于痛苦和失意。我可以
_____地说，此行的目标已经实现。

A 可言　　超过　　终于　　骄傲
B 可谓　　超出　　终究　　自豪
C 可想　　大于　　最终　　无愧
D 可能　　多于　　到底　　佩服

67. 中国有句_____叫做"良药苦口利于病，忠言逆耳利于行"，意思就是药虽
然很苦，但对_____你的病有很大帮助；同样，别人_____你的话可能不
好听，但对你是有很大帮助的。所以，我们要_____接受别人的意见。

A 俗话　　治疗　　劝　　善于
B 谚语　　预防　　提　　勇于
C 闲话　　诊断　　骂　　鉴于
D 寓言　　抢救　　嫌　　便于

68. 随着时代的发展，人们的_____也发生了变化，健美不再_____为了减肥，
而成为人们_____健康体魄、充沛精力、优雅气质的一条_____。

A 思想　　单纯　　追究　　路径
B 观点　　单一　　追逐　　渠道
C 观念　　单纯　　追求　　途径
D 看法　　单单　　追赶　　方式

69. 有不少慕名参加签售会的读者也纷纷表示，_____"官场小说"_____一
味地抒发不满、愤懑的情绪，他们_____喜欢看，"我们_____希望看到写
得比较真实、_____、客观的'官场小说'"。

A 如果　　只有　　不一定　　依然　　细微
B 万一　　只要　　不得不　　仍旧　　细节
C 一旦　　仅仅　　禁不住　　或者　　细致
D 倘若　　仅是　　未见得　　还是　　细腻

70. 女娲补天的神话_____，但女娲的活动区域却_____。陕西省文物工作者
在对女娲庙遗址进行文物调查时发现了三块与女娲_____的石碑，这些石
碑与古代书籍相印证，_____了女娲文化的发源地在陕西省平利县。

A 妇孺皆知　　众口一词　　关联　　论证
B 尽人皆知　　众口难调　　相关　　更正
C 家喻户晓　　众说纷纭　　有关　　证实
D 众所周知　　人云亦云　　相连　　证明

第 三 部 分

第71－80题：选句填空。

71－75.

　　有一位警察是位自行车爱好者。一天清早，他在大街上巡逻，突然发现一辆自行车飞速朝他驶来，他下意识地拿出测速仪，开始测定他的速度有没有违反交通规则。骑自行车的人根本没有发现有人在测他的速度，(71) _____，车像一匹野马一样，向前冲来。测速仪显示的速度已经超过了限定的速度，他违规了！警察这么一想，觉得不对。(72) _____。刚才那个车手的速度超过了汽车。他惊呆了，他有点不相信一个人可以把自行车骑得像汽车一样快。他把那个骑车的人拦住，车手是一个十五六岁的孩子。警察把测速仪显示的速度告诉他，(73) _____，要对他进行罚款。警察让他把学校地址告诉他，(74) _____。孩子告诉警察，因为赶着上学所以骑得快了点儿。警察笑着对他说："你先上学，罚单会寄到你的学校。"不久，那个孩子的学校接到一封信，信来自一个著名的自行车俱乐部。信中说，欢迎他参加他们的俱乐部，(75) _____。几年之后，这个孩子带着这张温暖的罚单赢得了世界自行车比赛的冠军。

　　A 否则要重罚

　　B 他测的竟然是汽车的速度

　　C 他在大街上开始加速

　　D 并指出他违反了交通规则

　　E 信中还夹着一张超速的罚单

雾凇是学名,现代人对这一自然景观有许多更为形象的叫法,如"冰花"、"傲霜花"、"琼花"、"雪柳"等。

中国四大自然奇观之一的吉林雾凇与其他三处最大的不同之处在于其不可预知性。雾凇来时,(76)_____;雾凇去时,(77)_____,真正是说来就来,说走就走,(78)_____。雾凇性情如此,难免有人偶遇之下陶醉其中,而有人苦盼数日难觅芳踪。

远远望去,(79)_____,与天上的蓝天白云相接,让人分不清天地的界限。忽然,几个红的蓝的颜色从树丛里冒了出来,好像不小心滴在宣纸上的几点颜料,在白茫茫的背景下格外显眼。原来是踏雪寻凇的一群年轻人,穿着厚厚的羽绒服在树林里追逐打闹。这片童话般的银色世界让人摒弃最烦心的杂念,满脑子只是"玩"、"美"这些最简单纯朴的字眼。

近距离看去,(80)_____。可谁能想到它的降临要经历比雪复杂百倍的物理变化呢?那种厚度达到四五十毫米的雾凇是最罕见的一个品种,要具备足够的低温和充分的水汽这两个极为苛刻且互相矛盾的自然条件才能形成,而且轻微的温度和风力变化都会给它带来致命的影响。了解到这一点,你还会觉得游人有意、雾凇无情吗?

A 一派天地使者的凛凛之气

B 一排排杨柳的树冠似烟似雾

C 枝丫间的雾凇仿佛洁白的雪花

D 转瞬即逝,犹如昙花一现般让人叹惋

E 出其不意,犹如蓬莱仙境般让人陶醉

第四部分

第81-100题：请选出正确答案。

81-84.

杨梅属于杨梅科乔木植物，又称圣生梅、白蒂梅、树梅，具有很高的药用和食用价值，在我国华东和湖南、广东、广西、贵州等地区均有分布。

杨梅有生津止渴、健脾开胃之功效，多食不仅无伤脾胃，且有解毒祛寒之功效，有"果中玛瑙"之誉。杨梅果实、核、根、皮均可入药。果核可治脚气，根可止血理气；树皮泡酒可治跌打损伤、红肿疼痛等。用白酒浸泡的杨梅，盛夏时节，食之会顿觉气舒神爽，消暑解腻。腹泻时，取杨梅熬浓汤喝下即可止泄，具有收敛作用。

杨梅叶子的有效成分杨梅黄酮具有收敛剂、兴奋剂和催吐剂的作用，用于腹泻、黄胆肝炎、淋巴结核、慢性咽喉炎等。杨梅的树皮素还具有抗氧化性，能消除体内自由基。它被广泛应用于医药、食品、保健品和化妆品。美国保健品药 FYI 使用杨梅黄酮用做治疗、预防关节炎和各种炎症，尤其适合怀孕妇女和哺乳期婴儿使用。

杨梅果实除鲜食外，还可加工成糖水杨梅罐头、果酱、蜜饯、果汁、果干、果酒等食品，其产品附加值成倍提高。近十年来，杨梅鲜果或产品还空运到香港、新加坡、法国、俄罗斯等市场。在香港超级市场的东魁杨梅，每颗售价高达 1 美元。2000 年浙江青田东魁杨梅空运法国，每千克售价约人民币 280 元。

81. 根据文意，杨梅可能不分布在以下哪个地方？
    A 江苏
    B 浙江
    C 北京
    D 湖南

82. 关于杨梅的功效，以下哪项没提到？
    A 止渴
    B 开胃
    C 驱寒
    D 解酒

83. 杨梅的哪个部分可以治疗拉肚子？
    A 叶
    B 核
    C 根
    D 皮

84. 以下哪项不符合文意？
    A 杨梅不可鲜食
    B 杨梅营养丰富
    C 杨梅属于乔木植物
    D 杨梅具有很高的药用和食用价值

85-88.

　　近年来学习汉语的人越来越多，但是很多学习者学完后用中文交流的机会不是很多，有的学习者回到自己国家后几乎就很少用汉语。"星期日汉语角"就是在这种情况下产生的。它是一种新的学习汉语的现象，正在东京流行开来。

　　"星期日汉语角"是借鉴中国流行的"英语角"、"日语角"的形式。"汉语角"设在交通十分便利的东京西池袋公园内，免费参加，来去自由。每次，组织方都会设定一两个中心话题，参加者可以围绕话题展开交流。同时，参加者还可以获赠中文报刊。交流结束后大家可以自由结伴，或者去看中国电影，或者去唱中文歌，或者去吃中国料理。

　　"星期日汉语角"是真正的民间交流。它已成为关心中国的日本人和在日中国人相互交流的重要平台，也逐渐成为向海外民众传播真实的中国信息的重要窗口。到目前为止，已有 300 多人来参加"汉语角"，参加者有中日两国的知名学者、政府官员、公司职员、青年学生、家庭主妇等各阶层社会成员。既有 85 岁的老者，也有 4 岁的孩子。"汉语角"涉及的话题非常广，既包括中国名胜古迹，也包括中国各地美食；既有"过桥米线"，也有"小尾羊"……

　　"汉语角"可以说是另一种形式的孔子学院，它讲求轻松自由的交流环境和交流方式。"汉语角"给人自由、活泼的感觉，是民间性质的。只要海外华人热心且有毅力就可以开展丰富多彩的活动。在日的华人和留学生积极通过"汉语角"向日本朋友介绍中国的最新消息和文化，得到大家的高度评价。

85. 在东京学习汉语的新现象是指：
　　A 去中国留学　　　　　　　　B 参加交流会
　　C 星期日汉语角　　　　　　　D 汉语越来越热

86. "汉语角"要求参加者：
　　A 交一些费用　　　　　　　　B 免费参加
　　C 提前报名预约　　　　　　　D 有一定学历

87. 来参加这个活动的人，年龄跨度有多大？
　　A 是同龄人　　　　　　　　　B 是大学生
　　C 相差 80 岁　　　　　　　　D 相差 20 岁

88. "汉语角"有什么特色？
　　A 收费便宜　　　　　　　　　B 分布地区广
　　C 轻松自由　　　　　　　　　D 官方色彩浓

89 – 92.

俗话说"病从口入"，因此很多人都特别注意口腔卫生，每天及时刷牙，觉得这样就能把好第一道关。但6月23日的一家新闻网站报道指出，牙刷并非你想的那么干净。

牙科医师经过化验发现，使用了3周的牙刷，细菌数量高达百万，等于超过9杯抹布水的细菌量，以及29个一元硬币的细菌量，是马桶水细菌含量的80倍！如果你的口腔恰恰有伤口，这些细菌就极易引发口腔疾病。即便没有创口，大量细菌附着在牙齿上，并在咀嚼中与食物充分混合，就会进入体内，等于喝了9杯脏水。

牙科医师建议，如果浴室潮湿，牙刷要放在浴室外的干燥处；如果浴室干燥，就把牙刷放在柜子里，千万别放在洗手池上或离马桶近的地方，并且牙刷头要冲上放，以免细菌粘附。

另外，牙科医师指出，每天刷牙3次的人，应每月换一次牙刷；患有牙龈炎等口腔疾病的人，最好3周换一次牙刷；倘若患上感冒和其他传染性疾病，等病好后，就应该换个新牙刷。

平时还要注意牙刷的清洁和消毒。专家提示，在用新牙刷前，先放在热水中烫烫，既能软化刷毛，又能杀菌。每次刷完牙后，要将牙刷在流水下冲洗，只在杯子里涮是无法清洁干净的。使用牙刷7天后，就该用干净的白色棉线清洁一下刷毛底部。每隔15天，要用对人体无害的消毒液给牙刷消一次毒。

89. 文中的"病从口入"是什么意思？
  A 口腔疾病非常麻烦
  B 牙刷能传染疾病
  C 很多疾病会通过口腔传染
  D 应该养成科学合理的刷牙习惯

90. 牙刷应该放在什么地方？
  A 干燥的浴室里   B 潮湿的浴室里
  C 洗手池上   D 不干燥也不潮湿的柜子里

91. 什么时候应该换牙刷？
  A 月初   B 每星期一
  C 牙龈炎痊愈以后   D 传染性疾病痊愈以后

92. 关于牙刷的清洁和消毒，下列哪一项正确？
  A 每隔15天清洁一下刷毛底部
  B 每次刷完牙后用热水烫一下牙刷
  C 刷完牙后在杯子里把牙刷清洗干净
  D 用对人体无害的消毒液给牙刷消毒

　　狮子以前广泛分布于除了撒哈拉沙漠中部和热带雨林以外的非洲大陆，在印度也有少量分布。但由于人类的过度捕杀，现在只有东非及南非有少量分布，并且大多生活在国家公园内，仍处在濒临灭绝的危险之中。在北非及西非却早已不见其踪迹了，特别是西非狮，在人类的干预下，它没能进入本世纪就已经灭绝了。

　　西非狮、北非狮同现在的非洲狮一样，体重120 - 250 公斤，体长 1.4 - 1.92 米。区别于其他猫科动物的是雄狮有明显的鬃毛，为的是相互打斗时保护其颈部，尾端的角质刺也是显著特征。狮子还是猫科动物中唯一能真正发出吼叫的动物，吼声可传到八九公里以外。狮子的视力极佳，在离目标很远的地方就能发现猎物。集体捕食，速度快且效率高，主要捕食有蹄类动物，如羚羊、斑马，有时也捕食大象、犀牛等。同时吃饱后要喝大量的水，然后回到隐蔽处消磨时光。

　　狮子在动物界中一直被视为百兽之王，可是人类并没有把它们放在眼里。早在 16 世纪，人们就踏上了去西非和北非的征程。来到这里后，他们经常进行狩猎，并把猎杀狮子视为最隆重的狩猎活动，是勇敢的行为。狮子在这些人贪婪和胜利的欢笑声中一个一个被猎杀，他们不但猎杀成年的狮子，幼狮也被他们捕捉，然后带回去，卖给那些有钱人及王公贵族。随着人们的不断捕捉、猎杀，狮子在西非、北非不断地减少，终于到了 1865 年，最后一只西非狮也倒在了枪口之下，而北非狮也在 1922 年永远地消失了。

93. 狮子以前生活过的地方有：
　　A 印度
　　B 北极附近
　　C 非洲热带雨林
　　D 撒哈拉沙漠中部

94. 狮子区别于其他猫科动物的特征是什么？
　　A 尾端的角质刺
　　B 奔跑的速度快
　　C 捕食的效率高
　　D 可以发出叫声

95. 西非狮灭绝的时间是：
　　A 16 世纪
　　B 1865 年
　　C 1962 年
　　D 1965 年

96. 关于狮子，以下哪种说法是错的？
　　A 体长可达近两米
　　B 主要以有蹄类动物为食
　　C 捕食以后需要喝大量的水
　　D 所有的狮子都有明显的鬃毛

97 – 100.

现在很多人为了享受丰厚的积分回馈，办理了许多信用卡，商户积分卡等。现以航空积分为例，谈谈航空联名卡的功能以及最常见的积分误区，以便让大家对航空联名卡积分有所了解。

关于航空联名卡的功能，它除具有一般国际信用卡的功能外，同时还可以通过刷卡消费，累积航空里程积分。联名卡持卡人可通过乘坐相关的航空公司航班，获得里程积分，同时还可以通过使用信用卡消费，将消费积分按一定的兑换比例换算为里程积分，加快里程积分的累积速度和数量。累积的里程达到一定的里程数，持卡人就可获得高昂的航空保险、兑换免费机票、免费升级舱位、免费机场停车、分期付款参加旅游行程、免费使用机场贵宾室等。

一般通过里程兑换免费机票是比较多的，然而一般持卡人对于航空里程兑换机票一直存在着认识上的误区。最常见的误区就是：把航空里程和实际里程混淆。实际上，里程积分和实际里程换算之间有着很大的区别，需要通过换算公式进行换算后才能使用，不同航空公司与不同合作银行之间的换算标准都不同。

实际里程和航空里程的折算比例，主要考虑到票价折扣问题，即折扣越少，航空公司能拿出来的奖励幅度越大，反之则越小。机票的折扣高低与累积里程的数量成反比，接近全价的机票，累积的里程则多；价格折扣越多，累积的里程则越少，这也是航空公司一般对 6 折以下的票价不予累积里程的原因。

以国航的知音卡积分为例，从北京到上海两地距离约为 1088 公里，只有按全价标准购买北京到上海的机票，才能获得 1088 以上标准的航空里程。如果飞机票价是 6 折到全价（不含），所能积累的积分只能按照 1088 航空里程的 50% 获取，即是 544 航空里程了，而如果是 6 折（不含）以下票价则不再计算航空里程。

97. 与信用卡相比，航空联名卡有什么特点？
    A 能异地刷卡   B 能刷卡消费
    C 可买到最低折扣的机票   D 可通过消费累积航空里程

98. 通过航空里程兑换机票，最常见的误区是：
    A 积分与实际里程无关   B 各航空公司的标准相同
    C 混淆了航空里程与实际里程   D 航空公司与银行换算标准相同

99. 使用知音卡，不能累积航空里程的是：
    A 全价 1000 元，售价 1000 元   B 全价 1000 元，售价 800 元
    C 全价 1000 元，售价 600 元   D 全价 1000 元，售价 500 元

100. 上文主要介绍了：
    A 信用卡的其他用途   B 如何买到折扣高的机票
    C 怎样申请办理航空联名卡   D 航空联名卡的功能及积分误区

三、书　写

第 101 题：缩写。

(1) 仔细阅读下面的这篇文章，时间为 10 分钟，阅读时不能抄写、记录。
(2) 10 分钟后，监考收回阅读材料，请你将这篇文章缩写成一篇短文，时间为 35 分钟。
(3) 标题自拟。只需复述文章内容，不需加入自己的观点。
(4) 字数为 400 左右。
(5) 请把作文直接写在答题卡上。

在美国的一间办公室里，年轻导演泰伦斯·马利克一边喝着咖啡，一边紧张地看着对面正在看剧本的投资人。为了能够为自己的新影片《天堂之日》筹集到足够的资金，泰伦斯·马利克已经向这个投资人劝说了很长一段时间。

投资人不慌不忙地翻看着剧本，而在一旁焦急等待着的泰伦斯·马利克的心脏早就快跳到嗓子眼儿了。时间像一只懒散的蜗牛一样爬得非常慢，窗外叽叽喳喳的小鸟更是让人心烦不已。

就在这时，投资人忽然放下了手中的剧本，泰伦斯·马利克连忙放下手中的咖啡，向前倾了倾身体，等待着对方的意见。

"您的剧本不错，可是您知道做电影投资的，首先要考虑即将拍摄出来的电影能不能够赚钱。恕我直言，您这个剧本恐怕很难有太好的票房，因为它不是现在最流行的题材。"说着，投资人顿了顿，然后继续说道："而且虽然您拍了几部电影，可是要让我把这一大笔钱交给你这样的年轻人去拍电影，我还是难以放心。"

投资人说完，没有给泰伦斯·马利克继续劝说的时间，非常干脆地将他请出了办公室。

泰伦斯·马利克拿着剧本离开了投资人之后，神情非常沮丧。最近他已经找了很多投资商，可是全都遭到了无情的拒绝，泰伦斯·马利克感觉自己都快支撑不下去了。黯然走在街上的他突然狠狠地将剧本摔在地上，仰起头，发出了一声无奈的叹息。

屋漏偏逢连雨夜，泰伦斯·马利克没想到就连一向非常支持自己的好朋友也不同意自己拍摄这个电影。为了让泰伦斯·马利克打消这个念头，好朋友专门开着车从另一个城市赶到了泰伦斯·马利克的家。

"你要想清楚，在好莱坞你只不过是一个刚刚崭露头角的小导演，这里只敬重成功者，一旦你这部投资很大的电影失败了，那么以后就很难再会有人给你投资了。"好朋友苦口婆心地劝着泰伦斯·马利克。

那天夜里，送走了好朋友之后，泰伦斯·马利克独自一个人望着星辰闪烁的夜空长时间地发着呆。一边是投资失败之后的巨大压力，一边是自己极其喜欢的题材，这种两难的选择让他实在难以作出决定。

想了大半夜之后，泰伦斯·马利克忽然挥了挥拳头，像是下了非常大的决心。第二天一大早，泰伦斯·马利克又继续四处联络投资人，不断地向这些财神爷们推荐着自己的电影题材。这一次，他已经破釜沉舟了，宁愿承担起失败的巨大风险，也要把这部电影拍成功。

功夫不负苦心人，经过不断努力，泰伦斯·马利克终于找来了投资。在随后的拍摄过程中，泰伦斯·马利克付出了巨大的心血。当影片上映之后，立刻引来了一边倒的好评，《天堂之日》的成功给泰伦斯·马利克带来了巨大的声望，他也一下子从一个名不见经传的小导演跻身成为好莱坞的一线导演。

后来，当有人问泰伦斯·马利克当时是怎样顶住了各方面压力将影片拍摄成功的，泰伦斯·马利克告诉对方："年轻，就要去拼！如果年轻的时候都因为害怕失败而裹足不前，那么这一辈子都不会活出自己的精彩！"

一直保持着这种斗志和热情的泰伦斯·马利克在后来的岁月里赢得了巨大的成功，在不久之前，他的新作《生命之树》更是获得了第64届戛纳最佳影片金棕榈大奖。

年轻的我们，没有过人的资历、深厚的背景以及太多的经验，所以我们要想赢得胜利，就必须点燃身体里的热血，一刻不停地去拼搏努力。年轻，就要去拼！只要我们敢想敢拼，就能为自己创造更多的机会，为自己的人生拼来转机！

试卷一　听力材料

（音乐，30秒，渐弱）

大家好！欢迎参加 HSK（六级）考试。
大家好！欢迎参加 HSK（六级）考试。
大家好！欢迎参加 HSK（六级）考试。

HSK（六级）听力考试分三部分，共50题。
请大家注意，听力考试现在开始。

第一部分

第1到15题，请选出与所听内容一致的一项。现在开始第1题：

1. 有个小孩对母亲说："妈妈你今天好漂亮。"母亲回答："为什么？"小孩说："因为妈妈今天都没有生气。"原来要变得漂亮很简单，只要不生气就可以了。

2. 豆汁是北京独具特色的民间小吃，已经流传了上千年。它是以绿豆为原料制成的，颜色暗淡，味道酸甜。第一次品尝时，人们往往会觉得难以下咽，但多尝几次，它淳厚的香味就会让你欲罢不能了。

3. 经理对秘书说："25号的会议十分重要，请你记着提醒我。"秘书说："这是前天的事了。"经理说："天啊！我居然忘记了参加会议！"秘书说："您已经去过了。"

4. 儿子不喜欢学习，常常去游戏厅。爸爸很生气，对儿子说："你不好好学习，只知道去游戏厅。我到游戏厅去，十次有九次看到你！"儿子回答说："那您还比我多去了一次呢！"

5. 青藏高原具有高山、湿地、森林、草地、荒漠等多种典型的生态系统，因而孕育了丰富的野生动植物资源，有3000多种植物和400多种动物。青海出产的冬虫夏草、贝母、大黄等中药材在中国国内享有很高的声誉。

6. 我和朋友买报纸，朋友礼貌地对卖报的人说了声"谢谢"，但对方冷着脸没说话。"这家伙态度很差，是不是？""他每天都是这样。"朋友说。"那你为何还对他那么客气？"朋友答道："为什么要让他决定我的行为呢？"

7. 中国古代圣人孟子小的时候父亲就去世了，他的母亲为了给他提供良好的学习环境，曾经多次搬家，以防他学坏。最后搬到了学校附近，看到孟子向有礼貌的人学习礼仪，他的妈妈才满意。

8. 中山装是在广泛吸收欧美服饰优点的基础上形成的。中国革命先行者孙中山综合了西式服装与中式服装的特点，设计出了一种直翻领有袋盖的四贴袋男用套装，定名为中山装，此后几十年，中山装大为流行，成为中国男子喜欢的标准服装。

9. 有一家餐饮店在门口摆了一个很大的啤酒桶，上面写着"不可偷看。"四个大字。路过的行人很好奇，走过来弯下腰把脑袋伸到桶里探个究竟。桶里写着"我店啤酒，与众不同，五元一杯，请您品尝"。

10. 苏州是著名的历史文化名城和国家重点风景旅游城市，被誉为"园林之城"，享誉海内外。苏州古典园林的历史绵延 2000 余年，在世界造园史上有着独特的历史地位和价值。

11. 科学证明，人与人之间的交流，高达93％的部分并不是通过语言来完成，而是通过声音、身体姿势和动作、面部表情等肢体语言来完成的。当人们所说的话和面部表情不一致的时候，我们更容易相信面部表情传递的信息。

12. 俗话说：水火不留情。水灾是由气候引发的，火灾也与气候有密切的关系。就全国的平均状况而言，春季火灾次数最多，冬季和秋季排第二位，夏季最少。但由于各地的气候特点不同，火灾的多发期也有差异。

13. 低碳经济是指尽可能降低温室气体排放量的经济发展方式。发展低碳经济，尤其要控制二氧化碳这一温室气体的排放量。在全球变暖的大背景下，低碳经济已经受到越来越多的关注。

14. 陈凯歌导演的电影《霸王别姬》是中国电影之中雅俗共赏的典范作品，也是大陆和港台电影人合作拍片最成功的代表作，曾获戛纳国际电影节金棕榈奖，作品改编自香港女作家李碧华原著小说。

15. "亡羊补牢"这个成语说的是因为羊圈破了而丢了羊，如果赶快修补羊圈，还不算晚。比喻出了问题以后及时采取补救措施，就可以避免遭受更大的损失。

第二部分

第 16 到 30 题，请选出正确答案。现在开始第 16 到 20 题：

第 16 到 20 题是根据下面一段采访：

女：李教授，请您介绍一下目前有关吸烟方面的情况。

男：世界上有半数的男人和十分之一的女人吸烟，烟民总数有 10 亿之众。然而，目前这个数量仍然没有减少的趋势。

女：这么多人吸烟会造成什么样的后果呢？

男：10 亿烟民每年要吸掉 6 万亿支烟，每年死于吸烟所造成疾病的人数是 300 万，即每分钟有 6 人死于吸烟。据世界卫生组织估计，如果吸烟人数和吸烟数量维持目前的增长趋势，那么到 2020 年，30 岁到 40 岁因吸烟死亡的人数将增加到 1000 万。

女：除此之外，吸烟还有什么危害呢？

男：吸烟不仅对健康有害，还会引起火灾。造成巨大的经济损失。据估计，全世界每年因吸烟引发火灾造成的经济损失达 2 亿多美元。吸烟导致短寿、提前丧失劳动能力，诱发癌症、心血管疾病和呼吸器官病已是众所周知的事了。

女：吸烟除了危害烟民自身健康之外，对其他人有影响吗？

男：当然有。烟草和烟雾中含有有害的化学物质，对人体有诸多不良影响。据测定，一支烟所含的烟毒顶得上一个微型化学反应堆释放的烟毒。因被动吸烟而引发的疾病严重地影响了很多人的身体健康。

女：那么怎样才能减少吸烟所带来的危害呢？

男：关键是减少烟民数量，要实现这个目标，光靠医生的劝导是不行的，还需要国家采取措施鼎力支持。调查显示，40%～60% 不同年龄和民族的烟民经常想戒烟，但并非所有的人都能成功，因此，国家要加大处罚吸烟的力度，实行综合治理。

16. 男的是什么方面的专家？
17. 女烟民占女性人口总数的百分之几？
18. 世界每年死于吸烟所造成疾病的总人数是多少？
19. 选择项中哪一项不是吸烟造成的后果？
20. 调查显示，百分之几的烟民想戒烟？

第 21 到 25 题是根据下面一段采访：

女：您一向说您是一个业余作家，您是怎样抽出时间来创作的呢？

男：晚上十点以后，早上八点以前都是我的创作时间。

女：您在白天应酬、工作之后，晚上是怎样进入写作状态的，您晚上休息不了多长时间吧？

男：我大概一天睡四到五个小时。进入写作状态这个问题是慢慢锻炼出来的，就像脑子里有两个阀门，关掉这个，拧开那个，是需要锻炼的。从现实的事务当中、尘嚣当中进入安静的状态，这时脑子里就常有灵感奔涌出来。

女：您是不是写作起来非常的辛苦？

男：非常辛苦，所以我的作品让读者感觉不满意的地方，读者一定要宽容。我一开始就把自己放在文学爱好者的定位上，后来提升为业余作家。我不在文学界谋求任何地位，所以别人一问我，包括媒体问我，为什么这么忙还写小说，我说只有一个目的——就是充实生活。我不太在乎别人对我怎么评价，我觉得这样能稍微让自己过得轻松一些。

女：我们现在这个时代的好小说太少了，是不是时代的悲剧？作家创作源泉会不会干枯呢？

男：现在好的小说少，你可以说是时代的悲剧，也可以说是时代的进化。因为有其他的媒介，比如电脑、电视、电影，这些媒介代替了小说的传输功能，人们有了更多的媒介来作为娱乐途径，在小说兴旺的时候，这些媒介是没有的，或者是不发达的。至于说创作源泉的干枯，我觉得可能和作家的类型有关，有的作家对自己体验生活的依赖太重，对整个社会的深刻认识和判断不足，他把自己经历过的事情和听到过的事情写完以后就写不出东西了，这是常见的情况。

女：您是不是平常很注意观察周围的人，所以很多人说在您的故事里面很容易看到自己的影子？

男：跟绝大多数朋友观察能力差不多，但是我确实会留心观察身边的人和事，有什么体会，有什么想法，可能会表现在我的作品里。

21. 男的一天睡多少个小时？
22. 男的为什么要写小说？
23. 男的认为好的小说少是因为什么？
24. 他们主要在谈论什么？
25. 关于小说创作，男的看重什么？

第 26 到 30 题是根据下面一段采访：

女：您怎样看这次的甲型 H1N1 流感疫情？

男：这次流感的最大特征是发病突然，传播迅猛。4 月 24 日世界卫生组织首次公布信息时，疫情仅局限于墨西哥和美国两国。截止到 5 月 10 日 12 时，疫情已蔓延到全球 25 个国家和地区，确诊病例已达 4293 例，死亡 53 人。

女：一听到又有大范围疫情暴发，我们很多人都会联想到几年前的非典肆虐，同为传染性疾病，非典和甲型 H1N1 流感有什么相同点？

男：两者引起的都是急性呼吸道传染病，可以通过咳嗽、打喷嚏等传播，因为传播快，其影响的范围就很大；第二个相同点，都是新发的，人类对它没有免疫力的传染病。

女：那它们又有什么不同点呢？

男：根据现有资料，非典病死率相对高，早期病死率甚至高达 10% 以上，这次流感根据截止到 5 月 8 日上午的数据，病死率是 2%，所以它对人类生命的威胁不如非典；第二，非典是从未见过的，突如其来的；而流感据最早记载至少已有 700 多年的历史，分离出流感病毒也已有 70 多年了，对流感病毒的研究已经非常深入，在分子基因水平上也已经研究得很清楚了。同时人类应对流感也积累了大量经验，而对非典则没有经验。

女：总结一下，您认为本次甲型流感流行的特点是什么？

男：根据目前掌握的信息，这次流感流行已呈现如下特点：（1）人群普遍易感，已出现跨国、跨洲传播。（2）已经出现了人传染人病例。（3）墨西哥出现了较多的重症和死亡病例。（4）有些人感染后不发病，但仍然具有传染性。

女：那么我们应该作哪些准备？

男：抓紧疫苗研制是重中之重。然而，在没有有效的疫苗之前，提高大众的健康意识和公共卫生意识是最有效的。每个人都充分认识这次流感，并能采取适当的自我保护措施，便可以有效地控制流感的传播。

26. 这次流感的最大特征是什么？

27. 关于非典，说法错误的是哪一项？

28. 为什么这次流感的传播范围比较广？

29. 控制流感最重要的措施是什么？

30. 这段对话最有可能是在什么场合说的？

第三部分

第31到50题，请选出正确答案。现在开始第31到34题：

第31到34题是根据下面一段话：

春秋战国时期，中国有一位发明家叫做鲁班。两千多年来，他的名字和有关他的故事一直在民间流传着，后代土木工匠都尊称他为祖师。

鲁班大约生于公元前507年，本姓输，名班。因为他是鲁国人，所以人们尊称他为鲁班。他主要是从事木工工作。鲁班是怎样发明锯子的呢？相传有一次他进深山砍树木时，一不小心，手被一种野草的叶子划破了，他摘下叶片轻轻一摸，原来叶子两边长着锋利的齿，他的手就是被这些小齿划破的。他还看到一棵野草上有条大蝗虫，两个大板牙上也排列着许多小齿，所以能很快地磨碎叶片。鲁班从这两件事上得到了启发。他想，要是有这样齿状的工具，不是也能很快地锯断树木了吗？于是，他经过多次试验，终于发明了锋利的锯子，大大提高了工效。

鲁班模仿生物形态还发明了许多木工工具，如刨子等。这些发明都要归功于他在实践中留心观察，细心发现。

31. 现在，从事什么工作的人尊称鲁班为祖师？
32. 鲁班本来姓"输"，可人们为什么叫他"鲁班"呢？
33. 鲁班去山里砍树时，手指是被什么东西划破的？
34. 根据这个故事，下列哪一项有助于发明？

第35到37题是根据下面一段话：

就一般心理活动而言，人们并非总是喜欢被别人称赞的。首先，人们需要的是实事求是的称赞，从中可以了解到哪些是自己的优点，哪些是自己的缺点。其次，人们也并非受到别人的称赞越多就越喜欢对方。当听到某人千篇一律的赞扬时，尽管知道对方是真诚的，但听得太多，也就不觉得荣耀了。可见，老生常谈的赞扬无法使人感到荣耀。而这时如果经常批评你的人开始赞扬你，你就会十分重视这种赞扬的价值。

35. 根据这段话，人们需要什么样的称赞？
36. 根据这段话，可以知道什么？
37. 这段话主要谈什么？

第 38 到 40 题是根据下面一段话：

有个名叫平乐的古镇。当"平乐"两个字从口中发出时，人们对美好生活的向往也随之而出。平和而喜乐，朴素而恬静，每读一次，似乎幸福的暖流就涌一次。

平乐古镇以"秦汉文化，川西水乡"风情著称。古镇有九古：古街、古寺、古桥、古树、古堰、古坊、古道、古风、古歌。

到达小镇的第一件事：买一张手绘的平乐地图，古旧的牛皮纸捏在手中，很符合这个秦汉古镇的味道。小镇不大，有很多特色的小商品店，可以淘一些特产带回家。红豆腐、古镇麻饼、小木凳、手编草鞋、乌木制品，可选择的太多了。小镇虽小，生活也蛮有情调，在白沫江边喝喝茶，打打牌，看郁郁葱葱的狗尾巴草和芦苇在风中招摇，或闭目静养，听河水从身边哗哗流过。

38. 作者觉得"平乐"两字给人什么感觉？

39. 到古镇游玩，第一件事情是干什么？

40. 小镇有很多特色东西，下面哪项作者没有提到？

第 41 到 43 题是根据下面一段话：

现代生活节奏快、工作紧张、天热懒得做饭……由于种种原因，不少人用一个汉堡或一包方便面代替正餐解决"肚子"问题，这种现象早已司空见惯。有的年轻夫妻更是一年四季吃餐馆，家里极少开火，这样吃来吃去不仅吃没了胃口，而且家庭生活也似乎缺少了应有的情趣。近年来，一些发明了快餐的国家在领略快餐带来的害处后，又掀起了家庭慢餐运动。意大利、德国等国家先后成立了慢餐协会，他们强调慢餐饮食对健康的有益影响，并注重家中烹调对夫妻感情的推动作用。慢餐协会向世界各地派出会员寻找营养合理的传统饮食，在美国等地相继开办了慢餐厅。这些慢餐厅用低于市场的价格出售食品，以此来带动本国的慢餐文化。

41. 当生活节奏加快时，人们常以什么代替正餐？

42. 慢餐的倡导者认为在家中烹调对家庭生活有什么好处？

43. 慢餐协会为什么向世界各国派出会员？

第 44 到 46 题是根据下面一段话：

有个很聪明的学生叫周聪，每次考试都是第一名。有次他去参加考试，试卷一发下来，他大致浏览了一下，发现试卷上头有一行说明："请先看完所有题目之后，再开始作答。"考题是 100 道选择题。以他的实力，大约 30 分钟就可以做完，于是他满怀自信地提笔开始答题。过了两分钟，有人满面笑容地交卷，周聪心中暗笑："又是交白卷的家伙，真是太蠢了。"

再过 5 分钟，又有七八个人交卷，同样是笑容满面，看来不像是交白卷的模样。周聪看看自己只答到 20 几道题，连忙加快速度，埋头作答。等他答到第 76 题时，赫然发现题目写着"本次考卷不需作答，只要签上姓名交卷便得满分，多答一题多扣一分"。他满脸狐疑地举手想向监考老师发问，只见同时有数名考生迷惑地四处张望。这时周聪看着试卷第一行的说明，觉得自己才是真的蠢。

44. 看到又有七八个人交卷时，周聪是怎么想的？
45. 周聪为什么觉得自己很愚蠢？
46. 作者主要想表达什么观点？

第 47 到 50 题是根据下面一段话：

今天是地坛庙会摊位拍卖的第一天，记者从拍卖登记处了解到，地坛的拜坛内将不会再设摊位，经营包装食品的摊位将会留到整体拍卖后进行单独招商。

上午 9 时，记者在地坛公园摊位拍卖登记处了解到，许多竞拍者提前 1 小时就来到公园门口等待登记，打电话咨询的已超过千人，其中有三分之一的人是 20 到 30 岁之间的年轻人。截止到上午 11 时，已经有 30 多人登记了经营权。记者发现，将近一半的竞拍者都由于没有随身携带营业执照副本或者身份证，而最终无法办理登记。登记处的工作人员表示，竞拍者必须携带营业执照正本或副本以及身份证前往登记。登记后，百货类摊位竞拍者需要现场交纳保证金 1500 元，而饮食类摊位竞拍者则需交纳保证金 2 万元。

据了解，糖果、巧克力、干果等包装食品的摊位将不在 12 月 8 日、9 日进行拍卖，而是等拍卖会后择期招商。游艺类摊位的经营权则会整体招标，个人单独经营的低档次套圈、射击等将不会出现在地坛庙会上。另外，地坛庙会还为"百工坊"等老字号百货预留了 18 个精品摊位，老字号不用参加竞拍就可以入驻。

47. 哪一类摊位将在拍卖会后单独招商？
48. 可能参加竞拍的年轻人大约有多少人？
49. 为什么有些竞拍者无法办理登记？
50. 这则报道最有可能出现在报纸的哪一版？

听力考试现在结束。

试卷一　答案

一、听力

第一部分

1. D	2. B	3. B	4. D	5. C
6. A	7. C	8. C	9. B	10. B
11. D	12. D	13. B	14. C	15. C

第二部分

16. A	17. D	18. A	19. C	20. D
21. A	22. A	23. D	24. B	25. D
26. B	27. B	28. A	29. D	30. D

第三部分

31. B	32. C	33. A	34. D	35. A
36. B	37. C	38. C	39. C	40. B
41. B	42. B	43. D	44. D	45. C
46. B	47. A	48. B	49. A	50. C

二、阅读

第一部分

51. B	52. C	53. A	54. B	55. D
56. B	57. A	58. C	59. D	60. A

第二部分

61. C	62. B	63. D	64. C	65. C
66. B	67. A	68. B	69. A	70. B

第三部分

71. A	72. D	73. E	74. C	75. B
76. B	77. E	78. C	79. A	80. D

第四部分

81. D	82. B	83. C	84. B	85. A
86. A	87. B	88. B	89. D	90. B
91. B	92. B	93. C	94. A	95. C
96. B	97. B	98. C	99. C	100. A

三、书写

（参考答案）

101.

蛤蜊之歌

　　小时候我很喜欢做的一件事，就是帮妈妈检查买回来的蛤蜊里有没有坏的。因为一个坏蛤蜊就会破坏一整锅的汤，所以对这件"小事"，我非常认真。

　　检查蛤蜊的方法是，左手先拿起一个蛤蜊，再用右手捡起其他蛤蜊，一个一个地相互敲打，听声音是否结实，如果声音是虚的，说明这个蛤蜊就是臭的。

　　有一天，母亲买回来一包蛤蜊，我一个个的敲，发现"所有的"蛤蜊都是坏的。母亲不相信，亲自动手检验，才发现原来是我抓在左手的那个蛤蜊是坏的。这种"原来如此"的恍然大悟的经验，在我心里烙下了深刻的印记。

　　大学毕业后，我开始非常努力的工作，可是，我对周围的人都看不顺眼，觉得自己很倒霉，很不幸，怎么总遇不到好人。正当我沉醉于自怨自艾时，心中突然响起"蛤蜊之歌"，难道我就是那个坏掉的蛤蜊？于是，我开始"强迫"自己，要把不顺眼的看顺眼。几年下来，我终于改善了自己的人际关系，对于我的职业生涯也产生了重要影响。

　　即使你没有成就伟人的抱负，至少也可以像我一样做个友善的人。

试卷二 听力材料

（音乐，30 秒，渐弱）

大家好！欢迎参加 HSK（六级）考试。
大家好！欢迎参加 HSK（六级）考试。
大家好！欢迎参加 HSK（六级）考试。

HSK（六级）听力考试分三部分，共 50 题。
请大家注意，听力考试现在开始。

第一部分

第 1 到 15 题，请选出与所听内容一致的一项。现在开始第 1 题：

1. 人们把老师比作"春雨"，把学生比作"春苗"，春苗需要春雨去浇灌。老师就如那绵绵的春雨，用丰富的知识去开启学生的智慧，用优秀的人格去培育学生的品德，用无私的奉献精神去熏陶学生的心灵。

2. 到电影院看电影，观众应尽早入座。如果自己的座位在中间，应当有礼貌地向已就座者示意，请其让自己通过。通过让座者时要与之正面相对，切勿让自己的臀部正对着人家的脸，这是很失礼的。

3. 微笑是对待生活的一种态度，跟贫富、地位、处境没有必然联系。腰缠万贯可能会忧心忡忡，一贫如洗却可能心情舒畅。处境顺利，有人还会愁眉不展；身处逆境，有人却笑对人生。

4. 大气污染对人体的危害很大，这些污染物通过呼吸道进入我们的身体，然后通过血液流遍我们的全身。这些污染物容易使我们患上各种各样的疾病，大致可以分为慢性中毒、急性中毒和癌症三种。

5. 酸奶是以新鲜的牛奶为原料，经过发酵再冷却后形成的一种牛奶制品。它不仅保留了鲜牛奶的全部营养成分，而且可以帮助人体更好地消化和吸收奶中的营养成分，从而提高营养素的利用率。

6. 这世上没有外婆不喜欢的人。她这一生跟酗酒的男人、忧郁的女人以及寂寞孤独的人们都做过朋友。外婆喜欢人们本真的样子。如果她知道一个人酗酒，她不会劝他戒酒，而会告诉他饮酒的人也可以很绅士。

7. 京剧演员大体可以归纳为生、旦、净、丑四大行当。京剧演员的化妆有其独特的手法和表现方法，其中最具有代表性的就是净行，也就是人们常说的"花脸"。所谓"花脸"，就是演员在演出前根据一定的谱式在脸上勾画脸谱。

8. 中国古代圣人老子是著名的哲学家。老子认为：我们处理问题要在它发生以前，治理国家要在战乱发生之前。两个人才能合抱的大树是由小树长成的，九层的高楼是一层一层地盖起来的，一千里的路程是从脚下开始的。

9. 鸟不但有鲜艳的羽毛，婉转的歌声，还有被誉为"天然艺术品"的巢。有人曾说："人类除了鸟巢之外什么都能制造出来。"可见，这个天然艺术品不但漂亮，而且巧夺天工，是人类建筑构思时取之不尽的创作源泉。

10. 杭州每年十月上旬都要举办西湖桂花节。节日期间，满城桂树郁郁葱葱，桂花香气扑鼻；游人、市民在树下赏桂品茶，打牌下棋，非常热闹。这种天堂一样的生活要到十一月下旬才会结束。

11. "丢三落四"的人基本上都是做事情缺乏条理。有的是因为事先不准备，事到临头一团糟，所以容易丢三落四。只要养成做事情有条理的习惯，"丢三落四"的习惯自然就会改掉。

12. 南美洲有一种奇特的植物，它会走。它生存需要充足的水分，当水分不充足时，它就会把根从土壤里拔出来，让整个身体缩卷成一个圆球。随风到水分充足的地方再打开扎根。

13. 《西游记》是中国古代一部著名的长篇神话小说。书中最吸引读者的形象是孙悟空，他机智勇敢，本领高强，敢于反抗，深受人们喜爱。这部小说充满了奇特的幻想，表现出丰富的艺术想象力，在中国影响极大。

14. 好久没有看望萧乾老人了，怕干扰他翻译和写作，怕影响他休养生息，但心里却常惦念着他。因为有件急事要求教于老人，电话里老人的声音热情而亲切："下午就来，我不午睡，和朋友聊天是快乐的。"

15. 所谓低碳经济，是指在可持续发展理念指导下，通过技术创新、制度创新、产业转型、新能源开发等多种手段，尽可能地减少煤炭、石油等高碳能源消耗，减少温室气体排放，达到经济社会发展与生态环境保护双赢的一种经济发展形态。

第二部分

第 16 到 30 题，请选出正确答案。现在开始第 16 到 20 题：

第 16 到 20 题是根据下面一段采访：

女：各位网友大家好，今天我们请到著名作家莫言老师，网友们熟悉莫言老师的小说已经很久了，大家很想知道您创作的小说灵感来源是什么？

男：故乡可以算是一个最大的来源，因为我很多的人物、很多的故事都是从故乡生发出来的。还有很多故事是我在北京、天津经历到的，甚至我从国外电影上看到的，从外国作家书里读到的，从电视新闻里看到的，这样我才能持续不断地创作。

女：中国传统文化流传下来两个非常不同的东西，一种是文人文化，另外一种是民间文化，您的作品好像更多体现民间文化，您有什么看法？

男：每一个作家接受的文人文化都差不多，如果仅有文人文化，那么所有作家的作品应该是差不多的，为什么会有这么多的作家形成各自不同的风格，因为我们接受来自民间的文化不一样，这块东西对一个作家的风格是至关重要的。

女：您对网络对文学的影响有什么看法？

男：网络文学毫无疑问给很多有才华的年轻作者提供了施展才华的机会。通过网络写作，很多年轻的写手冒了出来，然后重新回归到传统的出版方式出书，这是好事。网络文学有自己的鲜明风格，那种想象力，那种语言的跳跃感和朝气蓬勃的力量，都是用纸笔写作很难达到的，这样的写作势必会影响我们的文学。

女：您最近有没有看过网络的作品？

男：看过。我曾经看过郭敬明写的《幻城》，我觉得写得蛮好的。他写的和我写的根本不一样，他写的东西，我写不了，我写的可能他也写不了。

16. 男的的创作灵感主要是从哪里来的？
17. 男的认为民间文化对写作有什么影响？
18. "很多年轻的写手冒了出来"主要是什么意思？
19. 关于男的，可以知道什么？
20. 男的怎么看待郭敬明的作品？

第 21 到 25 题是根据下面一段采访：

女：有一个人的名字在中国乃至全世界家喻户晓，他为全人类远离饥饿铺就了希望之路。他就是世界"杂交水稻之父"，中国工程院院士袁隆平先生。第一次走进袁老的办公室，看到一张大照片，照片上就是您研究的超级杂交稻，一眼望去，稻穗像瀑布一样，非常壮观。今天，我们就用这张照片作为我们访谈的背景。
前段时间，我看了一篇报道，现在超级杂交稻的亩产量已达到了 850 公斤，请问您下一个目标是多少？从理论上计算，水稻最高的产量有多少？

男：这是超级杂交稻的象征，能够大幅度地提高产量，给我们一个前景，今后水稻能够像这样高产的话，中国人吃饭就完全没有问题。超级稻是 800 公斤以上，还没有到 900 公斤，我们的奋斗目标是达到 900 公斤。而且，通过我们的努力，我估计在 10 年左右可以达到更高的目标——亩产 1500 公斤。

女：您是凭靠什么信念在农村坚持奋斗五十多年的呢？

男：我本身就是农民，农业是我的本职工作，再就是我认为粮食是最重要的战略步骤，所以我觉得非常的有意义，对国家、对老百姓都是大好的事情，我以前很苦，但是我乐在苦中，有信念在支撑。

女：其实我们知道您是在城市长大的，为什么学农？

男：我小时候印象很深刻，就是去农家乐，这么一个思想就学农了。进了那个笼子里面去了，就坚持下来了，就死心塌地学农了。

女：当前，互联网的发展非常迅速，不仅在城市，而且在农村也开始普及，您认为农村信息化最大的好处是什么？鼓励一下我们的农民朋友。

男：以前农村就是闭塞，不知道外界的事情。所以这个网站是非常好的东西。但我主要是搞研究，就很少上网了。

女：我们都发现你整个状态非常年轻，请问您是怎么保养的？

男：多运动，心态要好。

21. 男的是什么人？
22. 根据男的说的，现在我们对杂交水稻的奋斗目标是亩产多少？
23. 男的靠什么信念坚持在农村工作？
24. 男的使自己的状态年轻的秘诀是什么？
25. 以下哪项不符合录音的意思？

第 26 到 30 题是根据下面一段采访：

女：今天的话题是素质教育，我们请到了中国青少年发展中心的孙教授来参加我们的节目，孙教授您好！从 1994 年到现在，您觉得中国的素质教育进展得怎么样了？

男：应该说已经推动了应试教育向素质教育的转变，但是这个转变非常艰难，是一个痛苦的漫长的过程，我们不能太着急。

女：那么阻力主要在什么地方呢？

男：关键是高考制度的改革，高校应有更多的招生自主权。1949 年以前就是这样的，有的人一年可以考七八所大学，然后从中选择一所喜欢的学校和专业。一考定终身的时代应该结束了。

女：现在提倡素质教育，是不是以前的教育没有可取之处呢？

男：不能完全否定过去的教育，因为过去的教育它也有很多成功的经验，尤其在普及义务教育的方面贡献巨大。我们只是要改变以升学考试为中心的教育，推行全面提高学生素质的教育。

女：既然如此，那么取消考试，推荐上大学是不是也有积极的一面？

男：完全通过推荐上大学遭殃的很可能是老百姓。要看到考试有它公平的优点，不能轻易地放弃。

女：有人说素质教育就是减负，您怎样看？

男：提出减负的动机很好，也确实有利于素质教育的实施，但单纯的减负是不够的。

女：有人认为减负就是早放学，是这样吗？

男：减负是一个科学化的过程，它的目的是培养孩子学会真正的学习，而进行这项工作是要时间的，所以大家才会觉得减负就是早放学。现在孩子负担过重，个别孩子受不了最后杀了自己的父母。

女：确实是这样，但是好像减负之后很多孩子都跑到游戏室、网吧去了。

男：减负之后要多开展各种兴趣小组和野外的锻炼，学校、家庭、社会要负起共同的责任。放任不管是犯罪行为。

女：我觉得中国一百年来仍然没有完全放弃科举，继续走培养精英的道路，却一直不重视如何培养国民。

男：确实如此，所以我们提倡素质教育。

女：是否可以这样说，当前所谓的素质教育就是培养综合工匠？

男：素质教育培养的人才是具有创新精神和实践能力强的人。

26. 中国素质教育现状如何？
27. 关于素质教育，下列哪项正确？
28. 为什么要减负？
29. 素质教育主要的作用是什么？
30. 关于考试，下列哪项正确？

第三部分

第31到50题，请选出正确答案。现在开始第31至33题：

第31到33题是根据下面一段话：

古时候，有一位医术高明的医生叫扁鹊。一天，国王问扁鹊："你们家兄弟三人都精通医术，到底哪一位的医术是最高明的呢？"扁鹊答道"我大哥最好，二哥次之，我最差。"国王非常诧异，接着问："你最差？那么为什么你的名气最大呢？"扁鹊冷静地回答道："我大哥是在病人病情发作之前为其治疗，由于一般人不知道他能事先铲除病根，所以他的名气无法传出去，只有我们内行人才知道。我二哥是在病人病情初起时为其治疗，众所周知，病情初起之时，其症状并不明显，所以一般人都以为他只能治轻微的小病。他的名气也只有街坊邻居才知道。而我是在病人病情严重之时为其治疗，一般人都看到我在经脉上穿针管放血、在皮肤上敷药，做的都是大手术。所以大家都以为我的医术高明，因此名气响遍全国。"

31. 扁鹊认为家中谁的医术最好？
32. 扁鹊认为自己是在什么情况下给人治病的？
33. 关于这篇文章，哪种理解是正确的？

第34到36题是根据下面一段话：

有一块小石头不停地哭泣，哭声惊动了身边的一块大石头。大石头问："小石头，你为什么不停地哭啊？"小石头伤心地说："我不是小石头，我是会发光的金子，我想发挥我的光和热。"大石头安慰它："你不要伤心，是金子在哪儿都会发光的。总有一天，你会大展才华的。"事实上，小石头在这儿已经数百年，由于地处偏僻，未能被人发现。小石头也想："是金子在哪儿都发光。"于是他日夜吸收天地之精华，把自己冲涤得闪闪发亮，终究又被脏东西所掩盖。如今眼看着周围的石块风化消失，它怎能不着急。

了解了小石头的情况后，大石块只能长叹一声，却又无可奈何。

不久，山洪暴发，小石头和大石块都被洪水冲进大河，深深地埋在泥沙之中，只是偶尔在河水中会听到极其弱小的哭泣声，那一定是来自小石头的。

34. 小石头为什么会哭泣？
35. 大家为什么都没发现小石头？
36. 最后小石头的命运怎么样？

第 37 到 39 题是根据下面一段话：

你认识多少人，以及多少人认识你，决定着你能有多大的成就。成功，百分之八十五来自于人脉关系，百分之十五来自于专业知识。

古人说：学而无友，则孤陋寡闻。交友是一件有益的事，每个人都应该尽量去认识新朋友。因为朋友能扩大我们生活的领域，使我们能更深刻地认识这个世界。

一个人交际范围广阔，获得财富的机会相应会增加。如果你希望早日成功，就必须有良好的人际关系网。实际上所谓的走运多半是因为有良好的人际关系做基础。多结交能认同你的做法、想法和才华的朋友，他们一定会为你带来好运。

37. 说话人认为怎样才能成功？
38. 所谓的走运主要指什么？
39. 这段话主要讲的是什么？

第 40 到 43 题是根据下面一段话：

学习必须讲究方法，而改进学习方法的本质目的，就是要提高学习效率。学习效率的高低，是一个学生综合学习能力的体现。在学生时代，学习效率的高低主要对学习成绩产生影响。当一个人进入社会之后，还要在工作中不断学习新的知识和技能，这时候，一个人学习效率的高低则会影响他的工作成绩，继而影响他的事业和前途。可见，在中学阶段就养成好的学习习惯，拥有较高的学习效率，对人一生的发展都大有益处。可以这样认为，学习效率很高的人，必定是学习成绩好的学生。因此，对大部分学生而言。提高学习效率就是提高学习成绩的直接途径。提高学习效率并非一朝一夕之事，需要长期的探索和积累。前人的经验是可以借鉴的，但必须充分结合自己的特点。影响学习效率的因素，有学习之内的，但更多的因素在学习之外。首先要养成良好的学习习惯，合理利用时间。另外还要注意"专心、用心"等基本素质的培养，对于自身的优势、缺陷等更要有深刻的认识。

40. 要取得好的学习成绩，应该怎么样？
41. 关于学习效率，下列哪项不正确？
42. 提高学习成绩的直接方法是什么？
43. 关于如何提高学习效率，下列哪项正确？

第 44 到 47 题是根据下面一段话:

　　印制人民币用的钞票纸是水印纸,它是一种用于钞票印刷的专用纸张。这种纸是中国印钞造币总公司下属的三家钞票纸厂生产的,它们是:河北保定钞票纸厂、江苏昆山钞票纸厂和成都钞票纸厂。这种纸除了具有耐磨、耐折、耐酸、耐碱等理化性质外,还有内置安全线、彩色红、蓝纤维等防伪手段,并且上面布满了用于防伪的水印图案。在印刷前,工作人员要对纸张进行逐张质量检查,因为水印有方向问题,所以每张纸必须按照水印图案方向摆好,并且用打孔机在边上打孔定位,不能出错。

　　因为防伪的需要,人民币要使用各种印刷工艺手段,所以,要根据具体的印刷工艺手段和使用油墨及色泽的要求,制作相应内容的平、凸、凹版。例如,因为人民币中要使用手工雕刻凹版图案,所以必须根据币面内容,由钢板雕刻师雕刻相应内容的钢版,印刷时安放到凹印机上进行印刷。

　　44. 印制人民币用的专用纸张是什么?
　　45. 以下选项中,哪一项不属于人民币的防伪手段?
　　46. 工作人员对纸张进行逐张质量检查的原因是什么?
　　47. 为什么要在人民币上制作出平、凸、凹版的图案?

第 48 到 50 题根据下面一段话:

　　科学研究发现,常听音乐能改变儿童的容貌,使孩子的脸孔变漂亮。

　　人的喜、怒、哀、乐都是通过接受外界的资讯而产生的,资讯通过耳朵、眼睛等传递到大脑,大脑再经过处理让脸上某个部位的神经发生变化。常接收悲伤、恐惧、惊吓、不愉快的资讯,与常接收愉快、喜悦、快乐的资讯比较,儿童面部的某些肌肉有着根本的差别。大脑神经使脸上某些肌肉长期处于紧张状态,久而久之愉快或悲伤的面部表情就会固定下来。

　　经常让幼儿听些欢快的乐曲,用音乐来刺激神经会使幼儿的身心得到健康的成长。有一个实验,每天上午、下午、晚上给一组儿童播放莫扎特的小夜曲。一开始没有什么改变,但四个月以后,这些孩子的面孔发生了很大变化,表情比一般孩子活泼,就连眼神都与一般孩子有了根本区别。

　　48. 常接收悲伤、恐惧等资讯的儿童面部表情会怎样?
　　49. 关于实验,下列哪个选项正确?
　　50. 这段话主要想表明什么?

　　听力考试现在结束。

试卷二   答案

一、听力

第一部分

1. C	2. C	3. C	4. B	5. D
6. C	7. B	8. B	9. D	10. B
11. C	12. D	13. A	14. B	15. C

第二部分

16. A	17. D	18. B	19. B	20. D
21. C	22. C	23. A	24. A	25. B
26. C	27. D	28. C	29. C	30. A

第三部分

31. D	32. B	33. D	34. D	35. A
36. D	37. B	38. A	39. C	40. C
41. B	42. A	43. C	44. B	45. A
46. D	47. B	48. B	49. C	50. A

二、阅读

第一部分

51. D	52. C	53. C	54. D	55. B
56. C	57. A	58. D	59. D	60. C

第二部分

61. D	62. B	63. C	64. C	65. D
66. A	67. C	68. B	69. B	70. B

第三部分

71. C	72. D	73. B	74. E	75. A
76. A	77. E	78. B	79. D	80. C

81. A	82. B	83. D	84. C	85. B
86. A	87. B	88. D	89. B	90. D
91. B	92. D	93. A	94. C	95. C
96. B	97. D	98. B	99. D	100. B

三、书写

（参考答案）

101.

五只毛毛虫

第一只毛毛虫，爬过山河，来到苹果树下，他不知道这是一颗苹果树，只是跟着同伴们往上爬，没有目的，不知终点。他最后的结局也许幸福，也许糊涂。大部分虫都是这样活着。

第二只毛毛虫，确定了他的"虫生目标"是找一颗大苹果。可是他不知道大苹果长在什么地方。于是他选择较粗的树枝爬，最后他只找到局部最大的苹果。因为有颗更大的苹果，长在他当年不屑于爬的小树枝上。

第三只毛毛虫，利用望远镜找到了一颗超大的苹果，并确定了爬法。最后，他可能有个好结局，也可能当他抵达时，苹果已被别的毛毛虫捷足先登，或者，苹果已经熟透而烂掉了。

第四只毛毛虫，有先知先觉的能力，他的目标是一芽含苞待放的苹果花，等他抵达时，这朵花正好长成一颗成熟的大苹果，他第一个钻入其中，过上幸福快乐的日子。

第五只毛毛虫，躺在树下纳凉。因为他的家族占领了这颗苹果树的一大片树枝，等着苹果成熟时，就将苹果丢给树下的子孙们捡食。

不过如果不是含着金汤匙出生的，可不要妄想捡到大苹果，因为反而会被砸死。

试卷三　听力材料

（音乐，30 秒，渐弱）

大家好！欢迎参加 HSK（六级）考试。
大家好！欢迎参加 HSK（六级）考试。
大家好！欢迎参加 HSK（六级）考试。

HSK（六级）听力考试分三部分，共 50 题。
请大家注意，听力考试现在开始。

第一部分

第 1 到 15 题，请选出与所听内容一致的一项。现在开始第 1 题：

1. 一项最新研究结果显示：如果 3 到 5 年持续承受高度压力，人类的记忆力就有可能衰退。研究人员相信，压力是造成记忆受损的重要因素，过多的压力会极大地损害记忆力。

2. 不管我们承认与否，在现在的生活中，宠物时尚正在以令人想象不到的速度和密度进入人们的生活，并影响和改变着我们的思想、感情、心灵和行为方式。

3. 如果整个教育的过程是零到一百的话，最重要的是零到一。而这个从零到一的过程就是父母与孩子的沟通，沟通是教育真正的开始。带着足够的信心和耐心去陪伴孩子，才能找到相互之间的沟通密码。

4. 据报道，科学家发现了一种非常特别的青蛙，它们靠一种别的动物听不到的超声波来相互交流。科学家认为这是一种新的奇特的进化。研究这种青蛙特殊的耳朵结构，有助于发明一种新的技术，帮助人们的嘈杂的环境中听到想听的声音。

5. 一般习惯将金银等金属之外的天然材料制成的、具有一定价值的首饰、工艺品或其他珍藏统称为珠宝，故有"金银珠宝"的说法。科学地说，"珠宝"与广义的"宝石"的概念是相同的。

6. 倾听不仅仅表明你很尊重对方，同时也告诉对方，他应该用同样的方式尊重你。除此之外，还表示你在进行思考——因此你给出的答案和建议比起脱口而出的更具说服力。

7. 爷爷做事总是丢三落四，经常弄丢自己的雨伞。一天，爷爷下班回来高兴地对奶奶说："你看，这回我没有忘记把雨伞带回来！"奶奶说："可是你今天没有带伞出去啊！"

8. 在一个天鹅自然保护区内，有三个天鹅湖，天鹅的栖息地面积非常大。但近几年来天鹅死亡数不断增加。是因为它们年老了吗？是因为它们之间相互残杀吗？都不是！是因为我们人类破坏了天鹅栖息地的环境。

9. 都说女人不是因为美丽而可爱，而是因为可爱而美丽。不知道从什么时候起大家都喜欢夸奖女性"可爱"了。但是，有些女性认为，夸她"可爱"就意味着你认为她不够漂亮，所以，赞美女性的时候可要注意了。

10. 奶奶经常教育我，当被别人误解时，要尝试着以平和的心情去对待，用真诚去沟通。要相信没有什么是解释不清的。这样不仅能消除误解，还能给彼此留下良好的印象。

11. 守株待兔是指希望不经过努力而得到成功的心理。这告诉我们，切不可把偶然的侥幸作为做事的根据，如果抱着侥幸的心理，片面地凭着老经验去办事，一般是不会成功的。

12. 昆明这个城市冬季温和，最冷时的平均气温约8℃；夏季凉爽，最高的温度不高于32℃。昆明处于云贵高原，海拔足有2000米。众人皆知，在离地面10千米的高度内，海拔越高，气温就越低，因此，昆明的夏季特别凉快，被称为"春城"。

13. 与红茶和乌龙茶不同，绿茶未经发酵。要在摘回来的茶叶还没发酵的时候进行加热处理，这样茶叶仍含有大量的维生素C，这是绿茶不同于其他茶叶的一大特征。因此，感冒的时候可以喝点绿茶。

14. 孩子需要"游戏的童年"，因为自由地玩耍有助于培养他们的社交能力、创造力，还能帮助他们在以后的人生岁月中应对挫折、克服困难。现在，玩耍正从许多孩子的童年中缺席，这不利于孩子的成长。

15. 成功的人和失败的人，一个重要的区别，就在于他们的习惯。成功的人，往往不断培养自己养成好的习惯，改变自己的坏习惯；而失败的人恰恰相反，他们对于自己身上的一些坏习惯总是听之任之。

第二部分

第16到30题，请选出正确答案。现在开始第16到20题：

第16到20题是根据下面一段采访：

女：欢迎"童话大王"郑渊洁。您好，恭喜您今年晋升为中国作家首富，去年汶川大地震，您是作家中捐得最多的，您如何看待作家在特殊情况下的捐款行为？

男：其实不在于捐钱多少，只要有这个心就行了，有力出力，有钱出钱。以前得过好多别的奖，都没有幸福感，只是高兴，只有成就感。去年十二月，国家给了我一个"中华慈善奖"。我当时有一个感觉：领这个奖感觉非常好。我觉得一个人要想真正获得幸福，只有一个渠道，就是帮助别人。你住着别墅，开着宝马，你也不幸福，这是我的体会。

女：有没有计划将来办一个慈善机构，在更广泛的范围内帮助人？

男：目前有两种基金会。一种是封闭式的，我只用自己的钱，不要别人捐钱，我要干这种。一种是开放的，用别人的，自己不掏，靠自己的名气。这个也好。

女：《皮皮鲁总动员》近两年的销售情况都非常好，仅二零零九年二月，就销售出一百多万册。您觉得自己作品热销的原因是什么？

男：我觉得可能和两个原因有关，一个是经济危机，一个是甲流，很多孩子周末和暑假原本是要出去玩儿的，包括我的孩子，后来都取消了。不出去以后，很多家长就去书店买书，我估计可能跟这个有关系。

女：您能给我们谈谈自己是怎样成为富人的吗？您的财富观是什么样的呢？

男：我爸是山西人，我妈是浙江人，他们的结合就是钱庄和票号的结合，我的血液里就有理财的东西。对作家来说财富其实是两笔，一笔是稿费，一笔是作品。作品是无形资产，比稿费厉害得多，是真正的摇钱树。这个摇钱树将来还可以派生出很多产品，影视、网络之类。说到稿费这一块儿，我觉得我可能名声不好，给人的感觉是老跟出版社谈钱。我觉得，作家还是要维护自己的利益。如果自己的衣食住行都解决了，就要尽可能地帮助别人，做慈善事业。

16. 男的是做什么的？
17. 男的觉得怎样才能获得幸福？
18. 如果设立基金会，男的希望怎么样？
19. 男的认为自己的财富是什么？
20. 关于男的，下列哪项正确？

第 21 到 25 题是根据下面一段采访：

女：您作为这次会议的"新面孔"，农民工的代表，此时您最想说的话是什么？

男：我最想说的就是我作为一个农民工代表，起着联系农民工与党和国家的桥梁作用。我还是以前的农民工，骄傲一点都没有，我感觉自己肩上的担子比较重。因为我是一个很普通的农民工，对相关的法律都不太懂，但我现在正在努力地学习，我会为农民工工友做出一些贡献。

女：这次来北京您带来什么样的提议？目前农民工最希望解决的是什么？

男：我们农民工近几年生活和工作在不断地改善，这来自社会各界对我们的关照。我在接到通知的时候，我班上的工友都非常高兴。

女：很多的工友知道您当选了全国人大代表都替您高兴，是吗？

男：是的，他们给我提出了一些建议，让我带给党和政府。

女：您举例说明一下。

男：我正在上班的时候，工友就跟我说，你当了人大代表，今后你要呼吁给我们农民工更好的福利待遇和生活待遇，让我们的工作条件得到改善。

女：农民工最关心的是什么问题呢？

男：我这几天也做了一些总结，我们应该在技术方面得到培训，我想这个培训应该有两个阶段。一是我们农民工所在的当地政府部门应多提供一些基本的培训。通过培训，农民工外出打工基础可能会好一些，能够找到更好、更多的工作。另外一个就是用人单位应该根据实际情况对农民工加以培训，这对我们也是一种发展。其实农民工工会已经组织我们进行了一些技术培训，我们希望有更多的培训机会，出去能找到更好的工作。

21. 男的最可能是什么人？
22. 当得知男的要参加会议时，工友们都是什么心情？
23. 工友们希望什么得到改善？
24. 农民工最关心什么问题？
25. 对于自己当选为会议代表，男的是什么感觉？

第26到30题是根据下面一段采访：

女：中国吉利汽车集团收购了世界名牌沃尔沃，就此我们采访了吉利汽车集团总裁李书福先生。就在签约前，瑞典工会还在说反对收购，一天之后舆论就完全转变了。这背后到底发生了什么？

男：这是沟通的问题，我们收购以后的很多规划没有提前跟工会说明，这让他们感到担心，后来我们及时跟工会进行了坦诚的沟通，他们了解我们的想法后态度就转变了。这件事让我看到，中国企业在国际谈判中的经验还是有欠缺，对各方面形势发展考虑不够全面。

女：您公开承诺收购完成后，会保持沃尔沃的独立性和纯洁性，您会怎样兑现自己的承诺？

男：我们肯定会利用沃尔沃来提高吉利的管理、研发等能力，这些可以通过市场化的方式来进行，譬如进行专利使用权有偿转让。

女：为了保持沃尔沃欧洲品牌的形象，也为了更符合我们认同的国际惯例，未来沃尔沃会采用和吉利合资的模式进入中国吗？

男：这还在研究中，是我们的备选方案之一，这种模式更符合规范，不过管理上的成本也会相应增加。

女：您有没有想过最后的收购结果会是如何？

男：我今天是讲心里话，我要感谢这个伟大的时代。这个时代做这个事情是可以成功的！不是吉利选择沃尔沃，是时代选择我们。就汽车业来说，核心是技术、管理、品牌、服务的竞争。合资企业可通过技术和管理的直接引进来持续完善自己，我们自主品牌近十年一直是通过引进行业人才来学习这些企业的技术和管理的，现在这个过程还将持续下去，但是到一定时候是有瓶颈的。所以我们认为吉利收购沃尔沃这样的企业，是短时间里能够拉近与跨国企业竞争距离的一个有效途径，走出去的竞争力也可以由此形成。

26. 吉利收购沃尔沃签约之前遭到了哪个机构的反对？
27. 未来的沃尔沃将采用哪种模式进入中国？
28. 男的对收购的结果怎么看？
29. 根据采访，以下哪项不属于汽车业的核心？
30. 根据采访，以下哪项是错误的？

第三部分

第31到50题，请选出正确答案。现在开始第31到33题：

第31到33题是根据下面一段话：

很多年前，有一个名叫王蒙的商人去四川北部收购油。没想到油尚未榨出就已经被先到的商人订购一空，他什么也没买到。正当他颓废沮丧、没有办法的时候，一个叫卖着推销油桶的小商贩经过他的身边，这突然引发了他的灵感。他四处向农民们打听，了解到今年油料作物获得了大丰收，因此对油桶的需求量也相应增大了。此时，油还没榨出，还没有人注意到油桶市场。于是，他把计划用于购买油的钱全部用来订购油桶，占有了四川北部所有的油桶货源，因而获得了丰厚的利润。

31. 这个商人为什么没买到油？

32. 谁给了这个商人启发？

33. 这段话主要介绍什么？

第34到36题是根据下面一段话：

有一群鲤鱼不甘心在浅滩平凡地过完一生，于是它们成群结队地来到龙门，一个个想要跳过去，成为龙。但龙门非常高，瘦小而缺乏锻炼的鲤鱼们费尽力气却根本跳不过去。于是，鲤鱼转而找到了龙王，要求龙王降低龙门的高度，龙王拒绝了。但一心想要出人头地的鲤鱼们态度很坚决，它们集体跪在龙宫外面，不管刮风下雨从不后退。龙王动了恻隐之心，大幅度降低了龙门高度。这下，大部分的鲤鱼都轻而易举地跳过了龙门。一个个兴高采烈。

但不久，这种兴奋劲儿就不见了。因为这群鲤鱼发现，虽然自己变成了龙，但原来的同伴儿也变成了龙，自己和别人比较起来，依然没有什么优势可言，一切还是老样子。鲤鱼们又去找龙王，向他倾吐心中的迷惑。

龙王微笑着对鲤鱼们说："真正的龙门是不能降低标准的。"

34. 鲤鱼为什么想要跳过龙门？

35. 鲤鱼们刚跳过龙门之后是什么感觉？

36. 这篇文章主要想告诉我们什么？

第 37 到 39 题是根据下面一段话：

　　自言自语不一定是病态，从某种意义上说，反而有利于身心健康。心理学家研究认为，自言自语是消除紧张的有效方法，可以有效地发泄心中的不满、郁闷、愤怒、悲伤等不良情绪，有利于消除紧张，恢复心理平衡。当你忧虑重重时，若有机会听听自己的谈话，可能使你拓展思路，变换考虑问题的角度，减少钻牛角尖的机会。

　　如果你的唠叨让朋友觉得不耐烦，或者找不到合适的倾听者，不如自言自语。与自己说说你的烦恼与不满，一来可以调节自身情绪，二来能够理清头绪，帮助自己更理智地看待事情。而且不会耽误别人的时间，更不会泄露自己的隐私。

　　37. "自言自语"有什么作用？
　　38. 关于"自言自语"，下列哪项正确？
　　39. 这段话主要谈的是什么？

第 40 到 42 题是根据下面一段话：

　　大学二年级时，学校有一次演讲比赛，班里推选了一位文笔好，但很爱害羞的李涛同学参加。那天，李涛的表现非常好，并为班里赢得了荣誉。下来时李涛找到我问，有没有注意到他在台上浑身发抖。我当时很惊讶地摇头，他握着我的手说：那就好，那就好。我这时才注意到他的腿竟然一直抖个不停。

　　事实上，很多人不敢当众讲话，是怕说错话被人瞧不起，丢面子。而真实情况是，几乎没有什么人能记住和关心别人丢脸的事，真正在意的只有你自己。因为在任何场合，发言表现的好与不好完全是你自己的事。只要你自己觉得没什么，别人更不会放在心。但相反，如果你自己过分在意别人的眼光，反而会放大你在别人眼中的缺陷。

　　40. 说话人对什么感到很惊讶？
　　41. 为什么有人不敢当众讲话？
　　42. 说话人有什么建议？

第 43 到 46 题是根据下面一段话：

中国有句老话：远亲不如近邻。然而在今天，这种传统的人际关系模式已经被打破，特别是近几年来大批动员居民迁移新居，而且他们大都是独门独户。种种原因使得现代都市人难以和近邻有频繁的往来。有人说，现在的近邻都成了"点头邻居"。尽管如此，都市人并没有让自己完全封闭起来，他们一改过去看中近邻关系的传统，而重视起与远方朋友的联络和交往。牛先生来北京朝阳居住已经两年了，他与邻居的关系依然只限于打打招呼。有一次他去黄山旅游，在旅馆里，他很快与两位工作人员熟悉起来。一番交谈后，双方都很尽兴，以致发现彼此的思想感情、生活情趣都有许多相似之处。这种交谈使双方都找到了一种知己的感觉，于是互留了地址。从此，他与黄山朋友时常通通电话、写写信。这种异地间朋友的交往，给牛先生增添了一分新鲜感和生活的乐趣。有时，黄山朋友会邮寄一些当地的名茶和土特产给他，而他也礼尚往来，在今年初春时为对方寄去了聊表心意的礼物。牛先生说，现代都市人不一定要彼此离得很近。保持点距离，反而会使人际关系更加融洽。再过几个月，牛先生的黄山朋友将要来北京旅游。他认为，与远方朋友重聚很有意思。

43. "远亲不如近邻"这种传统的人际关系为什么被打破了？
44. 文中认为现代都市人在建立与朋友的交往时重视哪方面？
45. 文中认为距离与友情是什么关系？
46. 近邻关系疏远的主要原因是什么？

第 47 到 50 题是根据下面一段话：

这是一家简约的小茶社，没有豪华的装饰，也没有精美的茶具，甚至很少见到来往穿梭的服务生，却给人一种说不出的舒适。

一开始，我觉得这里的服务态度有点儿怠慢，坐了半天，竟然不见有一个服务生招呼，我忙叫来服务生。那是一个十分懂事的女孩，连连向我道歉，并解释说，进来半天，没见我招呼，原本以为我只是坐坐就走，所以没敢打扰。

我不仅诧异，忙问道："就坐坐，不点饮品也可以吗？"

"当然可以。你如果不想喝点什么的话，我们这里还有免费为您提供的报刊，需要的话我可以拿给你。"服务生微笑着答道。

"那我若是想喝点什么呢？"我继续问道。

"我们这里的咖啡和茶水收费，您可以任意选择。您若是在这里坐得太久的话，我们还会付给您'时光补偿费'。时间从进店后点了东西的时候开始计算，如果超过 1 小时，我们就会开始补偿您。"服务生继续回答，仍然是一脸笑容。

商家还会给顾客付"时光补偿费"，这还是第一回听说，真是一家特别的小店。

47. 这家茶社给我什么印象？
48. 我为什么不满这里的服务？
49. 听了服务员的解释后，我发现了什么？
50. 如果在该店待了一个多小时的话，顾客会得到什么？

听力考试现在结束。

试卷三 答案

一、听力

第一部分

1. C	2. D	3. B	4. C	5. D
6. A	7. D	8. C	9. D	10. C
11. A	12. B	13. B	14. C	15. B

第二部分

16. A	17. B	18. A	19. C	20. D
21. C	22. A	23. B	24. C	25. D
26. B	27. D	28. A	29. B	30. B

第三部分

31. B	32. D	33. C	34. A	35. A
36. D	37. C	38. D	39. A	40. C
41. A	42. D	43. C	44. B	45. C
46. D	47. D	48. C	49. C	50. C

二、阅读

第一部分

51. D	52. A	53. B	54. D	55. A
56. C	57. A	58. B	59. B	60. D

第二部分

61. B	62. C	63. C	64. B	65. D
66. D	67. B	68. B	69. A	70. C

第三部分

71. D	72. C	73. E	74. A	75. B
76. B	77. D	78. E	79. A	80. C

第四部分

81. D   82. C   83. D   84. D   85. B
86. C   87. D   88. A   89. C   90. B
91. A   92. B   93. C   94. C   95. B
96. B   97. B   98. B   99. D   100. C

三、书写

（参考答案）

101.

过去不等于未来

　　美国田纳西州一个小镇上，有个姑娘小名叫丹妮。她是个私生子，受到人们的歧视。慢慢的，她变得懦弱，开始自我封闭，逃避现实，不与人接触。

　　丹妮13岁那年，镇上来了一个牧师，从此她的一生改变了。有一天，她偷偷溜进教堂，躲在后排倾听牧师的演讲："过去不等于未来。过去成功了，并不代表未来还会成功；过去失败了，也不代表未来就要失败……"她被深深地震动了。之后又有几次偷听，但每次都是听不到几句话，就快速的离开。因为她胆怯，自卑，认为自己没有资格进教堂。

　　终于有一次，丹妮听得入迷，忘记了时间，被牧师和大家发现。牧师问她是谁家的孩子，她惊呆了，不知所措。牧师帮她说到，她是上帝的孩子，并告诉她，过去怎样不幸，都不重要，重要的是对未来必须充满希望。调整自己的心态，明确目标，乐观积极的去行动。

　　"博爱"化解了压抑在丹妮心灵13年的冰封。从此，丹妮变了。她40岁时成为田纳西州州长，后来又成为大企业的总裁，还出版了自己的回忆录《攀越巅峰》。并在书的扉页上写下：过去不等于未来！

试卷四 听力材料

（音乐，30秒，渐弱）

大家好！欢迎参加 HSK（六级）考试。
大家好！欢迎参加 HSK（六级）考试。
大家好！欢迎参加 HSK（六级）考试。

HSK（六级）听力考试分三部分，共50题。
请大家注意，听力考试现在开始。

第一部分

第1到15题，请选出与所听内容一致的一项。现在开始第1题：

1. 在大雾天气，飞机不能起飞和降落，汽车、船舶等也因能见度低而容易发生事故。雾对农业生产也有一定的危害，如果连续数天大雾，将使农作物缺乏光照，进而影响生长。

2. 小强明天就要期末考试了，可是今天晚上他还在看电视，而不去复习功课。妈妈着急地问："你怎么还不去看书？明天就要考试了。"小强说："我早已胸有成竹，妈妈你就不用担心了。"

3. 幸福是一种感觉，它不取决于人们的生活状态，只取决于人们的心态。所谓知足者常乐就是这个道理。人要学会自我满足。这里说的自我满足，不是骄傲自满，也不是阿Q精神，是对环境的适应。

4. 团队精神的基础是尊重个人的兴趣和成就，其核心是协同合作，最高境界是使团队具有凝聚力。团队精神的形成并不要求团队成员牺牲自我，相反，挥洒个性、表现特长是保证成员拥有共同完成目标的动力。

5. 世界卫生组织建议，一个健康成年人每日盐的摄入量不应该超过6克，相当于一个啤酒瓶盖的容量。这包括各种途径摄入盐量。可是实际上一般人的用盐量远远超过这个标准。

6. 由于此地玫瑰的最佳采摘期在每年的5月中旬到6月中旬，因此，每年6月的第一个星期天，这里都会举办玫瑰节，节日游行会持续5天。玫瑰节上会选"玫瑰皇后"，还有玫瑰采摘仪式、歌舞表演和游行等活动。

7. 不同年龄段的人对睡眠的要求不一样。婴儿除了吃奶就是睡觉，睡眠时间可能是十几甚至二十多个小时。随着年龄的增长，睡眠时间不断缩短，到了成年，对大多数人来说，六到八个小时就够了。

8. 中秋节最重要的游戏活动是玩花灯，一般只是在家庭内部进行，并没有元宵节那样的大型灯会。到了晚上，家人围坐在一起，一边吃苹果、月饼等象征团圆的果品，一边赏月，祈祝家人生活美满幸福。

9. 兔子是奔跑冠军，可是不会游泳。于是，小兔子去学游泳，耗费了大半生的时间也没学会。它问猫头鹰："我很努力，但为什么学不会游泳？"猫头鹰说："兔子是为奔跑而生的。"

10. 我们的衣食住行，无一不与气候息息相关。就拿居住来说，建造房屋必须要考虑气候影响。气候不同，房屋的结构就会有所不同。比如北方的房屋比较矮，利于保暖；而南方的房屋比较高，利于散热。

11. 西安，是著名的古丝绸之路的起点。这座永恒的城市，就像一部活的史书，一幕幕，一页页记录着中华民族的沧桑巨变。西安是一个充满神奇和活力的地方，走近它，你会为历史遗存的完美博大所震撼！

12. 北极熊，顾名思义，是生活在北极的熊。它们是名副其实的北极霸主，双掌的力量可以破开冰面，在捕食白鲸时，由冰上向水中扑去时可以一击重创白鲸，除去人类，北极熊并无天敌。

13. "刻舟求剑"这个成语故事告诉我们，地点发生了变化，解决问题的途径应灵活多变。世界上的事物总是在不断地发展变化，人们想问题、办事情，都应当考虑到这种变化。

14. 演员并不仅仅生活在所演人物的世界中，他还能在人物身上体现出自己的经历、教养、性格特征等个性因素。是否在演艺过程中压抑自己的个性是区分"性格演员"和"本色演员"的重要标准。

15. 蛇这种野生动物早已成为人们餐桌上的美味，但蛇身上有多种寄生虫，人们在饮食制作过程中，特别是吃火锅的过程中，虫卵和虫体并不能完全被杀死。这些虫卵和虫体一旦进入人体内，危害很大，可使人感染各种疾病，严重时会危及生命。

第二部分

第 16 到 30 题，请选出正确答案。现在开始第 16 到 20 题：

第 16 到 20 题是根据下面一段采访：

男：在你年纪很小的时候，就学习过钢琴，还接受过歌剧训练。但长大之后，却直接进入了现代艺术领域。这和你的幼年经历有关系吗？

女：我很小的时候，大概四五岁的样子，经常写诗。而我写的都是很抽象的、很概念化的。我妈妈是一个非常优秀的艺术家，她画很多写实主义的画作，可我并不想走她的路。我爸爸是一位出色的音乐家，所以基本上，我在尝试走一条不同于爸爸和妈妈的艺术之路，非常抽象的艺术领域。我想他们会感到有点失望，因为父母总希望我成为一个有自己风格的保守主义的艺术家或音乐家，但我变成了先锋艺术家，我知道自己要什么。

男：随着你的艺术越来越被大众所接受，你的生活也发生了巨大的变化？

女：是的。就在这时，我遇到了我的丈夫。

男：你第一次见到他的时候，对他是什么印象？

女：我并不知道他是"甲壳虫"的成员，他只是走进展览大厅，我就觉得他是个很迷人的小伙子。帅极了，但同时，他的行为很绅士。

男：你还记得他见你第一面的时候说了什么吗？

女：他没说太多，他爬上楼梯，欣赏我的作品《YES》。瞪了一会儿，然后走下来"嘿嘿"两声，就只有这样而已，随后就离开了。后来，我知道他是被我的作品打动了。

男：在你遇到他之前，你对摇滚乐有兴趣吗？

女：对他们我一点都不了解。我不懂摇滚乐，因为我一直都接受古典音乐的训练。我读大学的时候，大家都听爵士乐，而不是摇滚。我对爵士乐还略知一二，也做过一些演出，但摇滚乐对我来说是一个充满惊喜的相遇。

男：你们结婚时，你送了自己一个非常特殊的礼物，是一场为和平而做的行为艺术——床上和平行动。

女：因为我意识到我的丈夫非常有名，我们的一举一动都会登上报纸，所以我们想，如果不做点特别的事，那岂不是浪费知名度？如果我们仅仅是到了某个酒店，住进去，这太一般了，所以我想，为什么不利用这样一个背景来宣扬和平呢。

16. 女的什么时候开始写诗？
17. 女的为什么觉得爸妈对她有点失望？
18. 女的对丈夫的第一印象怎样？
19. 在认识她丈夫之前，女的常接触什么音乐？
20. 女的结婚时给自己的特殊礼物，目的是什么？

第 21 到 25 题是根据下面一段采访：

女：说到创意，可能很多人都觉得高深莫测。比如我们平常开会策划一个项目时，往往在让大家拿出一个有创意的想法时就很容易冷场，因为总是觉得自己缺乏创意。欧阳先生，您怎么看这个问题呢？

男：嗯，在我看来，创意是有一定的门槛的，但不是特别高，因为随着社会的发展，创意慢慢地会变成一种很职业化的产业，会有很多专门从事这方面的人员来开发不同的创意。可能是现在大家周围专门从事创意研究的人太少，所以就会觉得创意和自己是有距离的，其实不是这样，每个人都能让自己的头脑充满创意。创意是一件很随意的事情，不要刻意地去追求每件事都要有创意，不要把创意变成大脑的一种负担。

女：您说创意研究会变成一种很职业化的东西，我很认同这个观点，但是现在内地的大学还都没开设专门的创意产业研究课程，目前还是我们这些学习新闻出版传播类专业出身的人员对创意的需求比较大。您能谈谈怎么样才能培养起自己独特的创意吗？

男：我认为要多思考，多观察生活，和周围的人多交流，因为创意最后还是要满足社会的需求，你应该多去接触社会，而不能埋在书里一个人想。我觉得培养、发掘创意必须多用头脑，不断地思考总结，能从生活中的小事中发现一些东西，并且把它们转化为创意，我觉得就很好。

女：确实如此。那么您能不能举一个您自己身上的事例来论证这个观点呢？

男：是这样的，我最近几年都在专注于美食的研究，因此写了很多和饮食有关的东西。我最近正在编写一本十八分钟做出一道菜的书，因为我发现现在的年轻人都不是特别喜欢动手做东西吃，如果你写本书告诉他们要三四个小时才能做出一道能吃的菜，他们听到肯定都吓跑了。于是我就开始留心收集这方面有关的材料。比如说煮饺子，擀皮很麻烦，他们可以去超市买现成的，不过吃饺子的酱汁他们就得自己做，可能也就几分钟，但是确实能做出可口的食物。这就是创意。

女：概括起来，您的意思就是说，观察生活，留心生活，通过一件小事发掘出一个点，从而培养出一个可能的创意？

男：对，就是这个意思。多观察，多动脑子，创意自然会越来越多。

21. 关于创意，男的是什么看法？
22. "很容易冷场"主要是什么意思？
23. 男的认为怎样才能培养创意？
24. 近几年男的在做哪方面的研究？
25. 男的认为年轻人有什么特点？

第 26 到 30 题是根据下面一段采访：

女：让我们用掌声欢迎我们今天的嘉宾，被称做"国际奥委会的经济大管家"海博格先生。

男：你好。

女：你好。刚才你出场的时候，我们看到短片里有一个你戴着八角帽的形象，你喜欢照片当中的你吗？

男：是的，非常喜欢。从很多方面来说，奥运和长征有相通的地方，毛主席用长征团结中国人民，我们要用奥运会把中国人民再度团结起来。

女：听说海博格先生也创下了一个纪录，是重走长征路当中的年纪最大的一位。其实聊完了刚才重走长征路这一段的时候，大家一定非常好奇，海博格先生为什么一定要去走长征路呢？他和你从事的奥运营销之间有关系吗？

男：有的。我认为这是一种很好的理念，纪念中国历史发展中极为重要的一个事件，我们觉得把奥运会带到中国来是把 13 亿中国人民都团结起来的一种很好的方式，过去的这 16 天北京奥运会的日子，对我来说真是非常棒的一次经历。

女：所有的中国人都记得 2001 年 7 月 13 日，我们申奥成功的那一天，其实 2001 年对于海博格先生也有着特殊的意义，他在这一年的年底加入了奥委会。海博格先生走长征路大概只是十几个小时的事情，但是和中国走过的这一段奥运营销的路，却走了整整 7 年。在北京举行的第 29 届奥运会我们有大概 62 个合作伙伴，他们花了高价钱买来的是什么？

男：他们得到的是一种使用五环的权利，而且这种权利是受到我们国际奥委会保护的，因为奥运会应该说是世界上最有影响力的品牌，这样就使得赞助商能够获得一些优势。

女：你觉得这次的营销成功吗？

男：我觉得这是一次极大的成功，我们几乎是获得了中国所有顶级企业的赞助。

女：我在互联网上看到，有人说大概超过了 26 亿美元，是这样吗？

男：实际的金额远远超过这个数，光电视转播权就获得了 26 亿美元，中国的公司赞助了 10 亿美元，此外我们还有一些国际上的大公司，一共 12 家，他们的赞助总额和中国公司的赞助差不多。

女：国际奥委会经营着世界上最知名的品牌，营利能力相当可观，十几天可能就有大约二十几亿、三十几亿收入。那么所有的这些钱该怎么花呢？

男：50% 给当地的组织者，40% 是给参加奥运会的 205 个国家的奥委会，电视转播权的 50% 也是给组织者，国际奥委会只保留收入的 7%。

26. 男的是什么身份？
27. 男的重走长征路花了多长时间？
28. 男的为什么说 29 届奥运会是一次成功的营销？
29. 这次奥运会获利多少？
30. 奥运会的大部分收入给了谁？

第三部分

第 31 到 50 题，请选出正确答案。现在开始第 31 到 33 题：

第 31 到 33 题是根据下面一段话：

　　第二届关于糖尿病治疗的亚太区培训会议 11 日在上海举行。杨教授在会议上对中国糖尿病的发展趋势表示担忧。

　　随着生活水平的提高，中国城镇人口糖尿病的发病率正在增长，在中国男性人口中，三十至六十岁年龄段人群该病的发病率增长更快。中国人中"糖调节受损"者也是这个年龄段居多，而该现象是介于正常和糖尿病之间的一种征兆。杨教授据此表示：如不进行干预，10 年后中国糖尿病发病情况堪忧。

　　中国经过十几年的快速发展，人民收入及生活水平大幅提高，糖尿病的发病率却随之上升。目前中国大陆糖尿病的发病率已经和十几年前香港、台湾及新加坡等国家或地区接近。

　　而另一份相关调查显示，目前中国大陆糖尿病患者人数已居世界第二位，预计 2025 年时将达 5930 万人。

　　31. 杨教授对中国糖尿病发展趋势表示了什么？
　　32. 糖尿病患者更容易在哪个年龄段出现？
　　33. 目前中国大陆糖尿病患者人数居世界第几位？

第 34 到 36 题是根据下面一段话：

　　一个农夫栽了两棵苹果树，到了秋天，两棵树都硕果累累。在农夫孩子们的欢声笑语中，两棵树被弄得枝折叶落，伤痕累累。

　　第二年秋天，农夫和孩子们发现，只有一棵树上果实累累，而另一棵上一个苹果也没有。

　　农夫和孩子们这回很小心地采摘苹果，可也弄得这棵结果的树折了不少枝叶，而另一棵没结果的则丝毫无损。

　　不结果的苹果树得意地说："多亏我明智，才保全了自己。"结果的苹果树说："多亏了农夫的精心照料，我才能长大成材，能给他们带来快乐，即使受点损失，我也很高兴。"不结果的苹果树叹道："真愚蠢，连爱护自己都学不会！"

　　第三年秋天，相同的事情又发生了。农夫想，反正这棵苹果树不会结果，砍了做柴烧算了。于是砍倒了那棵不结果的苹果树。

　　34. 第二年发生了什么事？
　　35. 最后农夫的决定是什么？
　　36. 这个故事主要想告诉我们什么？

第 37 到 39 题是根据下面一段话：

　　大同位于山西省，是著名的旅游城市。大同已有 2400 多年的历史，著名的旅游景点有北岳恒山、悬空寺、云冈石窟，还有据说可以与秦始皇兵马俑相媲美的灵丘曲回寺等。全市共拥有国家级和省级重点文物保护单位 60 多处，都蕴含着深厚的古文化风貌。即将举办的首届"中国大同云冈旅游节"将开展以古典故事为主要内容的寻根探游活动。此外，还将举办体验煤矿工人工作和生活的矿山游、参观白求恩医院等活动。

　　大同不光有悠久的历史，其独特的塞外风情也别具一格。大同有着浓郁的北方民族传统文化和迷人的边塞风光。自古以来，大同地区就一直是北方少数民族与汉族杂居交往和文化交融之地。至今，大同城乡居民的饮食、居所、民俗等仍保留着北方民族的古老遗风，是旅游者了解、体验北方民族风土人情和文化的理想场所。大同属于温带大陆性气候，夏季短暂，春秋凉爽，四季分明，是理想的避暑胜地。

　　37. 大同的哪一个旅游景点可与秦兵马俑相媲美？
　　38. 哪一项不是首届大同旅游节要开展的活动？
　　39. 大同地区自古以来有什么独特之处？

第 40 到 42 题是根据下面一段话：

　　植物主要是靠传播它们的种子或果实来扩大它们的分布区域。能把自己的种子或果实传播得越远，这种植物的后代就能占据越大的"领土"，它也就能在地球上更好地繁衍生息，欣欣向荣。

　　生长在水中或水边的植物，很自然地，它们要靠水的帮助来传播繁殖体。椰子可算是植物界最出色的水上旅行家了。椰子的果实有排球那么大，果实的外面有层革质外皮，它既不易透水，又能长期浸在又咸又涩的海水里而不被腐蚀；果实的中层有一层厚厚的纤维素，它们质地很轻，充满空气，有了这一层厚纤维，就使整个椰子像穿上了一件救生衣那样漂浮在水面上；内层才是坚硬如骨质的椰壳，保护着"未出世"的下一代。当椰子成熟后，就会从树上掉落下来，如果掉入海中，海潮就能把椰子带到几百公里以外，甚至更远，然后再把它冲上海岸，若是环境适宜，那么，一株幼小的椰子树就会在那儿开始它的独立生活。太平洋有许多珊瑚岛，岛上最初出现的树种往往就是椰子树。

　　40. 植物靠什么来扩大分布领域？
　　41. 椰子的外皮主要起了什么作用？
　　42. 椰子的种子有几层保护？

第 43 到 46 题是根据下面一段话：

　　选择比努力更重要，人生就是选择，或彼或此，我们无时不在选择。正是因为有不同的选择，所以才会有千差万别的结局，才会有千姿百态的人生。人总是在选择中前进的。选择，是摇摆于多种可能性之间的最后的决断。由于结局是未知的，不可预见的，所以才让人举棋不定、左右为难。选择，是量力而行的智慧和远见。学会选择就是学会审时度势、扬长避短和把握时机。人虽是自由的，却也只有选择的自由，而并不拥有自由的选择。对于一个具体的人来说，本质决定着选择；选择制约着本质。选择是多种多样的。一般来说，选择是痛苦的，因为选择的学问，同时也是一门放弃的学问。学会放弃，才能卸下人生的种种包袱，轻装上阵，从容地等待生活的转机，踏过人生的风风雨雨；懂得放弃，才拥有一份成熟，才会活得更加充实、坦然和轻松。能够放弃，就已经拥有了当机立断的果敢以及顾全大局的胆识。人生总是要面临这样那样的选择。犹豫不决，就必然会错失良机，后悔莫及。人生之路是不可逆的，也就是说不可能重新选择。即使不满意，也无可奈何。

　　43. 为什么说选择是痛苦的？
　　44. 关于选择，下列哪项正确？
　　45. 选择有什么特点？
　　46. 人们在面临选择的时候，应该怎样？

第 47 到 50 题是根据下面一段话：

　　怎样才能做个自信、成熟的应征者？下面就是我——一个主试官的建议。
　　第一，你的简历要简要、干净，没有任何夸大的形容词。文笔流畅，没有错别字和病句。
　　第二，面试时仪表很重要，头发干净，穿着整洁，坐直一点儿，说话时注视对方。
　　第三，多带一些有关工作或有助于谈话的资料。
　　第四，带一本书。早到的话可以看书，这表示你很准时，但不是无所事事。假如主试者迟到了，你手上有书，正好可以全神贯注地看书，显出丝毫没注意的样子。
　　还有，想办法掩饰紧张的心情。万一没有一个办法有用，有一句比较管用的话："我好久没参加过面试了，所以有点儿紧张。"
　　另外，多说事实，避免笼统、琐碎的词句。"我有创造力"或者"我喜欢做有意义的工作"都太含混，比较好的说法是"我有做策划的能力"或者"我写东西很快"。
　　最后，要会问问题。你可以问："这份工作非常有意思，可有什么缺点？""我想知道你认为我适不适合干这项工作？"你不要问："你准我们请多少天病假？"或者"你给我多少工资？"你应该说："我不想浪费你的时间谈工作的细节，可是我想稍微了解一下工作的环境，以及种种有关的事。"

　　47. 这段话主要谈了什么内容？
　　48. 这段话一共谈到了几点建议？
　　49. 这段话没有提到以下哪一个方面？
　　50. 以下哪一个说法是错误的？

　　听力考试现在结束。

试卷四　答案

一、听力

第一部分

1. A	2. A	3. A	4. C	5. D
6. A	7. D	8. D	9. A	10. C
11. B	12. B	13. A	14. B	15. C

第二部分

16. B	17. D	18. B	19. A	20. C
21. C	22. C	23. D	24. A	25. D
26. C	27. D	28. C	29. D	30. B

第三部分

31. C	32. B	33. B	34. A	35. D
36. A	37. D	38. A	39. C	40. D
41. B	42. C	43. D	44. D	45. B
46. B	47. C	48. C	49. D	50. A

二、阅读

第一部分

51. B	52. A	53. C	54. A	55. D
56. A	57. B	58. C	59. B	60. A

第二部分

61. B	62. C	63. A	64. D	65. B
66. D	67. A	68. C	69. B	70. D

第三部分

71. A	72. D	73. B	74. C	75. E
76. A	77. D	78. B	79. E	80. C

81. B	82. B	83. C	84. C	85. D
86. D	87. B	88. C	89. B	90. A
91. C	92. D	93. C	94. D	95. D
96. A	97. D	98. D	99. B	100. C

三、书写

（参考答案）

101.

换个颜色又何妨

最近工作压力很大。老总还将年底商场促销活动的方案交给我负责，只有一个新来的女孩做助手，活动成功与否还关系到大家福利奖金的多少。大家都愣住了，我也不敢相信。晚上给一位亦母亦友的老师打电话讨教，老师说让我好好做，我却觉得是老总想找个借口赶我走。

第二天我如约到老师家讨"灵丹妙药"。可是老师却取出一件粉红色的大衣让我试试。这是一件我看中的款式，可是因为没有绿色所以没买。因为我非常喜欢绿色，所有衣服用品都是非绿色不买。后来，我勉为其难的试了粉色大衣，却发现自己显得水灵可爱。

老师这才和我说，换个颜色未必不适合我，固定思维很可怕，生活原本丰富多彩，是我自己把其他颜色都抹去了。

老师又说，工作和买衣服一样，如果喜欢那份工作，就要好好做，不试试怎么知道不行？这次老总的决策，可能就是想启用新人，走出固定思维，才能出奇制胜。

很多时候，不管遇到什么事，多给自己一点选择的空间，往自己认为好的方面去努力，一定会成功。当一种颜色穿在身上不理想时，换个颜色又何妨？

试卷五　听力材料

（音乐，30秒，渐弱）

大家好！欢迎参加 HSK（六级）考试。
大家好！欢迎参加 HSK（六级）考试。
大家好！欢迎参加 HSK（六级）考试。

HSK（六级）听力考试分三部分，共50题。
请大家注意，听力考试现在开始。

第一部分

第1到15题，请选出与所听内容一致的一项。现在开始第1题：

1. 明明是一个很调皮的孩子。一天，明明对老师说："老师，今天有个小朋友掉进坑里了，他们都笑他，就我没笑。"老师很高兴，说："很好。那是谁掉进坑里了呢？"明明说："是我。"

2. 安全性是设计婴儿房时需考虑的重点之一。由于孩子正处于活泼好动、好奇心强的阶段，容易发生意外，在设计时，需处处费心，如在窗户上设护栏，家具都要采用圆弧收边，尽量避免棱角的出现等。

3. 牛奶中有丰富的钙和维生素 D，富含人体生长发育所需的全部氨基酸，消化率可高达98%，这些是其他食物所无法比拟的。牛奶营养丰富、物美价廉、食用方便，人称"白色血液"，是最理想的天然食品。

4. 杂乱的居家环境也是不可忽视的压力源，学习一下简化的艺术，把那些你不需要或者不常用的东西，还有不必要的装饰品都清理掉，一个宽敞、整齐、干净的房间会给你的内心带来安宁与平静。

5. 《围城》发表以后，在国内外引起巨大轰动。有位美国记者要求采访作者钱钟书。钱钟书再三婉拒，她仍然执意要见。钱钟书幽默地对她说："如果你吃了个鸡蛋觉得不错，何必一定要认识那只下蛋的母鸡呢？"

6. 人类的头发中有一种物质叫做"黑色素"，它可以使我们头发变黑。如果黑色素少的话，头发便会发黄或者发白。当我们到了老年的时候，黑色素越来越少，所以我们的头发也就越来越白了。

7. 北京的胡同起源于 12 世纪的元大都。据史料记载，明末北京有胡同 600 多条，清朝时有 978 条，到 20 世纪中叶，在北京城区有 1330 条胡同。老北京流传着一句俗话："有名的胡同三千六，无名的胡同赛牛毛。"

8. "前三分钟定终身"，找工作时你给面试考官的第一印象，从言谈举止到穿着打扮都将直接影响你被录取的机会有多大。要彬彬有礼，但不要显得过分殷勤；要大方得体，但不要拘谨或过分谦虚。

9. 第 20 届"燕京啤酒节"隆重开幕。今年的啤酒节内容丰富多彩，除开幕式、品牌经济论坛、签约仪式、高尔夫球赛等传统项目外，还特意设立市民可以广泛参与的啤酒广场，为市民提供消暑纳凉的好去处。

10. 药膳是在中医学、烹饪学和营养学理论指导下，严格按药膳配方，将中药与某些具有药用价值的食物相配伍，采用我国独特的饮食烹调技术和现代科学方法制作而成的具有一定色、香、味、形的美味食品。

11. "笨鸟先飞"这个成语指笨拙的人应该早做准备，及早把想法付诸实践，就能比那些自认为聪明的人先到达目的地。即使先天条件有限，但是通过后天的努力，仍然可以达到预定的目的。

12. 导演对编剧说："你的剧本必须再做一些修改，我绝不希望在剧场里听到脏话！"编剧反驳道："什么脏话？我的剧本里可没有半句脏话。"导演说："没错，你的剧本是没有，但是恐怕观众会有。"

13. 如果你打电话的时候，弯着腰躺在椅子上，对方听你的声音就是懒散的，若坐姿端正，所发出的声音也会悦耳，充满活力。因此打电话时，即使看不见对方，也要尽可能注意自己的姿势。

14. 大部分鲸鱼生活在海洋中，仅有少数栖息在淡水里。一般将它们分为两类，一类口中有须无齿，称须鲸；另一类口中有齿无须，叫齿鲸。鲸的眼睛都很小，视力较差。

15. 心理学家认为，有选择地读书可以改变心情。为此，他们建议科普、科幻类读物应作为人们阅读时的首选。因为这类读物打破了传统思想的禁锢，可以活跃思维，让人变得开朗，增强人们的心理抵抗能力。

第二部分

第 16 到 30 题，请选出正确答案。现在开始第 16 到 20 题：

第 16 到 20 题是根据下面一段采访：

女：今天我们请到的嘉宾，以前曾是体坛传奇，现在则是商业精英，他就是李宁先生！欢迎您来到我们的节目！朋友们现在很关心的一个问题是李宁体育服装用品公司成立以后，您为什么会退隐幕后？

男：是这样的，我是一个喜欢自由的人。责任我要负，兴趣也会追求。自由是最好的。但更重要的是，我肯定不能做到百分之百的完美，所以一定要尽量留下空间。

女：您所说的"空间"是什么意思？

男：我觉得公司不是一天两天的事。如果是赚钱，可能是一天两天的事，做事业不见得这么容易，只能是找到一个大方向，不断有人加入，不断有人做贡献，不断有人出来，包括我自己，不会在这里做领导太长久。不是说我不想做这个企业，是这个企业需要我做这个选择。

女：也就是说这是一个经营理念的问题，以前大家认为您退隐幕后，这样看来，这个说法就不太准确了。

男：对。其实也不存在什么退隐幕后，从一开始我就没把自己全部放在那儿，也没有认认真真地把所有的权力都放在我身上，即便是当初很小的生意、很小的工作量，我也是授权给陈义红——我的队友做的。

女：我注意到很多企业家看上去跟企业是一体的，而且他们以此为乐。

男：这是我最不愿意看到的。一个人的能力即使是无限的，也还需要构造出一个强大的组织来领导、运行这个企业。我一直在公司强调不要把李宁跟李宁公司混为一谈，否则既违背这个公司创立的初衷，也损害我个人的利益，因为我很喜欢自由。不能因为我毁了企业，也不能因为企业把我毁了。

女：听说您拒绝做企业的形象代表，这一点大家都很不理解。这是为什么呢？

男：道理很简单，如果把我和企业绑在一块，那么如果有一天我生命结束了，你觉得这个企业会怎么样？

女：也结束了？

男：对，我很有自知之明。我很高兴有一天，很多孩子买了李宁牌，但不认识我，这就是我需要的。因为他们追求的是品牌、产品，你满足了他的需求，这才符合商业规律。

16. 男的退隐幕后的真正原因是什么？
17. 男的所说的"空间"是什么意思？
18. 关于企业家和企业的关系，下面哪项不正确？
19. 男的为什么不愿做企业形象代表？
20. 关于男的，下列说法哪项正确？

第 21 到 25 是根据下面一段采访：

女：作为清华创业园的主任，您认为大学生创业的优势和劣势都是什么？

男：大学生创业的优势是没有包袱。对大学生来讲，本来就一无所有，即使失败了得到的也是经验，我认为这就是大学生的创业优势。另外在经验方面来看，没有经验反而敢于冒险，一些较难的项目有经验的人不敢做，恰恰因为他是大学生，初生之犊不畏虎，就开始做了，并获得了成功。

女：从海外回来的留学生也没有经验，他们和国内的大学毕业生的差别是什么？

男：留学生之间差别比较大。如果留学生只是纯粹搞技术，跟国内毕业生是一样的。技术出身的人把技术看得比较重，技术为主的公司，不成功的主要原因是欠缺商业化运作能力。国内大学生和留学生都有这样的情况。在清华有这样一批留学生，他们有创业经历，掌握海外先进的技术，了解如何将技术变成市场需要的产品，如何与资本结合达到上市等。这样的留学生，市场观念比较强，市场运作能力比较强，吸引资金本事也比较大。他们不仅带回来技术，还有新的观念和理念，这样的留学生创业是比较容易成功的。

女：对于我们大学毕业生来说，先不要头脑发热，先要确定自己适不适合创业。

男：对大学生最重要的是，不管怎样创业，要搞清楚一件事情，不管你是卖产品还是服务，最主要还是看有没有市场需求，产品的潜在市场有多大。在市场里，要做跟别人不一样的东西，要考虑如何在市场里取得一杯羹。

女：在创业者里面，有个人，也有团队，哪一种更多？

男：大多数都是团体创业，很多是懂技术的和懂市场的相结合。比如说我们做电脑的，搞技术的人把电脑做得更快、更好，以更好卖，这是最简单一个结构。有人开发适合市场的产品，有人卖出去，再把信息反馈回来，这是最简单的组合。如果还有懂资金、懂销售、懂管理、懂人力资源的，这样的团队会更加的完美，成功的可能性会更大一点。

21. 大学生创业的优势是什么？
22. 关于从海外回来的留学生，下列哪项正确？
23. 技术为主的公司不成功的主要原因是什么？
24. 大学生创业应该先搞清楚什么？
25. 根据对话，可以知道什么？

第26到30题是根据下面一段采访：

女：蒋教授，听说您学的专业非常杂。请问，您到底是学什么的？

男：我本科学的是农学茶叶，硕士读的是森林植物，博士攻的却是环境化学。如今，我指导博士生研究的是分子生物学、生物技术。

女：对于您所学专业的频繁转换，您自己是怎么看的？

男：我认为利大于弊。多学科的交叉使我在眼界大为开阔的同时，思路也开阔了，脑子里的闪光点多了起来。很多次，一个来自于其他学科的想法启动了一个实验，而一次又一次的实验，又给了我新的灵感。

女：您能再详细谈谈您求学时的一些情况吗？

男：我自己没什么好谈的，倒是湖南农大的王老师，北林大的黄先生，中科院的徐院士，在我攻读学士、硕士、博士的三个阶段，辛勤工作，为我铺就了一条通向成功的七彩路。师恩深重，我只能以为自己的学生铺就同样的路来回报恩师。

女：您现在已经是教授了，但您也跟其他同龄人一样，下过乡，插过队，对于您生命中的这段时光，您是怎么评价的？

男：那段时光并不长，只有两年，但却给予了我很多，不仅仅是艰辛与磨难，更有刻苦与执著。"无论什么事情，只要干，就要尽心尽力地干好"的精神就是在那时播下的种子。

女：作为省部级跨世纪学科带头人的培养人选，您的肩上还挑着行政管理的担子。对于这一方面，您是怎么想的？

男：对我而言，与人打交道确实比自己搞研究要难得多，但总要有人做些牺牲与奉献。所以，对于繁琐的事务性工作我也同样努力去做。

女：您对将来有什么想法吗？

男：我希望将负责的北京林业大学生物中心这个国家教育部的理科建设基地，建成科技海外兵团的国内研究基地。不但要在设备上向国际一流水平看齐，还要在管理上为客座研究人员提供良好的研究条件和宽松的研究环境。

26. 男的现在指导博士研究生从事什么研究？

27. 男的对专业频繁转换是怎么看的？

28. 男的读硕士时的老师是谁？

29. 男的对插队生活是怎么看的？

30. 男的对行政管理持什么态度？

第 31 到 50 题，请选出正确答案。现在开始第 31 到 34 题：

第 31 到 34 题是根据下面一段话：

　　有一个农夫，划着小船，给另一个村子的居民运送自己的农产品。他着急地划着小船，希望赶紧送完货物，在天黑前能够赶回家。突然，农夫发现，前面有一只小船向自己快速驶来。眼看就要撞上了，但是那只船丝毫没有退让的意思，好像是有意要撞翻农夫的小船。

　　"让开，快点儿让开！"农夫生气地向对面的船吼道："再不让开你就要撞上我了！"但是农夫的吼叫完全没有用，尽管农夫手忙脚乱地向旁边躲避，但已经来不及了，那只船还是重重地撞上了他的船。农夫非常生气，抱怨道："你会不会开船？这么宽的河面，你竟然还能撞到我的船上！"农夫突然不说话了，他发现，小船上空无一人。听他严厉指责的竟然只是一只挣脱了绳索、顺河漂流的空船。

　　31. 关于农夫，可以知道什么？
　　32. 农夫看到对面的船后做了什么？
　　33. 关于对面的那只船，下列哪项正确？
　　34. 根据这段话，可以知道什么？

第 35 到 37 题是根据下面一段话：

　　旅游业不是通常你所想像的行业，因为它唯一的目的就是赚钱，但它可能是世界上最大的生意。地球上每个地方都努力吸引游客前来观光，因为他们会带来金钱，把钱花了才走。你很难想象那些城市花了多少钱来吸引游客，奇怪的是，"游客"竟然成了一个人们忌讳的词，这也许可以解释为什么现在流行称他们为"参观者"。游客太容易辨认了，他们好像身上挂着牌子说"我是游客"。你可以从他们的装束辨认出他们，比如，夏天他们会穿上短裤，拿着某种袋子或者背着背包，他们还总是携带着照相机。

　　各个城市为了吸引游客，都建了很多假的景点，还有很多花样，但这些并不便宜。游客的生活没有一个真正的目标，他们只想在异国他乡找些有趣的东西，却一无所获，往往他们想要的东西根本就不存在。就算有，等他们来了，可能也早被其他游客捷足先登了。

　　35. 旅游业的根本目的是什么？
　　36. 从哪些方面可以辨认出他们是游客？
　　37. 游客在异国他乡能够收获些什么？

第 38 到 40 题是根据下面一段话：

水是生命之源泉，游泳等亲水运动自然会受到人们喜爱。在炎炎夏日，把身体浸没在蔚蓝色的凉爽的水中，实在是一种美好的享受。游泳，始于五千年前，但游泳作为一个体育项目得以发展还是近几十年的事。

游泳是最受欢迎的健身运动项目之一。适当地进行游泳锻炼，不仅能给人带来心理上的愉悦，塑造出流畅和优美的体型，还能够增强体质，提高协调性。因此，游泳是一项可以终身进行锻炼的健身运动。在水中，人的骨骼得到了充分的放松，可以有机会"伸一下懒腰"，这对于保持挺拔的身体很有好处。正在长身体的青少年，坚持游泳锻炼可以长成一个"高个子"。此外，在水中运动时，水还能大大减少汗液中盐分对皮肤的刺激。

游泳对身体素质要求很高。如果不是经常游泳，下水前一定要做好准备活动，让身体发热，下水时间不能太长，要随时注意自己的身体反应。需要注意的是，饭后 40 分钟才可以游泳。现在很多人都喜欢去游泳馆游泳，其实我们应该回归自然，到公开水域中游泳，到江河湖海中享受大自然的乐趣。

38. 游泳的历史有多久？
39. 游泳能给人带来什么样的感觉？
40. 关于游泳，下列哪项不正确？

第 41 到 43 题是根据下面一段话：

随着生活节奏的加快、社会的浮躁和功利，人与人之间有着太多分不清的是非真伪，以至于我们对"朋友"的称谓产生了畏惧。那么，真正的朋友究竟是什么样的，人的一生到底需要什么样的朋友呢？

其中一种是成就你的朋友。这种朋友会不断激励你，让你看到自己的优点。他们不一定是你的师长，但他们一定会在某些领域具有丰富的经验，能经常在事业、家庭、人际交往等各方面给你提供许多建议。人生中拥有这种朋友会成为你最大的心理支柱，也常常会成为你的"偶像"。

还有一种重要的朋友是支持你的朋友。他们会一直维护你，并在别人面前称赞你。这类朋友可谓是"你帮我，我帮你"，相互打气，使得彼此成为对方成长的铺路石。在一个人的成长过程中，朋友的支持与鼓励是最珍贵的。当你遇到挫折时，这类朋友往往可以帮你分担一部分的心理压力，他们的信任也恰恰是你的"强心剂"。

41. 为什么有些人对朋友产生了畏惧？
42. 下列哪项属于"成就你的朋友"的表现？
43. 下列哪项不属于"支持你的朋友的表现"？

第 44 到 47 题是根据下面一段话:

鲨鱼的攻击性极强，只要被鲨鱼发现，很少有人能够逃生。不过，奇怪的是，有位海洋生物学家对鲨鱼研究多年，经常穿着潜水衣游到鲨鱼的身边，与鲨鱼近距离接触，可鲨鱼好像并不介意他的存在。他说:"鲨鱼其实并不可怕，可怕的是你一见到鲨鱼，自己就先害怕了。"

的确如此。人在遇到鲨鱼时，心跳就会加速，正是那快速跳动的心脏引起了鲨鱼的注意。鲨鱼就是从那快速跳动的心脏在水中的感应波发现猎物的。如果在鲨鱼面前，你能够心情坦然，毫不惊慌，那么鲨鱼对你就不构成任何威胁，哪怕它不小心触到了你的身体，也不会做任何侵犯。反之，如果你一见到鲨鱼就吓得浑身发抖，尖声惊叫，只想快点逃命，那么你注定会成为鲨鱼的一顿美餐。

看似凶险的东西，只要坦然地面对，有条有理地处理，最终都可以解决。有时，困住我们的只是我们自己。

44. 那位海洋生物学家认为什么更可怕?
45. 关于鲨鱼，下列哪项正确?
46. 遇到鲨鱼时，应该怎样保护自己?
47. 下列哪项是说话人的观点?

第 48 到 50 题是根据下面一段话:

面对成百上千的学校和专业，考生多从自己的兴趣出发，更为关注专业;而大部分家长则显得较为现实，将来的就业前景与发展情况成了他们更为关注的重点，这是我们近日在南京国展中心举行的江苏省 2010 年高等院校招生咨询会上发现的一个新现象。

这次活动的主办方江苏省高校招生就业指导服务中心的刘小梅主任接受了本报记者钱林林的采访。刘主任表示，考生如果成绩优秀并且希望将来继续深造，就应该选学术研究型的高校与专业;如果希望毕业立即就业，则应该选择就业前景好的专业，而不是单纯关注学校的名声。

南京考生小孙正和陪同他前来咨询的父亲激烈地争论着。小孙喜欢物理，想填报物理专业，他父亲认为物理专业属于纯理科，将来就业较难，应该学工科。后来两人来到主办方设在现场为"准大学生"进行就业指导的就业专家咨询团"仲裁"。专家为他们提供了一个两全其美的办法，就是填报和物理相关的工科专业。据了解，就业专家咨询团由省市就业指导机构及有关高校就业工作部门的专家组成。咨询台前人头攒动，足以说明考生及家长对将来就业的关注程度。

48. 关于填报专业，短文告诉我们什么?
49. 刘小梅是什么人?
50. 关于这场高等院校招生咨询会，文中没有提到什么?

听力考试现在结束。

试卷五　答案

一、听力

第一部分

1. D	2. B	3. C	4. C	5. A
6. A	7. D	8. D	9. D	10. C
11. D	12. B	13. C	14. B	15. B

第二部分

16. C	17. A	18. C	19. B	20. C
21. A	22. D	23. D	24. C	25. A
26. D	27. A	28. C	29. B	30. C

第三部分

31. B	32. C	33. B	34. D	35. A
36. B	37. D	38. B	39. D	40. A
41. A	42. B	43. D	44. B	45. C
46. A	47. C	48. C	49. B	50. B

二、阅读

第一部分

| 51. B | 52. B | 53. C | 54. B | 55. D |
| 56. D | 57. D | 58. A | 59. A | 60. B |

第二部分

| 61. C | 62. D | 63. A | 64. A | 65. D |
| 66. D | 67. D | 68. A | 69. A | 70. B |

第三部分

| 71. C | 72. E | 73. D | 74. A | 75. B |
| 76. B | 77. D | 78. A | 79. C | 80. E |

81. A	82. C	83. B	84. A	85. A
86. C	87. D	88. D	89. C	90. D
91. A	92. C	93. A	94. B	95. D
96. C	97. C	98. B	99. A	100. D

三、书写

（参考答案）

101.

心中的石头

　　有一次去参加一个心理小组的活动，主讲是一位高校女老师。我们在会心书屋会面，书屋的摆设非常雅致，让人心里一下子开阔了起来。

　　今天的主题是"石头"，要想一些与石头有关的事情和事物。

　　我们一共6个人，年龄和事业都不相同。首先一个男士开口说了，老师总结"怕迟到，石头落地"几个字。接着另一个男士也发言了，老师写下"工作压力，被石头压着"。随后，几位都发言了，与"石头"有关的事物，无非是一些生活工作上的不如意，有一种被石头压着的"不能承受之重"的感觉。

　　唯独一位20多岁、面部40%烧伤的女孩说，她时常在假期去海边或者附近山上捡一些石头，因为它们有美丽的花纹和独特的形状。

　　那天的活动结束后，我没有赶着去工作，而是去附近的文化公园散步、淘书，这时我才感觉到内心踏实和富足。多美妙的生活，而我们一开始却对它熟视无睹。很多时候我们被自己心中的石头压着，压得喘不过气来。只有学会释放压力，生活才会变得轻松。因生活而被生活绑住的人，到最后也将是最惨的人。

试卷六　听力材料

（音乐，30 秒，渐弱）

大家好！欢迎参加 HSK（六级）考试。
大家好！欢迎参加 HSK（六级）考试。
大家好！欢迎参加 HSK（六级）考试。

HSK（六级）听力考试分三部分，共 50 题。
请大家注意，听力考试现在开始。

第一部分

第 1 到 15 题，请选出与所听内容一致的一项。现在开始第 1 题：

1. 一个人的身体健康是一，而财富、感情、事业、家庭等都是一后面的零，只有依附于这个一，零才会有意义，如果没了这个一，一切都将不存在。因此人生最重要的是要有一个健康的身体。

2. "半途而废"这个成语的意思是做事有始无终，不能坚持到底。我们无论做什么事，都应该持之以恒、有始有终，否则永远都不会成功。以学习为例，无论你多么聪明多么勤奋，如果中途放弃，就永远得不到好成绩。

3. 在开罗旅行，不光是空间的改变，更是时光的穿梭！偶尔走入一栋老旧的大楼，老式电梯需要自己开关门，眼睁睁地看着电梯顶上的钢绳穿梭在竖井，就好像走入了老电影。

4. 做一项工作的前提条件是能够胜任。能干是合格员工最基本的标准，肯干则是一种态度。有些职位，很多人都能胜任，但能否把工作做得更好，就要看是否具有踏实肯干、刻苦钻研的工作态度了。

5. 立春后北京的数场降雪，虽然加快了草木变绿的速度，但也让花卉类植物的花期普遍推迟。目前北京植物园的桃花节和玉渊潭公园的樱花节尚在筹备中，往年此时公园内万紫千红的景象今年还需要一些时日。

6. 在商场等公共场所乘坐电梯时，请"左行右立"，不要站在中间或左侧，乘客一律靠右站立，上下排成一列纵队，空出左边的通道给有急事的人上下跑动。

7. 吃杏仁巧克力有利于大脑健康？没错！但这不是巧克力的功劳，而是杏仁中的维生素在起作用，它可以延缓大脑衰老。当然也不能忽视心理因素，比如感到焦虑时，吃一块儿杏仁巧克力无疑是对自己小小的宠爱。

8. 报告文学善于以最快的速度把生活中刚发生的激动人心的事件及时传递给读者。它具有写实性，必须以现实生活中的真人真事为描写对象，不能像小说那样虚构人物和情节。

9. 白天，鸟儿们在枝头穿梭鸣叫，在蓝天下自由飞翔，到了晚上，它们和我们人一样也要休息、睡觉，恢复体力，不过它们睡觉的姿势可是各不相同的。有的站着睡，有的倒着睡，有的甚至睁一只眼闭一只眼睡。

10. 在饮酒时，鼻子能闻到酒的香味，眼睛能看到酒的颜色，舌头能够品尝酒的味道，只有耳朵被排除在外。有人想出了碰杯的办法，杯子发出清脆的响声，耳朵就和其他器官一样，也能享受到喝酒的乐趣了。

11. 京剧是一门综合性的表演艺术，因此，京剧演员要具备比较好的自然条件。一个好演员必须要扮相好，身材好，嗓子好，眼睛要富于表情，腰、腿、手指要灵活。任何一个好演员都要经过长期的基本功训练。

12. 旅游的时候，他有时跟朋友一起，但更多是自己一个人。他说："英国人本来就很特立独行，即使是学校组织的活动，大家也只是坐一辆车出去，到了地方各玩各的，很自由。"

13. 提到家教，也许你首先想到的是在校大学生，或是在职名师，但有这么一个教室，每周免费为困难青少年辅导的"老师"们只是年纪轻轻的中学生。这就是"生命缘志愿者协会"举办的"爱心教室"。

14. 宁波是优质杨梅的产地，一到6月，各地杨梅山上，到处是食客。受天气影响，今年的杨梅成熟较晚，目前刚刚开始进入采摘旺季。当地人说："今年成熟期推迟了10天左右。"

15. 中国的房屋一般坐北朝南，这样，向南的房屋在冬季可以接受更多的阳光，而且可以充分利用夏季多南风的有利条件；房屋北面窗户少，可减少冬季寒冷的北风对室内的影响。

第二部分

第 16 到 30 题，请选出正确答案。现在开始第 16 到 20 题：

第 16 到 20 题是根据下面一段采访：

男：各位网友大家好。今天我们非常荣幸地请到了香港特别行政区环境运输及公务局局长廖女士做客人民网，跟我们谈一谈香港的交通以及环境保护方面的问题。能不能先跟我们介绍一下您所从事的工作？

女：我在香港主管三个领域，一个是环境，第二个是交通运输，第三个是城市基础设施建设。

男：环保也好，交通也好，包括基础设施建设，这些工作都跟经济发展有很密切的关系，但有时，它们之间又好像存在一些矛盾。香港政府从一开始设计这种结构的时候，就将这三个署放在一起是不是有什么想法？

女：所有的国家在发展的过程中，都承认经济发展和环境保护之间有矛盾。例如很多环保的政策，交通方面不同意的话，就会把事情都延误了，我觉得把它们放在一起，就是要解决矛盾，搞好协调和平衡。

男：您做过民间组织，做过企业，现在做公务员。您作为三个署的领导，这肯定是一件很有挑战的工作，您从哪一年开始任这个局的局长，现在有什么体会？

女：我是在二零零二年开始做局长的。由于我是学习环保出身，对环保方面的事了解得比较清楚，对其他两个领域就要花一段时间去了解。总而言之，工作很复杂，很辛苦，但工作成绩很大。

男：香港的地域狭小，人口却非常多，首要问题就是交通问题。好多人去香港，都觉得香港交通管理得好。您能给我们介绍一下，香港的交通是从一个什么样的基本思想出发的？

女：香港交通的总体政策，就是要尽量多地使用公共交通工具，就是鼓励乘坐火车或公共汽车。交通怎么设计呢？第一，把路修好，这是一个基本条件；第二，不鼓励老百姓自己买车，政府对私家车征收重税；第三，就是搞好公共交通的建设和服务，如我们的大巴、小巴、铁路数量很多，很便利，很舒适。

16. 把三方面工作放在一起的主要目的是什么？
17. 关于女的，可以知道什么？
18. 女的怎样评价自己的工作？
19. 外地人觉得香港的交通状况怎么样？
20. 关于香港的交通政策，下列哪项正确？

第 21 到 25 题是根据下面一段采访：

女：吴老，您创作的书画作品多次在全国书画展中展出。您离开工作岗位之后，在人生的其他领域又获得了这些辉煌的成就，请问这一切都是如何取得的呢？

男：这一切都是在我进入老年大学之后获得的。像我这样的老人在北京的离退休老年人中并不是少数，老年大学为我们提供了创造新生活、取得新成就的机会。

女：您能介绍一下老年大学的情况吗？

男：目前全市 18 个区县有 35 所老年学校，每年有近 5，000 人在老年大学学习，历年累计毕业人数达 30，000 人。大约在 1984 年，全市开办最早的海淀区老年大学率先提出了"老有所学、陶冶情操、余热生辉、欢度晚年"的口号。在老人们的积极参与下，这所学校已由初办时的 4 个班增加到了 29 个班，学员水平不断提高，目前全校有 200 名学员的 224 件作品先后在全国书画比赛中获奖。

女：老年大学如此受到老年朋友的欢迎，您认为原因是什么呢？

男：人们参加老年大学，主要是希望通过学习知识和技能获得愉快舒畅的心情，在与他人和社会的交流中排解人到晚年时的孤寂与失落。比如在海淀老年大学，有位 73 岁的老人，曾身患多种癌症，连自己的后事都一度安排好了。被家人搀扶着来到老年大学后，他学习了保健、按摩等同疾病抗争的知识，现在他在老年大学学了十几年，身体渐渐康复。

女：在老年大学像您这样取得辉煌成就的人还有吗？

男：有，而且还不少。比如 88 岁的王爱凤老人是北京第一社会福利院老年大学的学员，她多年坚持学习英语，非常勤奋用功。当外宾参观福利院时，她为自己能用英语向各国朋友介绍他们的生活和中国的新貌而倍感自豪。

女：吴老，谢谢您接受我们的采访。祝您事业有成，健康长寿！

21. 男的在什么方面取得了成就？
22. 该市开办最早的老年大学是哪一所？
23. 目前全市有多少所老年大学？
24. 下面哪一项是老人参加老年大学的主要原因？
25. 文中的王爱凤老人多大了？

第 26 到 30 题是根据下面一段采访：

女：大家下午好！今天我们请到了陈教授来参加我们的节目。今天的话题是"民办教育的生存与发展"，您认为民办教育现在遇到了哪些困难？

男：办民办教育不是这么简单，不仅要懂教育，还要懂经营。人们观念上还很陈旧，始终对民办学校没有接纳。另外，国内的民办学校和公办学校一直不是在一个平等公平的平台上竞争。

女：我听说您的生源紧张是因为以后找工作的时候，人家要的是国家承认学历，您那儿提供不了。

男：这个问题怎么说呢，我们的学生培养出来能够适应社会的需要，很出色，好像他们也就不在乎这张文凭了。

女：现在好像只有极个别的几十所民办学校能够拿到国家承认的文凭？

男：是的。中国的民办教育，不知道怎么去追溯。中国第一所拿到国家执照的学校好像都无法考证。

女：好像是海淀走读学校。

男：但我想民办教育的产生、萌芽会涉及到这样一个问题：投资办民办教育的人有什么目的？国际上有很多慈善家，为了回报社会有足够的资金和能力办民办教育。

女：国内是什么情况呢？

男：有些人投资办民办教育的初衷有问题，他们只是为了得到政策支持，赚取超额利润。还有一类人，就是真正的对民族发展、民族教育忧虑的仁人志士，我是其中之一，虽然自己没钱，但是一心扑在这个事业上苦苦挣扎，到处"化缘"。

女：您现在挣钱了？

男：对，还是挣钱了，只不过我不是为了挣钱的目的出来的。

女：这么多年有没有企业家给您投资，不需要回报的那种？

男：投资就要回报。我只希望找到一个钟情于民办教育的企业家，把它作为一个长线投资，现在没有找到这样的伙伴。

女：您怎样看民办教育和公办教育？

男：我们培养的都是孩子。只不过我们的公办教育没有能力让所有的孩子都接受高等教育，那么民办自然就作为一个很有效的补充出现了。

26. 男的怎样看待民办教育和公办教育？
27. 关于民办教育，下列哪项正确？
28. 男的为什么要投资民办教育？
29. 男的为什么还没接受企业的投资？
30. 下列哪项不是民办教育遇到的困难？

第三部分

第31到50题，请选出正确答案。现在开始第31到33题：

第31到33题是根据下面一段话：

有一只雄孔雀，它的长尾巴真是漂亮极了，令人惊叹大自然的造化竟有如此神奇美妙的杰作。不只是人类羡慕雄孔雀美丽的尾羽，就连它自己也因这美丽而陶醉，以至进一步养成了嫉妒的恶习。它只要见到穿着颜色鲜艳服装的少男少女，就禁不住炉火中烧，总要追上去啄咬几口。

每逢在山里栖息的时候，它总是先要选好一个能掩藏尾羽的地方，然后再来安置身体的其他部位。可是有一天，雄孔雀因被雨水淋湿了漂亮的尾羽，非常痛心。恰在此时，手持罗网的捕鸟人来到了面前，而这只孔雀只顾梳理自己漂亮的尾羽，不肯展翅高飞，于是落入了捕鸟人撒下的罗网。

雄孔雀因过分喜爱自己美丽的尾羽，使得长处变成了短处，以至于产生了不好的结果。

31. 雄孔雀的什么长得漂亮？
32. 它为什么啄咬穿漂亮衣服的人？
33. 这个故事告诉我们什么道理？

第34到36题是根据下面一段话：

有一段时间，释迦牟尼经常遭到一个人的嫉妒和谩骂。对此，他心平气和，沉默不语，不动声色，专心致志地做着自己的事情。

一天，当那个人骂累了以后，释迦牟尼微笑着问："我的朋友，当一个人送东西给别人，别人不接受，那么，这个东西是属于谁的呢？"

那个人不假思索地回答："当然是属于送东西人自己的了。"

释迦牟尼说："那就对了。到今天为止，你一直在骂我。如果我不接受你的谩骂，那么谩骂又属于谁呢？"

听了释迦牟尼充满智慧和实力的妙问，那个人为之一怔，哑口无言。从此，他再也不敢谩骂释迦牟尼了。

无论做什么事，你的成功都会遭致一些人的诽谤。聪明的人通常保持沉默。谣言自然不攻自破。

34. 释迦牟尼无故被人谩骂后是怎么做的？
35. 听了释迦牟尼的话后，那个人是怎么做的？
36. 这段文字想说明一个什么道理？

第 37 到 39 题是根据下面一段话：

悉尼歌剧院是澳大利亚全国表演艺术中心，又称海中歌剧院。白色的帆状屋顶由 10 块大"海贝"组成，最高的那一块高达 67 米。

整个歌剧院分为三个部分：歌剧厅、音乐厅与贝尼朗餐厅。歌剧厅、音乐厅及餐厅并排而立，建在巨型花岗岩基座上，各由 4 块大壳项组成。这些"贝壳"依次排列，前三个一个盖着一个，面向海湾依抱，最后一个则背向海湾侍立。

歌剧院规模宏大，陈设讲究，演出频繁，除圣诞节与耶稣受难日外，每天开放 16 小时，平均有 10 个不同的活动项目，可同时容纳 7000 余人，旅游者、观众从早到晚人来人往。入夜，到这里来的人，不只是看演出，还来贝尼朗餐厅吃饭与观赏夜景。歌剧院已成为澳大利亚最热闹的场所。它也已成为悉尼的标志。

37. 悉尼歌剧院的屋顶由什么颜色的"海贝"组成？
38. 歌剧院除了哪两天之外，每天都开放 16 小时？
39. 傍晚来歌剧院的人除了看演出，还干什么？

第 40 到 42 题是根据下面一段话：

由于每个人的生活环境不同，文化层次不同，因而所追求的目标和理想也不尽相同。但是，在内心深处，每个人都会有自己的做人原则。做人的原则应该是多方面的。比如说对待学习、生活、工作等，每个人都会有自己的原则，也就是说有个做人做事的底线，会有所为有所不为，懂得哪些事应该努力去做好，哪些事可以做，而哪些事是绝对不能做的。做人不能没有原则。没有了做人的原则，也就没有了衡量对与错的尺度。如果自己都不知道哪些事该做，哪些事不该做，那么，就很容易走入歧途。因为人是具有社会属性的，时时事事都要受到社会公认的法律和道德等准则的约束，不可能游离于社会之外。做人要有原则，但这些原则也是与时俱进的。社会在不断发展，观念在不断更新，需求也在发生着不同程度的变化。在不同的社会背景下，法律和道德等准则会有所不同，这个时期这样做可能是对的，而同样的做法放在另一个时期就是错的，甚至是违法的。那么，做人的原则也要随着变化着的社会而不断调整。

40. 关于做人的原则，下列哪项不正确？
41. 做人的原则有什么特点？
42. 如何才能使做人的原则跟上时代的发展？

第 43 到 46 题是根据下面一段话：

　　在孩子小的时候，读书大多是随意的行为。随着年龄增大，孩子需要父母提供一些指导，掌握一些技巧。培养孩子良好的读书习惯很重要。

　　首先父母要学会让孩子改变一些观念，如现在你的阅读速度是太慢了，但要改变并不难；如果你渴望读快一点，你真的就能够读快；阅读速度可以成倍、成十倍提高，一目数行并不是天才的专利；阅读速度的提高与理解文章内容没有根本上的矛盾。

　　另外，及时纠正孩子的一些不良阅读习惯，十分重要。如眼睛距离书本很近；默读的时候总是轻声地读出声来；歪着脑袋、躺着或是伏在桌子上阅读；喜欢一口气读几个小时等。

　　眼睛距离书本很近，一是损害视力，二是极大妨碍了读书速度。眼睛应该距离书本远一些，大约一尺左右为宜。因为眼睛离页面远，视野就宽阔，视网膜成像的文字就越多。这样一来，一次摄入的不再是一个字或一个词语，而是一大块、整段甚至几段。只要养成习惯，一目几行是很容易的事情。

　　朗读出声音是阅读速度慢的另外一个原因。当然，读出声对记忆是有好处的，因为这是一种多重刺激。但是记忆和理解是有区别的，少了一种记忆手段并不意味着理解能力会下降。

43. 说话人建议父母改变孩子的哪种阅读习惯？
44. 眼睛离书本远一些会怎么样？
45. 关于朗读出声，下列哪项正确？
46. 这段话主要告诉我们什么？

第 47 到 50 题是根据下面一段话：

　　目光接触是连接演讲者与听众的纽带。如何有效地使用你的眼睛呢？

　　首先，与听众建立起一种个人之间的联系。听众不多时，可以先挑选一个人，演讲时对着他讲话。与其保持足够长时间的目光接触，以建立起一种视觉联系。这段时间往往相当于一句话或一种想法所占用的时间。然后，再把目光移向另外一个人。但是如果你面对成百上千听众演说，那么这一办法行不通。你可以在听众席的不同位置挑选一两位观众并与他们建立起个人之间的联系。这样每一位听众都会觉得你在直接与他交谈。

　　其次，要观察视觉反馈。当你在演讲时，你的听众也在用他们的非语言信息做出反应。如果大家都不朝你看，那么他们可能没在听你的演讲。原因可能是：他们也许听不到你的声音，解决的办法是：如果你没有用话筒，那么声音要放大一些，并看看这是否有效。他们也许感到厌烦了，解决的办法是：用些幽默的话语，声音多点抑扬顿挫等等。另一方面，如果听众脸上显露出快乐、兴趣和关注，那么什么也不要改变。你做得很棒！

47. 听众多时，怎样选择目光交流对象？
48. 怎样判断听众是否在听你的演讲？
49. 把话筒声音放大一些的目的是什么？
50. 这段话主要谈什么？

听力考试现在结束。

试卷六　答案

一、听力

第一部分

1. B	2. A	3. A	4. A	5. C
6. A	7. C	8. D	9. B	10. A
11. D	12. A	13. D	14. C	15. D

第二部分

16. A	17. C	18. B	19. C	20. B
21. A	22. B	23. D	24. B	25. D
26. C	27. A	28. B	29. D	30. A

第三部分

31. D	32. B	33. A	34. B	35. C
36. D	37. B	38. D	39. C	40. D
41. C	42. B	43. D	44. C	45. B
46. D	47. D	48. D	49. C	50. C

二、阅读

第一部分

51. B	52. D	53. D	54. D	55. A
56. C	57. D	58. D	59. D	60. D

第二部分

61. B	62. C	63. A	64. D	65. B
66. A	67. A	68. B	69. A	70. A

第三部分

71. D	72. B	73. E	74. A	75. C
76. E	77. D	78. C	79. A	80. B

81. D	82. B	83. A	84. D	85. A
86. D	87. B	88. C	89. B	90. A
91. C	92. B	93. B	94. C	95. B
96. B	97. D	98. C	99. B	100. D

三、书写

（参考答案）

101.

及时的转身

　　26 岁的廖小润在 2004 年以前是一名练柔术的杂技演员。她从小练体操，8 岁学杂技。然而，练了一段时间杂技后，她觉得自己的兴趣不在这。一个偶然的机会，她喜欢上了魔术。

　　之后，她开始观看并琢磨魔术，每天工作后，开始用扑克牌练习手指的灵活度。2004 年，她得到为香港魔术师陈怀志做助演的机会。一年后，她决定自创一套节目参加 2005 年的第二届亚洲魔术大赛。在众多的魔术表演中，廖小润觉得需要弄出新点子才能取得好成绩，于是创编了情景魔术《花木兰》，并获得了舞台表演类节目中的第三名。

　　初战告捷，廖小润没有满足已有的成绩，而是继续完善《花木兰》。2006 年她在参加第三届亚洲魔术大赛中，《花木兰》这个魔术以其极高的表演难度和艺术品味，夺得了大赛的金奖。

　　一个人最初选择的事业方向可能体现你的潜质，也可能埋没你的天资。对于后者，应该来一个及时的转身，开拓新的事业。在事业陷入低谷时，不妨放下最初的花，及时地转身，也许另一朵花更可以灿烂你的人生。

试卷七 听力材料

（音乐，30秒，渐弱）

大家好！欢迎参加HSK（六级）考试。
大家好！欢迎参加HSK（六级）考试。
大家好！欢迎参加HSK（六级）考试。

HSK（六级）听力考试分三部分，共50题。
请大家注意，听力考试现在开始。

第一部分

第1到15题，请选出与所听内容一致的一项。现在开始第1题：

1. 有一个人去应聘工作，随手将走廊上的废纸捡起来，放进了垃圾桶，被路过的面试官看到了，因此他得到了这份工作。原来，获得欣赏很简单，养成好习惯就可以了。

2. 从前有一个小偷，发现人家家门口挂着一个很漂亮的铃铛，想偷，但担心偷铃铛时别人听到声音而偷不成。后来，他终于想出一个"绝妙"的主意，就是把自己的耳朵用棉花塞住，让自己听不到声音，结果偷窃时被当场逮住。

3. 同样是一枝玫瑰，悲观者看到的是刺，乐观者看到的是花，不同心态与思维模式会导致不同的结果与命运。多数成功者的心态是积极的，即使只有一线希望，也要全力以赴去争取。

4. 有一只猴子被耍猴人捉住了，心里很愤怒。谁知耍猴人却给它穿上红袍，戴上纱帽，教它抬起前脚直立着走路，又教它坐在椅子上抽旱烟，模仿人的模样与动作。猴子学了几天，很快就学会了，猴子感到很得意。

5. 本周双休日天气不冷不热，由于天空一直有云，紫外线强度有所减弱，阳光不再耀眼，对户外活动和郊游踏青十分有利。打算周末出去游玩的朋友白天适宜穿单衣，早晚加件外套就行了。

6. 柴米油盐酱醋茶，虽说茶排在最后一位，但很多人离不了它。饮茶能补充人体必需的一些微量元素，对某些疾病也有防治作用。长期喝茶的人，腰围与臀围可以各少两厘米，而且身体脂肪含量比例也会少百分之二十。

7. 宝宝不宜过早吃成人食物，是因为宝宝的肠胃还没有完全发育成熟，很难消化和吸收成人的食物。而且孩子的肾脏还没发育好，不能处理体内的盐分，要是过早接触盐会加重肾脏的负担。

8. 每年农历八月十五日是中国传统的中秋佳节，这时正好处于秋季的中期，所以被称为中秋。中秋节又称"团圆节"，这一天人们仰望明月，期盼家人团聚。远在他乡的游子，也借此寄托对故乡和亲人的思念之情。

9. 我们每天都在按着不变的节奏生活，饮食起居、上班下班、休闲娱乐、与人交往……不知不觉中，也许五年、十年很快就过去了。而到那时，我们常常又会做出和大多数人相同的反应：感叹年华易逝、岁月无情。

10. 巧克力可以使我们的心情保持愉快，因此现在很多人喜欢吃巧克力，尤其是女性。有些女性甚至不知不觉就对吃巧克力上了瘾。其实这是不好的现象。巧克力吃多了会使人发胖，而且会产生依赖。

11. 一般来说，在办公室里，电话铃响三遍之前就应接听，响六遍后才接听的话就应向对方道歉："对不起，让您久等了。"如果不知道对方的身份，可以问："您哪位？"千万不能生硬地问："你是谁？"这样非常无礼。

12. 旅游时，她特别喜欢和英国老人交谈，向他们问路的时候，和蔼的老人甚至会直接带她去目的地。为了节俭，她一般会提前预定一些便宜的小旅馆。一般都是家庭式旅馆，早上还有房主做的英国式早餐。

13. 目前，一名来自英国的年仅14岁的"数学神童"成为剑桥大学237年历史上最年轻的大学生。他是在通过大学入学考试之后被剑桥大学录取的。远在1773年，剑桥大学也曾录取过一位14岁的天才少年。

14. 桂林位于广西东北部，它拥有"甲天下"的山水风光，悠久的历史文化，多彩的民族风情，一流的生态环境和独特的城市风貌。桂林是一个适合人类居住的城市，一个可以满足现代人多元化旅游需求的国际旅游城市。

15. 张衡是东汉时期伟大的天文学家、数学家、发明家和诗人，他为中国天文学、地震学、机械技术的发展做出了不可磨灭的贡献。由于他的巨大成就，联合国天文组织将太阳系中的一八零二号小行星命名为"张衡星"。

第16到30题，请选出正确答案。现在开始第16题到20题：

第16到20题是根据下面一段采访：

女：在美国《时代》周刊日前公布的"全球最具影响力人物"候选人名单中，中国青年作家韩寒榜上有名。下面让我们听韩寒谈谈他的生活。韩寒，你好。人们都知道，你高中时退学了，当时是因为厌学还是一种反叛心理？

男：我当时不喜欢。其实，我喜欢读书，我也喜欢学习，但我就不喜欢在学校里，我也不知道为什么，我觉得人肯定要不断的学习，你不学习一定会被淘汰，但我觉得学校反而是一个特别不适合去学习的地方。

女：听说你高中时八门功课，居然有七门不及格，有这事吗？

男：连体育都没及格。我那个时候长跑是从来不及格的，我们老师可能想让我出丑。所以我当时想得很明白，跑八百米嘛，所以我就想我一定丢人一点，就丢个后五六百米去，丢人不要紧，但我要曾经辉煌过，我一开始就要像跑一百米那样跑。当时我少跑了一圈，落到了最后一名，于是又跑了一圈，还是追到了第一名，而且破了学校纪录。

女：你在博客上写了那么多文章，你会不会觉得是一种负担？

男：反而这个倒不是一个负担，因为博客它其实是一个很好的信息传播、交流的渠道，因为它很直接。我会经常情不自禁地有创作的欲望，所以我觉得写博客完全没有任何的负担。

女：那你觉得你的创作，你的写作，是为自己还是为社会，有的人写作，完全是为了自己一种自我欣赏，还有一种，他是有一种所谓的责任感，那么还有一种就是职业了，他就把这个当工作了。

男：我觉得其实为自己是最开心的，你只要确定你自己这个人，不是一个反人类、反社会的人、那么为自己其实就是为社会。

女：你同时也是个赛车高手，你觉得你所从事的写作和赛车职业，这两个东西有关系吗？

男：因为我不喜欢站着工作，我发现无论是写作还是赛车，都是坐着工作，所以我觉得这两个工作就能够结合在一起。

16. 男的退学的原因是什么？
17. 下列哪项工作可能不是男的常做的？
18. 男的写作的目的是什么？
19. 男的觉得做什么对他是一种负担？
20. 男的觉得写作和赛车是否有共同点？

第 21 到 25 题是根据下面一段采访:

女: 今天我们请到的嘉宾是著名导演张艺谋。大家欢迎! 张导演您拍了两部武侠片《英雄》和《十面埋伏》,却招来了群体式的攻击,听到这么多批评,您心里是怎么想的?

男: 我觉得都有道理,有道理就在于电影是一个公众性的产品,不是导演的初衷就可以封住所有人的嘴巴。每一个人从他的角度谈对电影的看法都是对的,你不必很认真地去跟对方辩论。

女: 剧作家魏明伦曾说,张艺谋的电影缺思想、缺文化,对于这一批评您是怎么看的?

男: 这两部电影只是我自己想象中的电影,是我的一个梦,所以我说我是不懂武侠的。台湾的焦雄屏是我很多年的老朋友,他就公开地说张艺谋根本就不懂武侠,我觉得他说得对。其实,对所有的电影都不要像过去那样文以载道,太沉重了。在今天激烈竞争的电影舞台上,我觉得应该最大限度地吸引观众,先吸引他坐到电影院,我觉得这个最重要。

女: 对于电影《英雄》,您什么地方最不满意?

男: 我觉得最该反省的是人物。因为我要表现的是我一个功夫电影的梦和视觉的梦,所以我把人物处理得较为简单。我当年主要想的是这部电影的形式,今天被骂的也是形式。我拍这个电影时并没有考虑那么全面。我当初只是想去表现一个我想象中的视觉的武侠,给人一个视觉上的强烈的冲击和快感。

女: 那您当时推出《红高粱》,选择巩俐的时候,您觉得她作为一个演员,最大的感染力在什么地方?

男: 选她是一个偶然。我们那时到中戏去选演员,她不在,我们拿了他们全班的照片,那脑袋就比大米大一点,所以也看不清楚。当时我们几乎是要放弃了,她突然就回来了。大家都觉得,她跟我们想得不一样,因为我们当时是想找一个特别壮的劳动人民的样子。巩俐当时很清秀,但是总觉得她身上有一种特别的魅力,就选了她。事实证明,当初的选择是正确的。

21. 男的是怎样看待观众批评的?
22. 男的认为电影的哪方面最重要?
23. 男的对电影《英雄》什么地方不满意?
24. 男的认为巩俐最大的感染力在什么地方?
25. 关于男的,下列哪项正确?

第 26 到 30 题是根据下面一段采访：

女：柳教授，您看我今天特地请您这个大专家来，其实是因为我给我儿子的发展制定了一个宏伟的目标。您看，现在我儿子是十个月，我已经在家里门框上贴一个大字"门"，瓶子上标一个小标语"瓶子"，我觉得他应该到一岁多的时候就可以认字，两岁我就可以教他念唐诗，三岁可以学英语，四岁可以弹钢琴。您觉得这样发展下去，我孩子是不是能成为一个德智体美劳全面发展的孩子？

男：不会，他会成为一个比较愚笨的孩子，而且是没有自我、没有创造力的孩子。

女：您别这么打击我，这怎么可能啊，您想我们不能让孩子输在起跑线上，从小就得教育啊。

男：那你一定会想，你生下一个孩子就是让他成为一个竞争者、一个战士、一个赛跑者，那对他是不公平的，他是一个人。

女：但是我不让他竞争，将来社会也得让他竞争啊，别的小朋友都在这么学啊，他们都在学唐诗，都在学弹钢琴不是吗？

男：所有的小朋友都这么学，也不能断定这就是正确的，因为在这个地球上，也有很多人没有这样，只有一部分人这样，我觉得这没有遵循儿童成长的自然法则。

女：那您说吧，我儿子现在十个月，该让他学什么？

男：头六年儿童不需要学什么特别的知识。

女：您的说法就是教育孩子，前六年就让他自己傻玩儿，不用教他知识。这我不信，这傻玩儿的孩子将来有啥出息呀？

男：好，我们来说你的宝宝。你刚才不是说了吗，他看一个地方的时候，他就特别专注地看，是不是？你不知道他在看什么。

女：我不知道，有时候就一片墙，你说这有啥好看的，一片白墙，他就盯着看，你想这么小的孩子，他能盯五六分钟一动不动，我就琢磨，他在盯什么呢？

男：好，那我就告诉你，儿童从妈妈的肚子里出来的时候，他对这个世界是一无所知的，所以他最早的时候，有一个视觉的敏感期，他会盯着明暗相间的地方看，这是他了解世界的开始，你怎么能说他没有学习呢。

女：这个恐怕有道理，但是我得问您另一个问题。比如您说这莫扎特，他要没学过钢琴，他能成为大师吗？

26. 女的计划让孩子三岁时开始做什么？
27. 专家是怎么评价女的的计划的？
28. 根据专家的观点，下面哪种做法是正确的？
29. 女的的孩子好几分钟盯着墙看，专家是怎么分析的？
30. 对话人接下来会谈到什么问题？

第三部分

第 31 到 50 题，请选出正确答案。现在开始第 31 到 33 题：

第 31 到 33 题是根据下面一段话：

无论身在何处，微笑都能传递这样的信息：我很友好，我们能和睦相处。有人曾说过："只要能笑，什么都能挺过来。"欢笑能让我们与失败保持距离。

笑作为一种不由自主的情绪反应，在婴儿出生后四个月就开始了。随着科学研究的深入，笑使身心更健康这一功能，也更明确了。笑能加速心跳，增加对大脑的供氧量，提高大脑的工作效率。笑的人常常都有好心情，因为面部肌肉的各种变化，会在大脑中引发各种有积极意义的情感信号。

有趣的故事能帮助儿童记忆，如果老师能以令人愉悦的方式授课，学生会学得更好。

31. 根据这段话，微笑传递了什么信息？

32. "只要能笑，什么都能挺过来"主要是什么意思？

33. 这段话主要谈什么？

第 34 到 36 题是根据下面一段话：

夫妻闹别扭，是很正常的事，就如同天下雨地上流一样，属于自然规律，绝不可以夸大打架的危险性。但不是说夫妻之间就可以动不动就大打出手。在家庭中男女不平等，有人喜欢以挣钱多少分配权力，久而久之，肯定会产生各种矛盾，夫妻也不可能幸福。所以在家庭中要讲究民主相处，以理服人，这才是文明标志。如果还有人继承古训，不是打就是骂，以自我为中心，这在当今家庭中是不允许存在的。有矛盾是不能靠打骂解决的，可以展开讨论，大不了各自保留意见。目前夫妻都追求婚姻质量，所以更要加强修养，改变思维方式，在家庭生活中扮演好自己的角色，相敬如宾，抛弃各种家庭陋习，创造出新型家庭人际关系，公正、平等、自由，这将会使家庭和社会充满生机。

34. 作者如何看待夫妻吵架？

35. 作者认为夫妻之间应该如何相处？

36. 关于夫妻相处，以下哪项不对？

第 37 到 40 题是根据下面一段话：

如果你想减轻体重，如果你想取得好成绩，如果你想考进理想的学校，单单靠着"一时的热情"是不行的。你一定得具备毅力才能成大事，因为那是你产生行动的动力源头，它能把你推向任何想追求的目标。毅力离不开动力。如果一个人对某种事物非常有兴趣，那么他在接触这类事物时就会有动力坚持下去。毅力是要培养的。我们可以试一下自我提示法，即在你能随时看到的地方写上一句短小但可以激励你自己的话，比如在桌子上或卧室里的墙壁上。当你要放弃的时候就会不经意地发现它，从而让你想起你应担负起的责任和你想拥有的美好的未来，为了这些你也会将一时的脆弱克服。如果你认为自己监督自己很困难，那你也可以请父母或好朋友来监督你。及时地提醒和制止你。另外还可以坚持运动量比较大的体育运动，比如长跑，在运动中磨炼自己的意志。

37. 遇到困难时，最需要什么？
38. 关于毅力，下列哪项不正确？
39. 下面哪一项对培养毅力没有帮助？
40. 关于自我提示法，下列哪项正确？

第 41 到 43 题是根据下面一段话：

蜿蜒于中华大地的万里长城，以其无比宏伟的雄姿闻名于世。它像巨龙般腾越在崇山峻岭、沙漠戈壁，是中国古代各地和各民族统治集团间的军事防御工程体系。

公元前 7 世纪到 3 世纪的春秋战国时期，各诸侯国互相吞并，形成群雄并立、混战不断的局面，他们在自己的边境先后筑起长城以自卫。比如，楚国率先在南阳地区筑长城数百里；齐国则在山东从平阴到东海边琅琊台修筑长城；中山、魏、韩、燕、赵、秦等国，各修筑长城数百里至数千里。当时，长城总长虽已上万里，但都是分散独立的。

公元前 211 年，秦始皇统一各诸侯国后，一方面拆毁诸侯国间的长城，另一方面为防犯北边匈奴，又调动军民上百万人，按原秦、赵、燕长城的走向一直到辽东，建成了中国最早的万里长城。

41. 长城的形状像什么？
42. 当时各诸侯国修筑长城的目的是什么？
43. 谁建成了中国最早的万里长城？

第 44 到 46 题是根据下面一段话：

许多职场人士，在跨入职场之初或到一个新的职业环境，不但干劲十足、激情高涨，而且对自己的职业前途也寄予厚望。但一年两年之后，很快就会感觉到自己简直与机器人一样，每天上了班就希望能早点下班，一点也没有了原先的激情。甚至每一次工作中出现不顺心，就会"鼓励"自己换个工作环境。然而每一次的跳槽结果，常常会使自己的情绪越来越低落。

为什么会这样呢？有什么办法避免这种情况吗？我认为只有工作娱乐两不误，我们才能保持对工作的激情。另外，我们还可以寻找工作外的成功，把自己的爱好当作本职工作一样认真对待，并同样引以为豪。今天，许多人只把来自办公室的成绩看成真正的成功，结果这些人只有在事业上取得成功时才会有成就感，而一旦工作遇到麻烦，就感到羞辱不堪。如果你把尊严同时建立在工作之外的爱好上，即使工作中遇到挫折，也能保持一种积极的态度。

44. 说"自己简直与机器人一样"主要是什么意思？
45. 说话人有什么建议？
46. 关于工作之外的爱好，说话人是什么看法？

第 47 到 50 题是根据下面一段话：

很多人都会好奇，很想知道未来人类会是什么样子，是进化了，还是退化了？有的人认为人类最终会进化成超级人种，有的人则认为最后会退化成只会看电视、不会思考的人。科学家最新的研究结果告诉我们，上面的两种观点都不对，人类的进化过程已经处于停顿状态，既不会进化，也不会退化。

出现这种情况，主要是因为促进人类进化的动力已经不在人类生活中占有重要地位。人类在地球上生存了 100 万年，未来人类的样子也会和现代人差不多，不会有多大改变。

人类进化的主要动力来自自然选择和基因突变。基因突变的目的是使某些个体具有比其对手更具竞争力的特质。在人类历史的大多数时段内，生存一直是项艰难的课题。儿童在成年前的死亡率非常高。由于生活环境的恶劣，人类只有奋力生存下来，这使得自然选择成为强大的进化动力。例如，在冰河世纪的英国，如果基因突变使一个婴儿在面对严寒和自然灾害时恢复能力更强，毫无疑问他会更具生存竞争力，也更可能活下来并将此基因传给子孙后代。然而在现代社会，我们有中央空调系统，食物充足，类似的基因突变对现在的孩子就远没有那么重要了。

47. 这段文字提到，很多人想知道什么？
48. 最新研究显示，人类未来将如何发展？
49. 人类进化中主要的动力是什么？
50. 在人类发展的大多数时间里，什么是最艰难的？

听力考试现在结束。

试卷七 答案

一、听力

第一部分

1. C	2. C	3. A	4. C	5. A
6. A	7. D	8. C	9. D	10. A
11. D	12. C	13. A	14. D	15. D

第二部分

16. D	17. B	18. D	19. D	20. A
21. A	22. C	23. A	24. C	25. D
26. C	27. C	28. D	29. A	30. D

第三部分

31. D	32. C	33. A	34. B	35. B
36. B	37. B	38. B	39. C	40. B
41. C	42. C	43. A	44. C	45. B
46. B	47. C	48. B	49. D	50. B

二、阅读

第一部分

51. B	52. C	53. A	54. C	55. C
56. A	57. B	58. B	59. D	60. D

第二部分

61. A	62. C	63. D	64. C	65. A
66. A	67. C	68. B	69. C	70. D

第三部分

71. C	72. E	73. D	74. A	75. B
76. E	77. B	78. A	79. D	80. C

81. A	82. D	83. C	84. D	85. B
86. D	87. B	88. A	89. D	90. B
91. C	92. C	93. C	94. B	95. B
96. A	97. C	98. B	99. B	100. B

三、书写

（参考答案）

101.

弱者的智慧

一位桃李满天下的老教授教，一直在为自己儿子学习成绩而大伤脑筋。一次期中考试，儿子的总分排到了50名之外，老教授除了对儿子进行严厉的批评和讲大道理外，也没有其他办法。后来教授发现儿子学习不好是因为内心的自卑：总觉得自己太笨，没别人聪明。于是老教授开始鼓励儿子："因为你笨，所以才能考第一。"

他给儿子讲了一个故事：

有一座金矿，通往金矿路上有一座索桥，位于地势险恶的峡谷上，不少人因失足而葬身深渊。

这天有四个人，呆子、聋子、盲人和一个健康人去淘金。来呆子、聋子和盲人，他们因为缺陷，并不能感知危险，所以顺利通过了索桥。而健康的人，因为目睹耳闻了危险，吓得一下子跌入谷底了。

这个故事启示儿子，聪明人总是把问题想得太复杂，往往把事情办糟糕，而奇迹往往就发生在这些看似笨家伙的身上。从此，儿子改变了对自己的看法，变得自信，最后考上了理想大学。

弱者不知路上的险恶，轻装上阵，结果往往出人意料。与其把苦难看得明明白白，不如"糊糊涂涂"地往前走，这也许是弱者的智慧。

试卷八　听力材料

（音乐，30秒，渐弱）

大家好！欢迎参加 HSK（六级）考试。

大家好！欢迎参加 HSK（六级）考试。
大家好！欢迎参加 HSK（六级）考试。

HSK（六级）听力考试分三部分，共 50 题。
请大家注意，听力考试现在开始。

第一部分

第 1 到 15 题，请选出与所听内容一致的一项。现在开始第 1 题：

1. 一只山羊在奔跑时脚上扎了一枚钉子。它想了许多办法都没有把它弄掉。同伴们都为它担心，因为像它这样，很快就会成为狮子的午餐。为了不失去一位好伙伴，它们向草原上的其他动物求救。白鹤听说了，就用它又尖又长的嘴拔出了钉子。

2. 在电子媒介出现之前，人们主要靠书本传递知识。今天我们很难想象，没有书本，知识将怎样传播。仅靠口耳相传，传播的力度实在太有限了。书本通过印刷，可以大量复制，这就有了知识的传播和思想的交流。

3. "欲速则不达"是说想求快速，反而不能达到目的。许多人学习外语往往缺乏耐心，不愿意循序渐进地苦练基本功，不去背单词，也不去分析语法，一心只希望获得"快速掌握外语"的秘诀。结果与自己希望的相反。

4. 散文是一种灵活精干的文学体裁，其语言清新明丽，生动活泼，富有音乐感，受到了广大文学爱好者的喜爱。散文的作者常用第一人称叙述，表达自己的真情实感，特点十分鲜明。

5. 二十几岁是人生的春天，这个春天非常短暂，如果不及时播下种子，等到了夏天再播，种子就不易发芽了，即使发芽了，成长的过程也会变得非常艰辛。因此，聪明的农夫绝不会错过春天这个播种的最佳季节。

6. 一条街上散落着垃圾，几天后它就会被更多的垃圾覆盖；如果街道很干净，一旦出现垃圾，就会有人主动把它扔进垃圾箱。这是一种心理惯性：坏的东西，让它更坏一些也无妨；好的东西，人们会不由自主地维护它。

7. 人们总说"父母是孩子最好的老师"。但随着互联网的普及，很多孩子在信息获取能力方面都已超过父母。当下，孩子开始在信息技术、文化消费和娱乐方式等方面影响着父母，出现了"孩子教父母"的现象。

8. 人际关系与星际关系一样，太近了就容易摩擦出矛盾。"保持距离"的确是人际和谐的关键。就像高速公路上，车与车之间，即使是同一个方向，也要"保持车距"，否则容易出事故。

9. 每个人生命能够担负的重量是一定的，如果你过早地满载着上路，那必须放弃一些原来珍爱的东西来换取其他。减掉生命的包袱，放弃一些烦恼，一些利益，你便能轻松上阵，就会与快乐结缘。

10. 比目鱼身体不对称，这可以帮助它们幸存下来，方式就是在海底进行伪装。在这种伪装下，过路的捕食者往往对它们视而不见。此外，一些比目鱼还能够改变体色，让伪装行为如虎添翼。

11. 科学家称，只要在一个月内坚持每天吃 5 份水果和蔬菜，就能让苍白的肤色得到很大改善。研究人员还发现，与通过吃大量水果和蔬菜产生的健康肤色相比，人们更喜欢太阳晒成的古铜色。

12. 电影是音乐和绘画的结合，音乐是电影艺术中的一个重要组成部分。很多人喜欢在电影院里看电影是因为想感受声音的刺激。从开始到结束，大量的音乐使情节变得更丰富、更曲折了。

13. 尽管一年多没唱歌，接连几部影视作品的票房收入也不佳，但这丝毫不影响这位明星的广告价值。据统计，他目前做的广告多达三十三个，打破了明星做广告的记录。

14. 朋友让我猜谜。他问："在台湾的超市，你会看到这样的标牌——本店有摄像监视。那后一句话是什么？"我回答道："是'偷盗罚款'吧。"可是，我朋友说："是'请你保持微笑'！"

15. 他在文艺界享有极高声望，他曾经是数年春节联欢晚会"最受欢迎作品奖"得主。他在舞台上的即兴发挥和调动观众情绪的能力都相当出色。他的小品语言貌似轻松，却耐人寻味。他就是"小品王"赵本山。

第16到30题，请选出正确答案。现在开始第16到20题：

第16到20题是根据下面一段采访：

男：今天的嘉宾是一位很出色的大学教授。她使《论语》成为人们的心灵鸡汤，《论语》也让她从学院的讲台走到了公众面前，并在短短七天之内就享誉中华大地。她就是被称为"美女教授"的于丹教授！大家欢迎！于丹老师，您从小范围内有名，到突然一下所有的观众都知道您，这个变化您能习惯吗？

女：现在生活和以前不太一样了，以前的生活挺宁静的，可是现在呢，算了，反正习不习惯也已经这样了！

男：您几岁开始看书认字？

女：一两岁的时候就读书，所以也就没有时间说话了，也没有人跟我说话，所以认字多了以后有一个好处就是自己跟自己说话，采取一个特安静的方式。很早就开始写日记了，我一直认为在文字里面能够寻求到自己的价值。我从六七岁时候开始写日记，到了十三四岁以后这就成了一个习惯，一直写到现在。

男：您在日记里边都写什么？

女：我有段时间喜欢杨子荣，所以就老想着跟杨子荣小分队到比夹皮沟更远的地方。然后一会儿又会想到《红楼梦》里，一会儿又会想到巴尔扎克《贝姨》里面的那种生活。因此就会让你觉得自己有许多虚拟的空间，从小就是这种往来穿梭，于是觉得古今的疆界是模糊的，国界也是模糊的，只有你的心智遨游是特别自由的。

男：最不能忍受的是什么？

女：盗版！我觉得这个世界上所有的善意都应该得到尊重。我最不能容忍的就是铺天盖地的《于丹说八子》，什么《于丹诸子全集》。我老公曾被人在过街天桥上拦住过，对方拿着盗版盘说："您买一张吧，她讲得挺好的！"然后我老公说："不要。"那人说："八块钱，我六块钱就卖给您，您还是听听吧，听了有好处！"然后我老公几乎要从桥上跳下来，说："我真不要！求求你了！"他差点倒找给人六块钱，最后落荒而逃。所以我现在看见这些东西就很晕。

16. 女的出名前是做什么的？
17. 女的是如何看待她出名后的生活的？
18. 女的认为认字多了有什么作用？
19. 女的为什么喜欢写日记？
20. 女的为什么不喜欢盗版？

第 21 到 25 题是根据下面一段采访：

女：总是在自己的节目里嬉笑怒骂的周立波，可以说是有人爱有人恨。我想问你，你怎样看对你的争议？

男：随着关注度的逐步提高，会出来很多非理性的质疑。我觉得欣赏自己以外的文化时，以一个观光客的身份来对待，会很开心的，不要对比。你能让印度人用筷子吃饭吗？我让你今天开始吃手抓饭，让美国人必须用筷子吃饭，中国人明天都用刀叉。这不可能的。我对这种东西是一笑了之。

女：假如说你是一个其他地方的人，你能不能借助当地的文化使他们被别人接受？

男：每个地方应该有精英分子站出来，我只是上海站出来的其中一个，我是站在上海的角度，让别人欣赏我们的海派文化，但是我并不是要贬低别人。

女：你说过你不招徒弟，是因为你的本领没法学？

男：招的话我希望他有文史哲的背景，又或者他可能是一个大老板，他可以很纯粹的因为喜欢跟我在一起，为什么他是个大老板？有了物质基础就有了视觉的高度。所以我今天在台上谈享受也好，谈奢侈也罢，人家不会质疑我。现在有没有人能够模仿周立波呢？其实我是没有特色的。

女：你会不会到美国或者其他地方华人圈演出？

男：有这个可能，但是现在没有这个计划。因为我出去一般都是玩。我一年差不多两个月时间在外面，今年可能会有两个月在国外。

女：假如说去美国华人区表演，但是海外的上海人在那样的环境中生活跟本土上海人会不会不一样？你觉得作品会改变吗？

男：他们更怀旧。因为我现在在海外华人圈，特别是上海圈应该是妇孺皆知的。都把我作为上海教育的题材，让他们下一代看。但是我对海外演出的计划不激动，因为我不想消耗太多的时间，我希望我很多时间是很轻松地在玩儿，在充电，在采风，因为我有很多业余爱好，还有很多圈子。去年我玩儿的时间不够，因为很多灵感是在玩耍的时候，在聊天的时候，而不是在工作的时候闪现的。

女：你想通过你的表演帮助人们重新认识上海？

男：是，我对上海近代史比较熟悉。我要梳理一下上海这座城市的记忆，然后我会新旧对比，我觉得很有意义。

21. 男的用中国人、印度人、美国人吃饭的例子想说明什么？
22. 根据男的说的，以下哪个人不太可能成为他的徒弟？
23. 男的认为为什么自己在台上谈享受和奢侈，人家不会质疑他？
24. 男的认为海外的上海人有什么特点？
25. 根据录音，以下哪项正确？

第 26 到 30 题是根据下面一段采访：

女：大家好，现在您关注的是"决策者在线"节目，今天"考生与院校面对面"的院校是一所重点培养教师的摇篮。这所学校就是北京师范大学，今天有幸请来北京师范大学招生办公室主任虞立洪老师。

男：主持人好，各位网友好，感谢这个节目关注北师大，给关注北师大的考生提供在线交流机会，也希望今天的交流对考生有所帮助。

女：谢谢虞老师，我知道北京师范大学是一所拥有百年历史的重点高等学府，有着"学为人师、行为世范"的校训，今年北师大是以什么面貌呈现在大家面前呢？

男：我概括一下，百年名校北师大是教育部直属重点大学，是以哲学、经济学、法学、历史学、文理科学为主要特色的学府。面向新世纪，北师大确立了综合性、有特色研究型世界高水平大学的奋斗目标。北师大在 1985 年就被国家确立为首批重点建设的十所大学之一，1995 年被列入"211 工程"，2002 年百年校庆之际，教育部和北京市决定共同建设北京师范大学。

女：我想知道咱们学校在学科建设方面，分为哪些门类呢？

男：今天北师大拥有哲学、经济学、法学、历史学、文学、理学、医学等 11 个学科。

女：好多中学家长都认为北师大就是培养教师的摇篮，对于其他专业了解得并不是很多，但是现在听虞老师的介绍以后，我们知道北京师范大学不只是培养教师方面的人才，而是一所综合性的大学，那么北师大在科研方面有什么特色吗？

男：北京师范大学有国家重点实验室 4 个，教育部工程研究中心 4 个，北京市重点实验室 5 个。另外北京师范大学人文社会科学的研究优势是非常突出的，根据 2007 年中国科学评价中心公布的评估结果，北京师范大学社会科学研究竞争力位居全国高校第三。另外我们学校还是科技创新的一支重要力量。

女：学生如果选择心理学的话，在北师大学习期间就可以和国外专家进行交流，对吗？

男：对。学生跟国外交流有两种渠道：一种是请进来，学校把在专业领域比较有影响力的国外专家请进来做学术交流，也可以给学生讲授一些课程，这样学生可以了解到国际前沿的研究情况；另外学生可以走出去，我们有很多合作项目，支持学生到国外进行学习交流。

26. 北京师范大学是哪年建校的？

27. 北师大的奋斗目标是什么？

28. 下列对于北师大的描述哪一项是正确的？

29. 以下哪一项是虞老师没有介绍的？

30. 他们接下来一定会说到什么？

第三部分

第31到50题，请选出正确答案。现在开始第31到33题：

第31到33题是根据下面一段话：

国家体育场是2008年北京奥运会主体育场，形态像鸟的"巢"，也像一个摇篮，寄托着人类对未来的希望，所以人们称它为"鸟巢"。体育场外壳采用气垫膜，能够达到防水效果，阳光可以穿过透明的屋顶满足室内草坪的生长需要。比赛时，看台可以变化，能满足不同时期不同观众量的要求，内设的两万个临时坐席分布在体育场的最上端，能保证每个人都能清楚地看到整个赛场。许多建筑界专家都认为，"鸟巢"不仅成为2008年奥运会的一座独特的历史性的标志性建筑，而且在世界建筑发展史上也具有开创性的意义，将为21世纪的中国和世界建筑发展提供历史见证。

31. 哪个场馆是2008年北京奥运会主体育场？
32. 国家体育场又被称为什么？
33. 鸟巢在建筑上有什么历史意义？

第34到36题是根据下面一段话：

在6500万年前至250万年前的南美洲大陆生活着一种身体高达3米、体重500公斤、不能飞翔的鸟类，这个现已灭绝的巨鸟家族被称为"恐怖鸟"。"恐怖鸟"天性喜好食肉猎杀，可以一口吞下一只狗，还具有惊人的奔跑速度，现今世界奔跑速度最快的豹也无法与之相比；此外，"恐怖鸟"强有劲的双腿还会使用"中国功夫"，当它将猎物尸体饱餐一顿后，会用强壮的腿部把猎物骨头击碎，吸食碎骨中的骨髓。

"恐怖鸟"的身体形态与鸵鸟很像，但是它却是食肉动物，拥有着强壮的双腿，快速奔驰在数百万年前的南美洲大陆，厚重有力的脚爪可将猎物置于死地。

在这个家族中，体型最小的种类只有8公斤重，它的身体特征跟鹰十分相似，只是它没有翅膀。在6500万年前至250万年前的地球，"恐怖鸟"无疑是恐龙的接班人，成为地面上最可怕的掠食动物。

34. 现今世界奔跑速度最快的动物是什么？
35. 恐怖鸟主要生长在什么地方？
36. 在恐怖鸟家族中，体型最小的有多重？

第 37 到 39 题是根据下面一段话:

赞美别人有助于加深友谊，消除误会，还可以让自己分享到快乐。赞美是一件好事，但绝不是一件易事。赞美别人时一定要掌握技巧。

赞美要因人而异，有特点的赞美比一般的赞美能收到更好的效果。老年人总希望别人不忘记他年轻时的成就，同他交谈时，可多称赞他过去的成功；对年轻人不妨稍微夸张地赞扬他的才能和勇气。

赞美应该是符合事实、发自内心的，这是最基本的要求。例如对一个胖女孩说："呀，你多苗条!"还有比这更糟糕的赞美吗? 这种赞美不但不会换来好感，反而会使人厌恶。但如果你着眼于她的服饰、谈吐，发现她这些方面的出众之处并真诚地赞美，她一定会高兴地接受。

赞美应从具体的事情入手，赞美用语越具体，说明你对对方越了解，对他的长处和成绩越看重，就会让对方感到你的真挚、亲切和可信。

37. 赞美别人，最基本的要求是什么?
38. 具体的赞美会让对方觉得怎么样?
39. 这段话主要谈什么?

第 40 到 42 题是根据下面一段话:

心理学家研究发现，人的恶劣情绪像病毒和细菌一样具有传染性，而且传染的速度非常快。这些研究结果证明，只要 20 分钟，一个人就可以受到他人低落情绪的传染。一个原来心情舒畅、开朗的人，如果与一个整天愁眉苦脸、情绪抑郁的人相处，不久这个人也会变得情绪低落起来。如果这个人又特别敏感和富有同情心，那么就更容易感染上坏情绪，而且这种传染过程是在不知不觉中完成的。要是你喜欢或同情某个人，你就特别容易受到这个人的情绪影响。

那么一旦传染上恶劣情绪该怎么办呢? 首先是消除"污染源"，你可以拉上这个人一起去美餐一顿、逛逛商场或者找一位心理医生；其次要对事情进行重新评价，不要只看到坏的一面，要提醒自己不要忘记其他方面取得的成就；最后要认真考虑今后应该怎样避免类似问题的发生。

40. 科学家认为人的恶劣情绪有什么特点?
41. 如果我们与一个心情抑郁的人相处，会有什么变化?
42. 下列哪一类人更容易受到别人情绪的影响?

第 43 到 46 题是根据下面一段话：

脚部动作通常会暴露一个人的真实心理。谈话时，人们会把注意力集中在对方的脸部，很少对自己的脚施加有意识的控制。脚部动作便为我们提供了了解他人的线索。

首先，交谈时，如果发现对方的脚不再对着你，而是向另外一个方向转动时，你就要意识到可能出现什么问题了。如果有人在与你谈话时，脚尖却不自觉地向某个方向转动，你就要明白，此人是想要离开了。如果你发现，对方的脚在不停地转向摆动，则说明对方可能不情愿离开，但不得不走。

其次，当人的情绪高涨时，身体会不自觉地做出背离重力方向的动作。典型例子就是人极度高兴时，往往都会跳起来。所以无论是脚尖着地、脚跟抬起，还是脚跟着地、脚尖抬起，都是个人积极情绪的表现。

另外，无论是坐姿还是站姿，叉开双腿，都能使人的身体姿态看起来更加稳重。其实这也是一种强烈的信号，显示出当事人的态度会较为强硬。如果你发现一个人的腿从并在一起到叉开，你基本上可以肯定这个人越来越不高兴。

43. 为什么说脚容易暴露人的真实心理？

44. 关于脚部动作，下列哪项正确？

45. 谈话人叉开双腿意味着什么？

46. 这段话主要谈什么？

第 47 到 50 题是根据下面一段话：

在学习中要把兴趣放在首位，因为兴趣是十分重要的。兴趣能够让人的更多的精力关注在某一方面。如果你把兴趣调整到学习上，那你就比别人多了许多精力，胜算也就大一些。我们发现一个学习很好的人叫赵敏，三年来她对任何一个科目都充满了兴趣。这种兴趣，使她比别人多了一份求知欲。这种求知欲。使她不会放过每一个从她身边滑过的知识。这也使她有了别人都难以做到的对于学习的一种韧劲，所以她能做出许多别人做不出的难题。这样她学习的基本功就会越来越扎实。这足以体现兴趣的力量之大了。培养兴趣也并非一件难事。我们可以利用人的条件反射，如果一个人总是疲劳时读书学习，他一学习就想睡觉，长此以往，学习和睡觉建立了条件反射，学习的时候就总是无精打采的。这就是有些人上课总爱睡觉的缘故了。你可以在学习前做一些使自己身心愉悦的事情，学习的时候保持这种愉悦的心情。以后，愉快与学习就形成了条件反射，一学习就高兴，一高兴就学习。这样就做到了培养学习的兴趣。兴趣的培养也需要得到别人的赞扬和鼓励。当你一开始没有兴趣时，你先硬着头皮做这种并不愿意做的事情，并投以很大的热情，争取做得好一点。如果能够得到别人的夸奖和鼓励，自然就更愿意做了，这样也可以培养兴趣。

47. 赵敏成绩好的关键因素是什么？

48. 关于兴趣，下列哪项不正确？

49. 上文以赵敏为例是为了说明什么？

50. 怎样才能培养学习兴趣？

听力考试现在结束。

试卷八 答案

一、听力

第一部分

1. C	2. D	3. A	4. D	5. B
6. B	7. C	8. C	9. C	10. C
11. A	12. A	13. D	14. D	15. D

第二部分

16. A	17. C	18. B	19. D	20. A
21. D	22. A	23. B	24. B	25. D
26. A	27. B	28. C	29. A	30. D

第三部分

31. C	32. B	33. A	34. A	35. C
36. B	37. B	38. C	39. B	40. B
41. A	42. A	43. D	44. A	45. B
46. D	47. A	48. D	49. B	50. C

二、阅读

第一部分

51. C	52. B	53. B	54. D	55. D
56. A	57. D	58. C	59. A	60. A

第二部分

61. B	62. B	63. A	64. A	65. C
66. A	67. B	68. B	69. A	70. B

第三部分

71. D	72. E	73. B	74. A	75. C
76. B	77. E	78. A	79. D	80. C

第四部分

81. B　　82. D　　83. C　　84. D　　85. D

86. D　　87. C　　88. A　　89. C　　90. C

91. D　　92. C　　93. B　　94. B　　95. A

96. D　　97. C　　98. C　　99. B　　100. A

三、书写

（参考答案）

101.

梦想从不卑微

　　尼克的父亲早逝，他从小和妈妈、哥哥相依为命。哥哥每天都帮妈妈干活，而尼克总跑出去。哥哥问他去干嘛，他说要用玻璃瓶建一座城堡。

　　建一座城堡需要两万个玻璃瓶，哥哥不相信尼克能坚持捡两万个玻璃瓶，即使捡到了，也一定不能建好一座城堡。人们听到尼克的想法，都觉得不可能，劝他放弃，可是尼克不以为然。有人将他捡瓶子建玻璃城堡的事告诉了他妈妈，妈妈听了也很生气。可是尼克更加不愿放弃，一定要用瓶子建造一座城堡给大家看看，让大家知道，所谓的"不可能"其实是可以实现的。

　　两年半之后，尼克终于捡够了两万个玻璃瓶，可是哥哥仍然不相信他能用此建造一座城堡。果然，玻璃瓶每次放上去就摔得粉碎，面对一次次的失败，尼克没有放弃，继续用瓶子建造城堡。经过半年的时间，尼克终于建成了一座坚固的城堡。他一举成名，他的妈妈还在家门口做生意，生活状况也改善了。

　　十几年后，尼克成为一个著名的设计师，他说："只要敢想、敢做，就没有任何做不成的事，因为梦想从不卑微。"

试卷九　听力材料

（音乐，30秒，渐弱）

大家好！欢迎参加 HSK（六级）考试。

大家好！欢迎参加 HSK（六级）考试。
大家好！欢迎参加 HSK（六级）考试。

HSK（六级）听力考试分三部分，共50题。
请大家注意，听力考试现在开始。

第一部分

第1到15题，请选出与所听内容一致的一项。现在开始第1题：

1. 父亲是儿子的第一个男子汉榜样。男孩对男性的认识是从父亲开始的。从父亲身上，儿子学习如何举手投足，待人接物，关爱女性。父亲很容易从儿子身上发现自己的影子，儿子也会发现自己越来越像父亲。

2. 举一反三是指，学一样东西，可以灵活地思考，运用到其他相类似的东西上。我们在日常工作生活中，经常会遇到一些新问题。有时可以循旧例按老经验去办，但是如果没有经验可循，则应开动新思维，举一反三。

3. 一个人是否紧张．是否自信可以从讲话时的声音听出来。因此面试时应保持平静的音调，把握好语速的节奏，音量也要适中，另外要去掉"嗯"、"啊"等语气词，否则考官会认为你的表达不够专业。

4. 漫画是一种艺术形式，是用简单而夸张的手法来描绘生活的图画。人们习惯称之为"讽刺画"、"幽默画"或"滑稽画"。它常常批评或歌颂某些人和事，具有较强的社会性，当然也有纯为娱乐的作品。

5. 温泉是地壳深处的地下水受地热作用而形成的，一般含有多种有活性作用的微量元素，有一定的矿化度，泉水温度常高于摄氏30度以上。温矿泉对肥胖症、皮肤病等有治疗作用，但须在专业医生的指导下进行。

6. 做事情应该提前准备，这样在机会突然出现时，才不至于手忙脚乱。有人抱怨没有机会，然而当机会来临时，却因为自己平时没有积累足够的学识与能力，以致不能胜任，只能后悔莫及。

7. 漂亮和成功有没有关系？我认为有很大的关系，因此只要碰到合适的衣服，即使很贵我也会买。穿上漂亮的衣服，我会特别自信，客户也会对我产生良好的感觉，这对我的工作有很大的帮助。

8. 小王和他的美国朋友聊天儿。美国朋友说："你们中国太奇妙了！尤其是在语言文字方面。比如说'中国队大胜美国队'，是说中国队胜了；而说'中国队大败美国队'，还是说中国队胜。总之，胜利永远属于你们！"

9. "男人的钱包、女人的年龄"被人们视为现代职场中的两大秘密，不过在网络上，很多人正热衷于把自己的详细收入甚至日常开支都展示出来，网民们给它起了个生动的名字叫"晒工资"。

10. 孤独寂寞时，阅读可以消遣；高谈阔论时，知识可供装饰；处世行事时，正确运用知识意味着才干，有实际经验的人虽然能够处理个别性的事物，但若要把握整体，规划全局，却唯有学识才能办到。

11. 正规的饮茶，讲究把茶杯放在茶托上，一同敬给客人，杯把要朝向左边，若是饮用红茶，可准备好方糖，请客人自取。喝茶时，不允许用茶匙舀着喝，而应直接端起茶杯、茶碗喝。

12. 研究发现，志愿者活动不但能够给那些需要帮助的人提供帮助，而且也能给志愿者本人带来身体上的健康和心理上的愉悦。有数据显示，那些年龄大的志愿者比同龄的非志愿者寿命更长。

13. 很多人觉得当警察很威风，能够保护别人的安全，但其实警察的工作不仅辛苦，还很危险，他们时刻都得紧绷着每一根神经，在心理上会造成比较大的负担。

14. 20年前，还是大学四年级的她接演了一部电视剧，她也因所演角色一炮而红。从此，她在荧屏上演尽女人的酸甜苦辣。她长得不够漂亮，也没什么绯闻，可这些都没影响观众们对她的喜欢。

15. 一项研究结果表明，当人们感到气愤而想发脾气时，如果能够及时宣泄出来，会有利于自己的身体健康，也会给长寿带来机会。研究结果显示，那些活得长的研究对象基本上都属于"有脾气则发"的类型。

第16到30题，请选出正确答案。现在开始第16到20题：

第16到20题是根据下面一段采访：

男：今天的嘉宾是一位女摄影师，也是一位桃李满天下的老师。宋靖老师，您好！平遥摄影大展就要开始了，您是第几次参加？

女：我是第一次参加。我平时的创作是电影和电视广告。图片摄影我虽然拍了十二年，然而一直是积累的过程。这次参加，是因为我觉得十几年的拍摄应该总结一下。

男：您作为一个专业人士是怎样看待像平遥摄影节这样一个越来越享有国际声誉的大赛的？

女：平遥摄影节据我了解，一开始也是以地方旅游经济为目的展开的。现在赢取了这么大的成绩，而且在业内确定了它的权威性和全面性。对于世界来讲，提供了一个窗口介绍中国摄影师。它是了解中国摄影和中国了解世界摄影的窗口和桥梁。

男：您也是一位很了不起的老师，学生们都很喜欢您上课的形式，您能不能给大家介绍一下？

女：我的教学形式是这样的，白天拍摄，晚上上课。用我们认可的纪实摄影大师的作品启发学生，用纪实摄影的理论指导学生应该怎么拍摄，告诉学生用心灵去感应。

男：对于您的学生来讲，您的授课方式在专业上对他们来说是一个提升，在生活、眼界方面也是一个扩大。他们在这方面的收获，是不是已经超过了您的预期？

女：的确是这样。九八年，我带着学生去山西。因为我一直奉行艺术向生活学习，所以我开始上生活摄影课的时候，就主张应该到生活里去，让学生到那个地方，比较集中地感受生活。当我们从山西回来第一次做展览的时候，我真的觉得学生拍的东西太好了。你都不知道他们的力量有多大。

男：在我们眼中，女性摄影师是非常酷的职业，您是怎么开始您的职业生涯的？

女：我从小学画画，然后考电影学院摄影系。当时电影学院没有图片摄影系，都是电影摄影，我就考上了这个专业。我感觉我对艺术有一点点天分，而且学得不累。

16. 女的平时主要从事哪方面的创作？

17. 举办平遥摄影节最初的目的是什么？

18. 女的采取什么样的教学形式？

19. 女的觉得学生的第一次展览怎么样？

20. 关于女的，下列哪项正确？

第 21 到 25 题是根据下面一段采访：

女：很多人知道李老师从来不运动，但是很少有人知道他很喜欢拳击和足球这两项激烈的运动。而且对足球是非常痴迷的。你以前跟徐教练认识吗？

男：不认识。我是看报纸上像写小说一样，说徐教练的队一下子输了9个球。

女：兵败吉隆坡。

男：怎么会输得那么厉害？所以我脑中有个简单的想法，是不是足球也要靠文化？是不是用文化来指导运动？所以我就送了一套连环图画给他，上面签了字。说，你去看看小人书。

女：就是一套《孙子兵法》？

男：对，里面有作战时可以参考的方法，虚则实之，实则虚之。他挺好，还写了封回信来谢谢我。我看这个年轻人不容易。

女：徐教练后来说，你是春节前的年三十给他写的这封信。他说那个春节其实是他一生中最难过的一个春节，可是接到你的来信以后，他觉得忽然见到了一线光亮。所以大年三十的晚上，他还是觉得很温暖，因此初三他就到你家来拜年。

男：对，对！他变成了我的老师。

女：他变成你的老师，怎么讲？

男：凭他的坚持、不怕失败，这个就可以做老师了。

女：而且你说你跟他有手足之情，这个怎么说？

男：我是用手拿笔的，他是用脚踢的。

女：所以你们就有"手足之情"。您对朋友一向是非常非常的慷慨，我想所有跟你熟悉的朋友都曾经获得你的作品。你也经常跟我说，这跟你童年的一次经历有关。

男：我坐在西湖边草地上，有一个老先生，戴着近视眼镜，他走过来看看。因为我颈上有纱布包着，他坐在我边上跟我说，我传一个秘方给你，你吃好了以后还要去传给人家，不能卖钱。我说好。就是把海马烧成灰，用黄酒吞下去。一个礼拜不到，就收口了。从那之后，我开始喜欢把自己的东西拿给朋友分享。

21. 男的最喜欢什么运动？

22. 当得知徐教练输了9个球后，男的送给他什么礼物？

23. 男的什么时候给徐教练写信？

24. 男的从徐教练身上学到了什么？

25. 男的对待朋友是什么态度？

第26到30题是根据下面一段采访：

女：刚刚您说到自己是最早一批下海知识分子，那时候做这个决定容易吗？

男：不容易。那个时候多数人考虑的是稳定、饭碗，也就是职业稳定性和发展前景，那个时候真的离开国家公职，离开比较好的、稳定的环境去探索一个未知的环境，或者是前途未卜的环境，有的时候是比较难的。我大概是最早去深圳的，在70年代末，那个时候看到的深圳是跟内地完全不一样的经济环境，对我触动特别大，对我最后下决心也产生了很大的影响。

女：您后来做出这个决定的时候，家人同意吗？

男：当然有很多的困难。比如说我太太，她当时在国家机关工作，是最早的最年轻的一批处级干部，她对自己的工作也很喜欢，也很投入。最后我很坚决地告诉她，这条路是一条光明大道，你走也得走，不走也得走。最后全家一起走上了这样一条路。我的太太比较容易接受新事物，她接受新事物的能力很强，当我们就这个问题达成共识以后，她跟我一起跳到水里面去了。

女：引入投资伙伴的时候，你跟投资伙伴预计一年之后，当营业额达到一定规模时上市，在一年、两年、三年没有上市的情况下，你们对上市的问题怎么看？

男：因为泡沫来了，冬天来了，谁都知道这个事实。有一段时间投资人就不管这个企业了。既然上不了市，这个企业就由我和我爱人管理和经营。我们的理念是这个企业一定可以发展，这个企业将来一定可以上市的。所以我们就沉下心来一点儿一点儿地扩张。那段时间里，我们的竞争对手不多，2000年、2001年可能有一点儿，到2002、2003年就很少了。没有人肯这么辛辛苦苦经营企业。我记得当时媒体给我们的一些评论，就是叫做"吃别人不愿意吃的苦，做别人不愿意做的事，赚别人赚不到的钱"，这是当时中国企业网的写照。但是同行业内的公司呢，深圳有美商网，在北京有8848，当时很有名的，美商网办公室就在我们旁边，人家半版的广告。我们业务员出去感觉压力很大，客户就问，你们中国企业网有什么啊？人家美商网，买了8.8万的会员，马上有电话打回来给你谈生意，你有吗？确实感觉压力很大。

26. 为什么男的说当初决定下海不容易？
27. 关于男的的妻子，下列哪种说法不正确？
28. 男的的公司一开始为什么没能上市？
29. 男的的企业叫什么名字？
30. 男的的企业什么时候竞争对手最少？

第三部分

第31到50题，请选出正确答案。现在开始第31到33题：

第31到33题是根据下面一段话：

有一棵树叫"光棍树"，单单名字就很吸引人，不过，更让人感兴趣的还是树木的本身。因为，整棵树真的是看不见一片叶子，碧绿的树干和枝丫都是光溜溜的，的确是"光棍"。

光棍树原产于东非和南非的热带沙漠地区，那里常年太阳高照，严重缺水。为适应恶劣的自然环境，保水抗旱，原来枝繁叶茂的光棍树必须减少水分蒸发，所以它的叶子就渐渐退化了，消失了；没有叶子的光棍树要想继续存活下去，必须用树干和枝丫代替叶子进行光合作用，而绿色是进行光合作用的重要条件，树干和枝理所当然地就变成了绿色。这样，光棍树就在沙漠中顽强地生存了下来。

31. "光棍树"有什么特点？
32. 光棍树原产于什么地区？
33. 光棍树的光合作用是靠什么来完成的？

第34到36题是根据下面一段话：

科学家最近发现，一个人的嗓音跟他的指纹一样，是一种具有长期稳定性的密码信号。人都有自己独特的嗓音，这是一个人不同于其他人的基本标记之一，任何模仿者都不可能逼真地去模仿他人语音的全部特征。

研究还证明，嗓音和个人特征之间也有着密切的关系。比如，身强体壮的人和身材瘦弱的人的嗓音就有很大差别，前者嗓音要洪亮得多；另外根据方言特点，可以判断出一个人从哪里来，同时，在一定程度上也可以判断出一个人的年龄。总之，根据一个人的语言特征，就可以大致推断出他的身高、体型、年龄、长期居住地以及受过什么教育、从事什么职业等等，使别人对他有一个大致的了解。

34. 科学家们发现人的嗓音有什么特征？
35. 与身体瘦弱的人相比，身材强壮的人的嗓音怎么样？
36. 根据这段话，哪一项不可能通过某人的语言特征推测出来？

第 37 到 39 题是根据下面一段话：

假期回家，年近花甲的母亲非常高兴，一定要上街买点菜去。于是我陪母亲一起去菜市场买菜。

到菜市场要横穿一条马路。现在刚好是下班时间，大街上车来车往，年龄大了，母亲的双腿显得很不灵活。

眼看着马路对面就是菜市场了，这时走在前面的母亲突然不走了，她左手挎着菜篮，右手向我伸来……

这是多么熟悉的动作呀！刹那间好像又回到了多年前。上小学时，我每天都要过一条马路才能到学校。那时母亲在包装厂上班。她担心我出事，每天都要送我，一直把我送过马路才又回去上班。穿马路时，她总是向我伸出右手，拉着我的小手走到马路对面。

37. 母亲看到我回家，心情怎么样？
38. 我上小学的时候是怎么去学校的？
39. 过马路的时候，母亲停下来要干什么？

第 40 到 43 题是根据下面一段话：

你相信吗，即使是婴儿也能分辨出友好和不友好的伙伴，并且知道该和谁一起玩儿。有实验表明，六个月到十个月大的婴儿在他们会说话之前就已经表现出了至关重要的社交判断技巧。

在实验中，婴儿们看着一个木制的大眼睛娃娃在爬过山车，然后有另外的大眼睛娃娃过来，有的帮助它爬过去，有的把它推倒，还有的则什么也不做。研究人员把这些大眼睛娃娃拿给婴儿，看他们会和哪一个玩儿，几乎每个婴儿都选择了帮助别人的娃娃而不是把人推倒的。此外，与捣乱的娃娃相比，婴儿们也会选那些"中立"的娃娃，也就是那些既不帮忙也不捣乱的。但如果在是帮忙的和"中立"的娃娃当中选择的话，他们还是会选那些帮忙的。

"婴儿们能这么做真是令人难以置信，"这项研究的负责人说，"这表明他们不用别人教就已经拥有了一些基本的社交技巧。"

40. 这些婴儿有什么特点？
41. 根据这段话，木头娃娃的行为可以分为几类？
42. 实验表明婴儿们已经具有哪方面的能力？
43. 那位负责人认为，婴儿的这种能力来自哪里？

第 44 到 46 题是根据下面一段话：

一根小小的柱子，一截细细的链子，拴得住一头千斤重的大象，这很荒谬。可这荒谬的场景在印度和泰国随处可见。那些驯象人，在大象还是小象的时候，就用一条铁链将它绑在水泥柱或钢柱上，无论小象怎么挣扎都无法挣脱。小象渐渐地习惯了不挣扎，即使长成了大象，可以轻而易举地挣脱链子时，也不挣扎。

驯虎人本来也像驯象人一样成功，他让小虎从小吃素，直到小虎长大。老虎不知肉味，自然不会伤人。驯虎人的致命错误在于他摔了跤之后让老虎舔净了他流在地上的血，从此老虎一发不可收拾，最后将驯虎人吃了。小象是被链子绑住，而大象则是被习惯绑住。虎曾经被习惯绑住，而驯虎人则死于习惯。因为他已经习惯于他的老虎不吃人。习惯几乎可以绑住一切，只是不能绑住偶然。

44. 象长大后为什么不挣扎了？
45. 驯虎人的致命错误是什么？
46. 这段话主要想告诉我们什么？

第 47 到 50 题是根据下面一段话：

夏日里昼长夜短，身体容易困乏。忙碌于办公楼里的白领们午后难免疲惫，应该利用好这段时间为自己身心减压。

有时，我们感觉困倦，其实并非因为缺少睡眠，反而会越睡越困，越没有精神。这时，你不妨反其道而行，利用中午时间安排一些阳光下的户外活动。时间不太长、强度不太大的活动，既可以缓解压力，舒展筋骨，有效增加气血运行，又可以使大脑得到休息。对于白领们来说，散步是最适宜的午休活动。午饭后去写字楼附近的街心花园、绿化带等空气清新的场所散步。你还可以倒走或侧走，让温暖的阳光照在你的背上，晒背的同时锻炼腰部肌肉。在人少的空地上，做几节广播体操或瑜伽伸展动作，让自己微微出汗，就可以恢复充沛的体力和好的心情。

另外，杂乱无序的办公桌总是会让人心情不好。利用午休时间整理办公桌，让工作环境尽量整洁有序。顺手做点儿体力活儿——给桌上的小花浇点水，为绿植洗洗叶片；擦拭一下键盘和显示屏，给主机除除尘。如果时间允许，还可以把上午的工作简单理一理，将下午的事情分分类。这些简单的工作可以让你从放松的休息状态自然过渡到工作状态，让下午的办公室时光更轻松。

47. 对于白领来说，什么是最适宜的午休活动？
48. 中午的户外活动应该注意什么？
49. 说话人有什么建议？
50. 这段话主要谈什么？

听力考试现在结束。

试卷九　答案

一、听力

第一部分

1. A	2. C	3. C	4. C	5. A
6. D	7. C	8. C	9. D	10. B
11. B	12. D	13. C	14. A	15. C

第二部分

16. D	17. C	18. D	19. A	20. D
21. C	22. D	23. B	24. D	25. B
26. D	27. A	28. B	29. B	30. D

第三部分

31. C	32. D	33. D	34. A	35. B
36. C	37. B	38. A	39. D	40. C
41. A	42. B	43. A	44. B	45. C
46. C	47. A	48. D	49. D	50. D

二、阅读

第一部分

51. A	52. B	53. D	54. A	55. D
56. A	57. C	58. D	59. B	60. D

第二部分

61. B	62. D	63. A	64. D	65. B
66. B	67. B	68. C	69. D	70. D

第三部分

71. E	72. C	73. D	74. A	75. B
76. C	77. B	78. A	79. E	80. D

81. D	82. A	83. B	84. C	85. C
86. A	87. B	88. D	89. D	90. C
91. C	92. B	93. A	94. C	95. B
96. D	97. C	98. C	99. D	100. B

三、书写

（参考答案）

101.

失败是最好的先生

2010 年，年仅 16 岁的侯逸凡夺得了女子国际象棋世锦赛的冠军，成为国际象棋历史上最年轻的"棋后"。

侯逸凡从小天赋异禀，赢得无数比赛冠军。而她印象最深刻的比赛，却是三场败局。

第一场是 2000 年，那是她只有 6 岁，与她争夺冠军的是一位大她几岁的男孩。一开始她就压制着对手，心里暗自得意，觉得冠军唾手可得。但结果是侯逸凡败给了对手。这次的失败，让她明白了一个道理，人不能因为一时的顺利而得意忘形，笑到最后才笑得最甜。

第二场是 2008 年世锦赛，侯逸凡在决赛中的对手是一位和她功力不相上下的俄罗斯选手，但在心理上却非常不适，最后败下阵来。侯逸凡领悟到：成功不是靠运气，而是一个水到渠成的过程，只有在技术、心理和经验等多方面磨练成熟之时，成功才会瓜熟蒂落。

第三场是 2010 年与世界棋王卡尔波夫的"性别大战"，她输得心服口服。侯逸凡清醒地意识到，任何时候都要虚心前行，学艺之路永无止境。

失败是最好的先生，自己的失败里往往暗藏了一个人最缺乏、最直接的成长营养。我们不应该舍近求远，试图从别人那里获取成功的捷径。

试卷十　听力材料

（音乐，30秒，渐弱）

大家好！欢迎参加 HSK（六级）考试。
大家好！欢迎参加 HSK（六级）考试。
大家好！欢迎参加 HSK（六级）考试。

HSK（六级）听力考试分三部分，共 50 题。
请大家注意，听力考试现在开始。

第一部分

第 1 到 15 题，请选出与所听内容一致的一项。现在开始第 1 题：

1. 很多人认为不渴就不用补水。专家告诉我们，并不是口渴时才需要喝水，当觉得口渴时，表示身体已经是缺水的状态了，所以正确的喝水方式，就是平常要多补充水分，等口渴才喝，就来不及了。

2. "井底之蛙"这个成语的意思是井底的青蛙只能看到井口那么大的一片天。人如果不到新的环境面对新的挑战，也许生活会更加安逸，但是很有可能会变得见识短浅、思路狭窄。

3. 一个小男孩在门口玩儿，一个中年男子问他："你爸爸在家吗？"小孩答道："在家。"那人便去按门铃，按了很久也没人开门。于是男子生气地问小孩："他为什么不开门？"孩子说："我怎么知道呢，这又不是我家。"

4. 网络小说不刻意地追求文笔，其内容丰富，情节紧凑，特别擅长通过快速更新来吸引读者。网络小说最大的特点就是互动性强，这样可以使作者及时参考读者的意见，调整自己的写作方向和内容。

5. 加州迪斯尼乐园是世界最受欢迎的主题乐园之一，以米老鼠为首的迪斯尼家族，每年都有新成员加入，加上软硬件不断推陈出新，使得这儿成为观光客前往洛杉矶绝对不会错过的重要景点。

6. 人际关系好的人几乎都有些共同的特点，比如总是热心助人，愿意跟别人分享，这使得他们一直被别人喜爱。"自私的行为引来众人排斥，助人的行为得到众人帮助"，可以说是处理人际关系的重要法则之一。

7. 葡萄酒以新鲜葡萄或葡萄汁为原料，经酵母发酵酿制而成，酒精度不低于7%。经常饮用葡萄酒，不仅能补充人体需要的水分和多种营养素，而且有助于减肥。

8. 听不少"垂钓迷"朋友说过，钓鱼的好处就是可以静静地坐在那里，只是盯着水面，等鱼儿上钩。那种心情，说"望眼欲穿"也许有点儿夸张，但是垂钓时精神专注，平常生活中的琐事、烦心事，全都抛在了脑后。

9. 一天，小王和他爱人吵架后，生气地说："带着你的东西走，别回来了。"他爱人哭着跑进房间去，从房间里拿出来一个大袋子说："你进去吧。"小王说："你要做什么？"爱人回答："你也是我的，我当然要带走。"

10. 不少人认为鱼类智力低下，记忆力差，甚至有人说"鱼只有3秒钟的记忆"。但研究人员发现，鱼类的"聪明才智"超过人类想象，记忆远远不止数秒，反而可以达到数月乃至数年时间。它们还具有学习能力，懂得使用欺骗手段捕食。

11. 握手有着一套专门的礼仪，比如戴着手套握手是一种失礼行为，在握手前应先脱下手套，摘下帽子。握手时双方要互相注视，微笑，不要看第三者或显得心不在焉。握手的时间不能太长，一般要控制在三五秒钟以内。

12. 这并不是一部复杂的电影，正因为这份简单，真正的生活才没有因电影之名被曲解。许久以来，电影的光影中被注入太多传奇，普通人的生活却被遗弃，而该片却在平凡中暗起波澜。

13. 医生的职责是救死扶伤，这是一个很高尚的职业。但是当医生很累，因为他们不仅需要超人的勇气、胆识和细心，还要有坚强的神经，因为时常要面对生死悲欢，所以医生承受的心理压力会比常人大许多。

14. 航天科技活动与人类生活的关系日益密切，居民电视、手机信号等无不依赖于天上卫星发来的信号，连城市交通也要依赖卫星信号来调控。由此可见，航天科技活动对人类生活的影响正在逐步增大。

15. 不停地轮换交叉双腿，是不耐烦的表现，而一直跷着二郎腿则会让考官觉得你没有礼貌。如果再把两手交叉放在胸前，那就表达出了拒绝或否决的心情。因此，求职时一定要注意坐姿端正。

第 16 到 30 题，请选出正确答案。现在开始第 16 到 20 题：

第 16 到 20 题是根据下面一段采访：

女：我们采访过很多成功的企业家，今天让我们走近联想集团掌门人柳传志先生。柳传志说自己是一个弱势的董事长，这是怎么回事呢？让我来听听他自己的说法。

男：我是从做制造业一路摸索走过来的，因此对于制造业的很多东西把握都比较准。但现在，我做的是专业投资和战略股东，很多是互联网，非传统产业，我更愿意相信年轻人的判断力。在我们投资的公司里，我希望是强势的 CEO，弱势的董事长。我来辅助他们的决策。

女：您觉得现在年轻人的创业和您那时有什么不同？

男：最主要是环境的不同。我们创业的时候经历了整个市场过渡期，很多政策不明朗，我们要想很多办法打擦边球。但是现在，政策明朗，年轻人不用再把大量的时间和精力花在做与外部环境适应的工作上了。

女：您对现在创业的年轻人有什么忠告？

男：很多年轻人把长跑当成短跑，这很容易导致目光不够长远。另外，就是一定要注意身体，我年轻时为了创业，透支了很多体力，导致现在落下好多毛病，现在想想，也许还有另一种做法。

现在，我经常和几位老朋友一起打高尔夫，成绩还不理想，还需要加强练习。当然，在闲暇之余，我也会考虑如何规划自己的人生。有的人劝我学画画，有的人劝我学一样乐器。但是总之，我要做自己最喜欢的事情。

16. 男的为什么说自己是一个弱势的董事长？
17. 男的觉得现在年轻人的创业和他那时有什么不同？
18. 男的对现在创业的年轻人有什么忠告？
19. 男的现在经常做什么？
20. 下列哪项不符合录音的意思？

第 21 到 25 题是根据下面一段采访：

男：潘园长您好，欢迎您来到我们节目！现在有很多父母认为幼儿园的主要工作就是带着孩子玩儿，您是怎么看的？

女：主持人您好！大家好！您说的这种看法现在确实很普遍，其实幼儿教育是人一生中打基础的教育，当今教育所倡导的许多品质，正是在幼儿早期天性中就萌芽的，如幼儿的好奇心、丰富的想象力、同情心和强烈的求知欲望等等，这些都是培养创造性思维、探索精神和责任心等优秀品质的宝贵源泉。根据我多年的实践经验来看，培养幼儿的这些品质才是幼儿园、幼儿教育的主要工作。

男：但是我们知道，现在教育的实际情况可能更多的是进行知识的灌输、训练和模仿，长期进行说教式的教育。

女：您说得对，现在有些幼儿园就是这样做的。这是教育的失误。而且现在很多家长更关心的往往是孩子在幼儿园学到了哪些知识、技能，如汉语拼音学了多少、加减法学了多少等等。

男：您的意思是这些知识、技能都不重要吗？

女：不是，我的意思是说幼儿教育最应该强调的是尊重孩子的天性，重视发现、保护和引导孩子天性中固有的品质，顺应孩子本能发展需要。

男：您的意思是说，在幼儿阶段最重要的是发展孩子的天性、本能？

女：是这样的。而且孩子年龄越小，就越要顺应这种本能。幼儿阶段是孩子逐步适应外部环境，形成基本的情感、态度、能力的一个关键时期，幼教工作者和家长都应尽可能多的去掌握规律，为他一生的发展奠定良好的基础，这就是幼儿时期尊重本能的教育。

男：您刚才提到了家长，是不是说家长在本能教育中的作用也很重要？

女：家长的作用不是说很重要，应该说更重要才对。

男：但是现在很多家长还没有认识到尊重本能教育的重要性，现在看来，这是一个很大的问题了。

女：对，这也是我参与这次节目的一个最主要的目的。

21. 女的认为幼儿园的主要任务是什么？
22. 关于女的的观点，下列哪项不正确？
23. 女的最有可能是什么身份？
24. 应该怎样实行本能教育？
25. 女的参加这次访谈最主要的原因是什么？

第 26 到 30 题是根据下面一段采访：

女：二零零九年中央电视台春节联欢晚会上，一位来自台湾名叫刘谦的年轻魔术师让人们在镜头前近距离地见证了奇迹的发生，他不仅成为这次春晚上最受关注的表演者之一，更在二零零九年掀起了一股魔术热，越来越多的人喜欢上了这种近距离魔术。今天我们有幸跟刘谦面对面交流，刘先生您好。在您眼里，魔术是什么样的呢？

男：我个人觉得，其实现代的魔术它应该更生活化，就是魔术师穿的衣服是跟正常人一样，讲的话跟正常人一样，用东西也跟正常人一样，在这种情况之下，还有魔术在眼前发生，那样才叫真正的魔术，这才是真正的震撼的魔术。

女：您从小就喜欢表演魔术吗？为什么喜欢呢？

男：我记得第一次表演魔术时我七岁，看到观众惊喜的反应让我感到无比的快乐，也正是这样建立起了自己对于变魔术的自信。一九八八年，也就是我十二岁的时候，见到了自己的偶像著名魔术大师大卫·科波菲尔，并从他的手中接过了全台湾少儿魔术大赛的冠军奖项。可以说如果那时候我没有获奖的话，说不定现在我早就远离魔术很久了，因为从小我其实没什么值得骄傲的地方，十二岁那一次获奖，让我第一次感觉到，原来有一件事情是我做起来还不错的，比别人好的。

女：得到别人的承认？

男：对，而且是努力就会有收获这件事情，是我在十二岁那一年第一次切身感受到的，努力跟收获的这件事情，对我来讲是有非常大、非常大的影响。

女：这么说，您从小的理想就是当魔术师吗？

男：不是，虽然我喜欢魔术，但一开始我并没有打算把魔术当成自己的职业，我的理想是成为工作稳定、收入丰厚的白领。

女：那后来您是怎样走上魔术表演这条路的呢？

男：大学毕业后屡屡碰壁的求职经历让我终于又回到了自己擅长的魔术轨道。因为我认为一旦决定我要做这个行业，我一定要做到顶尖。而且我相信，如果你要做到顶尖，你就必须要跟别人不一样，不光是你做的事情要不一样，你的想法、你的观念、你的基础、你的态度都要完全不一样，你才可以做到顶尖，否则你就会变成跟一般人一样。

26. 男的认为魔术应该怎么样？
27. 男的为什么选择做魔术师？
28. 男的最初的理想是什么？
29. 男的认为怎样才能做到最好？
30. 关于男的，可以知道什么？

第三部分

第 31 到 50 题，请选出正确答案。现在开始第 31 到 33 题：

第 31 到 33 题是根据下面一段话：

　　古代有一位国王，愿意用一千两黄金买一匹千里马。可是三年过去了，连千里马的影子也没看到。这位国君手下有一位大臣，自告奋勇请求去买千里马，国君同意了。这位大臣花了三个月的时间，终于打听到某处人家有一匹千里马。可是，等他赶到这户人家时，马已经病死了。于是，他就用五百两黄金买了马的骨头，回去献给国君。国君知道用那么多黄金只买回来一堆马骨后，心里很不高兴。买马骨的大臣却说，花很多钱买马骨看起来很不值，但是，这样天下人就都知道大王您是真心实意地想出高价钱买马，并不是欺骗别人，过不了多久肯定就有很多人来献千里马。果然，不久就有人送来了三匹千里马。

　　31. 那位大臣为什么没有买到千里马？
　　32. 国王看到马骨时是什么反应？
　　33. 这个故事主要想告诉我们什么？

第 34 到 36 题是根据下面一段话：

　　22 位学生中有 18 名被 14 家东莞台企带回工厂实习，同行另外 4 位分赴珠海、中山，他们相约 8 月 29 日结业时上交不少于 1 万字的总结。

　　从机场去东莞的路上，学生们迫不及待举起相机，记录下沿线风光。这是继去年之后东莞第二次接受台湾大学生实习。但金融风暴的影响，使得去年 43 人的阵容缩减至今年的 18 人。名额变得珍贵，反而让东莞的吸引力更强。

　　虽然来东莞实习人数缩水了，但是企业对学生的待遇依然优厚。在不到一个半月里，接受学生实习的企业将为之提供 5000 元的薪水，其中包括往返机票的钱。如果学生工作出色，还能获得奖金。

　　在短暂的仪式之后，这群西装革履的台湾大学生就被工厂领到相应的部门，开始一个半月的实习活动。学生们对即将开始的实习生活满怀憧憬。

　　34. 此次 22 名台湾大学生没有到哪个地方实习？
　　35. 去年来东莞实习的台湾大学生有多少人？
　　36. 学生们对这次实习是什么态度？

第37到39题是根据下面一段话：

一个幼儿园老师让孩子们玩儿一个游戏，每人带一个口袋，里面装上土豆。每个土豆上写上自己讨厌的同学的名字，讨厌的人越多土豆的数量也就越多。

第二天，每个孩子都特地带来了一些土豆。有的是两个，有的是三个，最多的是五个。老师告诉孩子们，无论到什么地方都要带着袋子。孩子们觉得游戏很有趣。

一星期后，孩子们开始抱怨，发霉的土豆散发出难闻的气味。他们不愿意再随身带着沉重的袋子。

老师问他们："在这一周里，你们对随身带着土豆有什么感觉？"孩子们纷纷沮丧地表示，带着土豆袋子行动不方便，土豆发霉后的气味很难闻。

老师说："这些发霉的土豆就是你们心里痛恨的人。如果无论到什么地方都要带着它们，你们的一生将会变得非常痛苦。"

37. 老师让孩子们在土豆上写什么？
38. 一周后孩子们对每天带着土豆有什么感觉？
39. 这段话主要想告诉我们什么？

第40到42题是根据下面一段话：

灵敏的鼻子东闻闻西嗅嗅，锐利的前爪飞快地刨出泥土，不到15分钟，两只灰褐色的穿山甲就打好了一处藏身之地，回到了久违的大自然中。在上海市郊，上海野生动物保护管理站日前首次放养了两只野生穿山甲。

据该动物园检疫队队长介绍，此次放养的两只野生穿山甲已在动物园里生活了两年，3岁左右，身体非常健康，每天要吃下半公斤用肉、蛋黄、牛奶、泥土等特制的饲料，体重分别达到了4.3公斤和5.1公斤，大大超过了野生的穿山甲。但在人工环境里，穿山甲很难繁殖。今年年初，上海动物园收养的一只受孕穿山甲产下一只小穿山甲，小穿山甲仅存活了一周，就被母亲不小心压死了。

40. 上海放养了什么动物？
41. 两只动物已在动物园生活了多长时间？
42. 为什么要放养这两只动物？

第 43 到 46 题是根据下面一段话：

在人类还没有产生语言时，就已经知道利用声音的高低、强弱等来表达自己的意思和感情。当我们在非常愉快的时候，会一面唱着歌，一面手舞足蹈地跳着舞。当我们在非常郁闷时，一支优美动听的旋律飘至耳畔，烦恼、不快立刻烟消云散，没有踪迹。

音乐的主要作用是通过音乐来锻炼人们丰富的想象力，促进思维能力的发展，使五官四肢灵敏协调、反应迅速。欣赏音乐在一定程度上能够促进智力发展。因为听音乐时，大脑不会是空白的。一定有种种多变的活动形象会泛映在脑海里，使人身临其境，种种喜怒哀乐的感情细流泛上心头。这种艺术的感情是非常微妙的，它是不可能用文字及语言来形容的。

很多人都很喜欢流行音乐，因为它短小精悍，轻松愉快，能给人以娱乐、消遣，对人们精神上的调剂作用相当突出。但它有两类：一类是通俗的，一类是庸俗的。缺少艺术修养和音乐基础知识的人们一时难以分辨，庸俗音乐的炮制者也利用此来牟取利益。

43. 音乐的历史有多久？
44. 音乐有什么作用？
45. 关于音乐，下列哪项不正确？
46. 这段话主要讲了什么？

第 47 到 50 题是根据下面一段话：

现在的公司招聘学生的方法有明显改变，不再像过去一样将指标分解到各高校，而是有一个面向全国的总招聘计划，遇到中意的学生就立即签订协议。用人单位对学生综合素质的要求也有明显提升，具有文艺、体育特长的学生比较受欢迎。据某高校老师透露，在昨天的"双选会"之前，已有 20 多家用人单位到该校选定了 400 多名学生，其中大部分是本科学生，甚至还有不少专科生。成熟企业是不会"高消费"用人的，他们根据岗位需要确定用人条件，专科生可以做的不要本科生，本科生可以干的活，不会接收研究生——学历高的用人成本也更高。

用人单位十分在意学生的学习成绩。学生的学习成绩如果有"挂科"记录，用人单位一般会毫不犹豫地退回《自荐书》。虽然强调综合素质，但学业成绩也是重点考核内容。现在用人单位对大学生的外语要求也有提升，没有通过大学英语四级考试的一般很难受聘。一家公司的工作人员介绍，随着海外业务的拓展，公司对员工的外语水平要求相应增高。

47. 现在招聘单位招聘学生有什么改变？
48. 在招聘过程中哪些学生比较受欢迎？
49. 用人单位肯定不会录用什么样的人？
50. 为什么用人单位对英语要求提高了？

听力考试现在结束。

试卷十　答案

一、听力

1. C	2. A	3. B	4. D	5. A
6. D	7. B	8. B	9. C	10. C
11. A	12. D	13. B	14. B	15. A

第二部分

16. C	17. C	18. A	19. D	20. B
21. C	22. A	23. C	24. C	25. C
26. B	27. C	28. A	29. D	30. D

第三部分

31. A	32. D	33. D	34. B	35. D
36. C	37. D	38. C	39. C	40. A
41. A	42. D	43. D	44. C	45. C
46. D	47. C	48. B	49. D	50. C

二、阅读

第一部分

51. C	52. D	53. A	54. B	55. D
56. A	57. D	58. B	59. C	60. B

第二部分

61. B	62. C	63. B	64. A	65. B
66. B	67. A	68. C	69. D	70. C

第三部分

71. C	72. B	73. D	74. A	75. E
76. E	77. D	78. A	79. B	80. C

81. C	82. D	83. A	84. A	85. C
86. B	87. C	88. C	89. C	90. D
91. D	92. D	93. A	94. A	95. B
96. D	97. D	98. C	99. D	100. D

三、书写

（参考答案）

101.

年轻，就要去拼！

在美国，一位年轻的导演泰伦斯·马利克正紧张地等待投资人的决策——是否为他的新电影《天堂之日》投资。经过漫长的等待，投资人还是拒绝了。因为他认为这个剧本的题材不是当下流行的，而且泰伦斯太年轻。

最近，他找了很多投资商，但都无情地拒绝了为他的电影投资。泰伦斯非常沮丧，就连他的好朋友，也从另一个城市赶来，劝他放弃。

一边是投资失败之后的巨大压力，一边是自己极喜欢的题材，泰伦斯不知如何抉择。最后，他决定破釜沉舟，拍摄电影。泰伦斯不断向投资人推荐自己的电影题材，功夫不负有心人，他终于找到了投资。在随后的拍摄过程中，泰伦斯付出了巨大的心血，影片上映后，得到了一边倒的好评，《天堂之日》的成功，为泰伦斯迎来巨大声望，也使他跻身成为好莱坞的一线导演。

后来，泰伦斯谈到自己如何顶住巨大压力时说：年轻，就要去拼！如果年轻的时候都因为害怕失败而裹足不前，那么这一辈子都不会活出自己的精彩！

年轻，就要去拼！只要我们敢想敢拼，就能为自己创造更多的机会，为自己的人生拼来转机！

HSK（六级）答题卡

新 汉 语 水 平 考 试
HSK（六级）答题卡

姓名

年龄 〔0〕〔1〕〔2〕〔3〕〔4〕〔5〕〔6〕〔7〕〔8〕〔9〕
〔0〕〔1〕〔2〕〔3〕〔4〕〔5〕〔6〕〔7〕〔8〕〔9〕
〔0〕〔1〕〔2〕〔3〕〔4〕〔5〕〔6〕〔7〕〔8〕〔9〕

性别　　男〔1〕　　女〔2〕

序号
〔0〕〔1〕〔2〕〔3〕〔4〕〔5〕〔6〕〔7〕〔8〕〔9〕
〔0〕〔1〕〔2〕〔3〕〔4〕〔5〕〔6〕〔7〕〔8〕〔9〕
〔0〕〔1〕〔2〕〔3〕〔4〕〔5〕〔6〕〔7〕〔8〕〔9〕
〔0〕〔1〕〔2〕〔3〕〔4〕〔5〕〔6〕〔7〕〔8〕〔9〕

考点
〔0〕〔1〕〔2〕〔3〕〔4〕〔5〕〔6〕〔7〕〔8〕〔9〕
〔0〕〔1〕〔2〕〔3〕〔4〕〔5〕〔6〕〔7〕〔8〕〔9〕
〔0〕〔1〕〔2〕〔3〕〔4〕〔5〕〔6〕〔7〕〔8〕〔9〕

你是华裔吗？

年龄
〔0〕〔1〕〔2〕〔3〕〔4〕〔5〕〔6〕〔7〕〔8〕〔9〕
〔0〕〔1〕〔2〕〔3〕〔4〕〔5〕〔6〕〔7〕〔8〕〔9〕

是〔1〕　　　　不是〔2〕

学习汉语的时间：

2年以下〔1〕　　2年—3年〔2〕　　3年—4年〔3〕　　4年—5年〔4〕　　5年以上〔5〕

注意　　请用2B铅笔这样写：■

一、听力

1. 〔A〕〔B〕〔C〕〔D〕　　6. 〔A〕〔B〕〔C〕〔D〕　　11. 〔A〕〔B〕〔C〕〔D〕　　16. 〔A〕〔B〕〔C〕〔D〕　　21. 〔A〕〔B〕〔C〕〔D〕
2. 〔A〕〔B〕〔C〕〔D〕　　7. 〔A〕〔B〕〔C〕〔D〕　　12. 〔A〕〔B〕〔C〕〔D〕　　17. 〔A〕〔B〕〔C〕〔D〕　　22. 〔A〕〔B〕〔C〕〔D〕
3. 〔A〕〔B〕〔C〕〔D〕　　8. 〔A〕〔B〕〔C〕〔D〕　　13. 〔A〕〔B〕〔C〕〔D〕　　18. 〔A〕〔B〕〔C〕〔D〕　　23. 〔A〕〔B〕〔C〕〔D〕
4. 〔A〕〔B〕〔C〕〔D〕　　9. 〔A〕〔B〕〔C〕〔D〕　　14. 〔A〕〔B〕〔C〕〔D〕　　19. 〔A〕〔B〕〔C〕〔D〕　　24. 〔A〕〔B〕〔C〕〔D〕
5. 〔A〕〔B〕〔C〕〔D〕　　10. 〔A〕〔B〕〔C〕〔D〕　　15. 〔A〕〔B〕〔C〕〔D〕　　20. 〔A〕〔B〕〔C〕〔D〕　　25. 〔A〕〔B〕〔C〕〔D〕

26. 〔A〕〔B〕〔C〕〔D〕　　31. 〔A〕〔B〕〔C〕〔D〕　　36. 〔A〕〔B〕〔C〕〔D〕　　41. 〔A〕〔B〕〔C〕〔D〕　　46. 〔A〕〔B〕〔C〕〔D〕
27. 〔A〕〔B〕〔C〕〔D〕　　32. 〔A〕〔B〕〔C〕〔D〕　　37. 〔A〕〔B〕〔C〕〔D〕　　42. 〔A〕〔B〕〔C〕〔D〕　　47. 〔A〕〔B〕〔C〕〔D〕
28. 〔A〕〔B〕〔C〕〔D〕　　33. 〔A〕〔B〕〔C〕〔D〕　　38. 〔A〕〔B〕〔C〕〔D〕　　43. 〔A〕〔B〕〔C〕〔D〕　　48. 〔A〕〔B〕〔C〕〔D〕
29. 〔A〕〔B〕〔C〕〔D〕　　34. 〔A〕〔B〕〔C〕〔D〕　　39. 〔A〕〔B〕〔C〕〔D〕　　44. 〔A〕〔B〕〔C〕〔D〕　　49. 〔A〕〔B〕〔C〕〔D〕
30. 〔A〕〔B〕〔C〕〔D〕　　35. 〔A〕〔B〕〔C〕〔D〕　　40. 〔A〕〔B〕〔C〕〔D〕　　45. 〔A〕〔B〕〔C〕〔D〕　　50. 〔A〕〔B〕〔C〕〔D〕

二、阅读

51. 〔A〕〔B〕〔C〕〔D〕　　56. 〔A〕〔B〕〔C〕〔D〕　　61. 〔A〕〔B〕〔C〕〔D〕　　66. 〔A〕〔B〕〔C〕〔D〕　　71. 〔A〕〔B〕〔C〕〔D〕〔E〕
52. 〔A〕〔B〕〔C〕〔D〕　　57. 〔A〕〔B〕〔C〕〔D〕　　62. 〔A〕〔B〕〔C〕〔D〕　　67. 〔A〕〔B〕〔C〕〔D〕　　72. 〔A〕〔B〕〔C〕〔D〕〔E〕
53. 〔A〕〔B〕〔C〕〔D〕　　58. 〔A〕〔B〕〔C〕〔D〕　　63. 〔A〕〔B〕〔C〕〔D〕　　68. 〔A〕〔B〕〔C〕〔D〕　　73. 〔A〕〔B〕〔C〕〔D〕〔E〕
54. 〔A〕〔B〕〔C〕〔D〕　　59. 〔A〕〔B〕〔C〕〔D〕　　64. 〔A〕〔B〕〔C〕〔D〕　　69. 〔A〕〔B〕〔C〕〔D〕　　74. 〔A〕〔B〕〔C〕〔D〕〔E〕
55. 〔A〕〔B〕〔C〕〔D〕　　60. 〔A〕〔B〕〔C〕〔D〕　　65. 〔A〕〔B〕〔C〕〔D〕　　70. 〔A〕〔B〕〔C〕〔D〕　　75. 〔A〕〔B〕〔C〕〔D〕〔E〕

76. 〔A〕〔B〕〔C〕〔D〕〔E〕　　81. 〔A〕〔B〕〔C〕〔D〕　　86. 〔A〕〔B〕〔C〕〔D〕　　91. 〔A〕〔B〕〔C〕〔D〕　　96. 〔A〕〔B〕〔C〕〔D〕
77. 〔A〕〔B〕〔C〕〔D〕〔E〕　　82. 〔A〕〔B〕〔C〕〔D〕　　87. 〔A〕〔B〕〔C〕〔D〕　　92. 〔A〕〔B〕〔C〕〔D〕　　97. 〔A〕〔B〕〔C〕〔D〕
78. 〔A〕〔B〕〔C〕〔D〕〔E〕　　83. 〔A〕〔B〕〔C〕〔D〕　　88. 〔A〕〔B〕〔C〕〔D〕　　93. 〔A〕〔B〕〔C〕〔D〕　　98. 〔A〕〔B〕〔C〕〔D〕
79. 〔A〕〔B〕〔C〕〔D〕〔E〕　　84. 〔A〕〔B〕〔C〕〔D〕　　89. 〔A〕〔B〕〔C〕〔D〕　　94. 〔A〕〔B〕〔C〕〔D〕　　99. 〔A〕〔B〕〔C〕〔D〕
80. 〔A〕〔B〕〔C〕〔D〕〔E〕　　85. 〔A〕〔B〕〔C〕〔D〕　　90. 〔A〕〔B〕〔C〕〔D〕　　95. 〔A〕〔B〕〔C〕〔D〕　　100. 〔A〕〔B〕〔C〕〔D〕

三、书写

101.

HSK（六级）答题卡

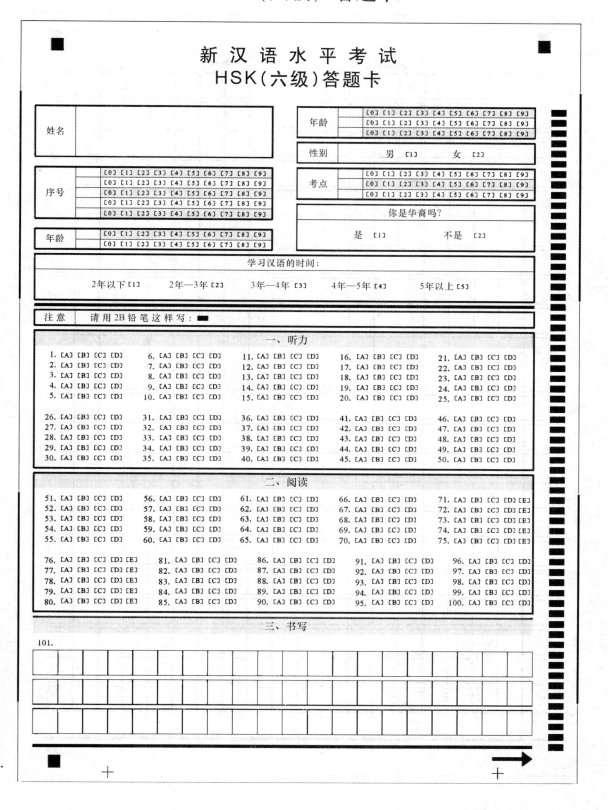

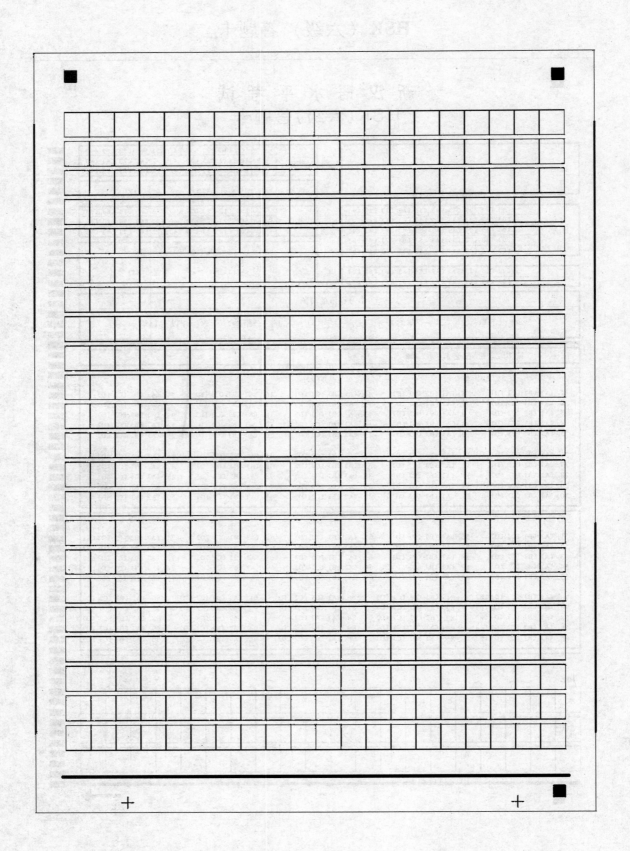